Management in der Kreativwirtschaft

Brigitte Biehl

Management in der Kreativwirtschaft

Grundlagen und Basiswissen

Brigitte Biehl
SRH Berlin University of Applied Science, School of
Popular Arts (ehemals Hochschule der Populären Künste)
Berlin, Deutschland

ISBN 978-3-658-28816-7   ISBN 978-3-658-28817-4 (eBook)
https://doi.org/10.1007/978-3-658-28817-4

Die Deutsche Nationalbibliothek verzeichnet diese Publikation in der Deutschen Nationalbibliografie; detaillierte bibliografische Daten sind im Internet über http://dnb.d-nb.de abrufbar.

Springer Gabler
© Springer Fachmedien Wiesbaden GmbH, ein Teil von Springer Nature 2020
Das Werk einschließlich aller seiner Teile ist urheberrechtlich geschützt. Jede Verwertung, die nicht ausdrücklich vom Urheberrechtsgesetz zugelassen ist, bedarf der vorherigen Zustimmung des Verlags. Das gilt insbesondere für Vervielfältigungen, Bearbeitungen, Übersetzungen, Mikroverfilmungen und die Einspeicherung und Verarbeitung in elektronischen Systemen.
Die Wiedergabe von allgemein beschreibenden Bezeichnungen, Marken, Unternehmensnamen etc. in diesem Werk bedeutet nicht, dass diese frei durch jedermann benutzt werden dürfen. Die Berechtigung zur Benutzung unterliegt, auch ohne gesonderten Hinweis hierzu, den Regeln des Markenrechts. Die Rechte des jeweiligen Zeicheninhabers sind zu beachten.
Der Verlag, die Autoren und die Herausgeber gehen davon aus, dass die Angaben und Informationen in diesem Werk zum Zeitpunkt der Veröffentlichung vollständig und korrekt sind. Weder der Verlag, noch die Autoren oder die Herausgeber übernehmen, ausdrücklich oder implizit, Gewähr für den Inhalt des Werkes, etwaige Fehler oder Äußerungen. Der Verlag bleibt im Hinblick auf geografische Zuordnungen und Gebietsbezeichnungen in veröffentlichten Karten und Institutionsadressen neutral.

Springer Gabler ist ein Imprint der eingetragenen Gesellschaft Springer Fachmedien Wiesbaden GmbH und ist ein Teil von Springer Nature.
Die Anschrift der Gesellschaft ist: Abraham-Lincoln-Str. 46, 65189 Wiesbaden, Germany

Vorwort

Jede Wirtschaft hat einen kreativen Kern und benötigt auch kreative Formen des Managements. Viele Wirtschaftszweige können gerade von der Kreativindustrie lernen. Sie ist eine auf Wissen und Innovation basierende Ökonomie und damit Vorreiterin für viele neue Modelle von Arbeit, Produktion und Management. Autorinnen, Filmemacher, Musikerinnen, Tänzer, Designerinnen, Entwickler im Gamesbereich und viele andere schaffen kulturelle Vielfalt, künstlerische Qualität und kreative Erneuerung. Darin sind sich die Bundesregierung, die Europäische Kommission und die UNESCO sowie weitere Organisationen ziemlich einig.

Allerdings ist meist nicht auch nur ansatzweise klar, wie genau diese Menschen vorgehen. Es gibt nicht „den" Manager, der alle Tätigkeiten plant, die Menschen steuert und kontrolliert. Die kreativen Köpfe „haben Ideen", hören auf ihr „Bauchgefühl", kontrollieren sich selbst über internalisierte Erwartungen und sozialen Druck und bekommen die Dinge eben gemeinsam „hin", und zwar meist rechtzeitig und dann oft noch ziemlich überzeugend. Von der Perspektive der Managementforschung würde man sagen, sie arbeiten kreativ, setzen sogenanntes tazites Wissen und ästhetische Kompetenzen ein und verschiedene Formen kreativer und beziehungsorientierter Führung.

Themen wie Management und Führung sind nicht einfach erklärbar, aber sie sind allgegenwärtig und zeigen sich auch in Produkten der Kreativwirtschaft: Auf Theaterbühnen schreien Protagonisten, sie wollen nicht irgendeine Rolle ausfüllen, sondern sich „vom eigenen Adrenalin überraschen" lassen. In TV-Serien wird gezeigt, wie Führung funktioniert oder auch eben nicht, beispielsweise werden in *Game of Thrones* untaugliche Führungspersonen eine nach der anderen „abgesetzt", während im Reality-TV frau als emotionale Entrepreneurin aus den Zitronen des Lebens am besten zuckerfreie Margaritas macht und diese mit großem Gewinn verkauft. Solche Kultur- und Medienprodukte entstanden aus vielstimmiger und kreativer Zusammenarbeit und reflektieren nicht nur unsere Gesellschaft, sondern auch gerade die Kreativwirtschaft. Damit sind sie auch eine Quelle von Wissen um Management neben einer zunehmenden Anzahl von internationalen wissenschaftlichen Publikationen und Studien zum Thema.

Für dieses Buch habe ich mich mit vielen Theorien zu kreativer Führung und neuen Managementansätzen zwischen Wirtschaft und Kunst beschäftigt – und nebenbei die Welt der Kreativwirtschaft und ihre Produkte betrachtet. Die vorgestellten Theorien, Konzepte, Methoden und Denkansätze lassen sich in der Kreativwirtschaft einsetzen und auf andere zeitgemäße Arbeitsbereiche übertragen, die kreativ vorgehen, innovativ und dynamisch sein wollen oder müssen. Das heißt nicht, dass die Vielzahl der bestehenden zeitgemäßen Managementansätze abgewertet werden sollen. Vielmehr wird hier eine Auswahl aus Ansätzen getroffen, die bisweilen aus der Managementforschung kommen, außerdem mitunter aus der Kreativwirtschaft und auf die Kreativwirtschaft und Bereiche darüber hinaus passen, aber auch nicht unreflektiert die schöne neue Arbeitswelt für alle versprechen. Die Perspektive ist auch kritisch, weil sie Mechanismen von Ausbeutung und prekärer Arbeit sowie versteckte Formen von Kontrolle und Macht thematisiert, die sowohl vom Management als auch von gesellschaftlichen Vorstellungen und einzelnen Akteuren ausgehen.

Da es nicht „die eine" Theorie oder „das eine" Management in der Kreativwirtschaft gibt, habe ich Ansätze ausgewählt, die dem Management von kreativen Köpfen und schwer kalkulierbaren Produkten gerecht werden sollen. Management in der Kreativwirtschaft ist als eine breit angelegte Tätigkeit zu verstehen, die ebenso etwa Recherche, Strategie, Projektmanagement, Finanzierung, Entrepreneurship, Kommunikation mit Menschen, Marketingmanagement und viele andere Aspekte beinhaltet, die man etwa in einschlägigen Studiengängen als eigene Module findet. Alle diese einzelnen Bereiche kann das Buch nicht im Detail behandeln, es gibt aber viele Verweise auf spezielle fortführende Literatur. Allerdings habe ich zahlreiche Beispiele zu vielen Themen aufgenommen. Bisweilen haben diese etwas mit meiner Forschung zu tun, die sich auf populäre Kultur und Künste bezieht, auf Kunst und Management, Ästhetik, Tanz, DJing, Musik, Games und Filme. Das Buch hat nicht den Anspruch, die komplette Breite der Kultur- und Kreativindustrie mit rund 1,7 Millionen Erwerbstätigen „neutral" abzudecken – was es auch nicht geben kann. Vielmehr denke ich aber, dass die Beispiele mit den ausgewählten Theorien und Konzepten zusammenfinden, um Management als kreative, komplexe, kritische und beziehungsorientierte Handlungspraxis darzustellen (dazu gleich mehr).

Die hier dargestellte Sicht beinhaltet einerseits neben den praktischen Erfahrungen und laufenden Projekten meine Forschung und den Austausch auf internationalen Konferenzen und die Tätigkeit für wissenschaftliche Journals, die unerlässlich ist, um Trends und Entwicklungen zu verfolgen und aufzugreifen. Andererseits fließen auch meine Erfahrungen als Leiterin des Studiengangs B.A. Creative Industries Management mit ein, den wir in Berlin als erstes englischsprachiges Bachelorprogramm in diesem Feld aufgesetzt haben und welcher über die letzten Jahre mit deutschsprachigen und internationalen, sehr verschiedenen, aber durchweg spannenden Menschen verschiedener Altersklassen angewachsen ist, die alle auf ihre Art die Kreativwirtschaft verkörpern. In der Zusammenarbeit bei Projekten mit Künstlern und Kreativen füllten sich viele Konzepte mit freudigem Leben, andere Ansätze versagten, und wichtige Themen und Herausforderungen nahmen deutlich Gestalt an.

Es wurde auch klar, dass Künstler meist keine Manager sind und auch keine werden müssen. Vielmehr braucht es Menschen, die kreative Köpfe „managen". Damit wird Management auch in diesem Buch nicht nur als Gruppe von Personen („die Manager") verstanden, die anderen Anweisungen gibt und deren Vollzug steuert und kontrolliert. Management in der Kreativwirtschaft ist vielmehr eine spezifische Form von Praxis, die von verschiedenen Personen ausgeübt wird, die bestimmte Aufgaben in der Zusammenarbeit mit anderen übernehmen und ihre Ziele erreichen wollen, oder auch von Einzelnen, die sich selbst „managen".

Dieses Buch beschreibt Management in der Kreativwirtschaft als eine kreative, komplexe, kritische und beziehungsorientierte Handlungspraxis. Das unterscheidet sich von herkömmlichen betriebswirtschaftlichen Ansätzen mit den Managementfunktionen Planen, Organisieren, Führen, Steuern und Kontrollieren. Die Zusammenarbeit mit kreativen Köpfen und ihren Ideen lässt sich gerade nicht so einfach von oben oder von außen planen, steuern und kontrollieren. Herkömmliche Führungsmodelle und bürokratische Sichtweisen sind in Wirtschaftsbereichen mit physischer Produktion effizient, aber nicht besonders gut passend für Bereiche, die mit Wissen arbeiten. Somit schließt sich diese Sicht auf Management in der Kreativwirtschaft an Modelle von komplexer und kreativer Führung an, die mit und gegen bürokratische Strukturen handelt, Innovation verfolgt und dafür Ressourcen bereitstellt, Mitarbeitende fördert, anleitet und deren Leistungen integriert. Kreativer Erfolg entspringt nicht einer genialen Einzelperson, sondern wird als eine Teamleistung verstanden. Das hebt die Beziehungsorientierung in dieser Tätigkeit hervor, bei der Prozesse gemeinsam gestaltet, Führung interaktiv geschaffen und soziale und kulturelle Netzwerke, Formen von Kapital und Ideen eingesetzt und aufgebaut werden.

Dann sieht sich Management in der Kreativwirtschaft nicht nur der wirtschaftlichen Effizienz verpflichtet, sondern verfolgt künstlerische und soziale Ziele neben den ökonomischen. Wer hier als Managerin oder Manager handelt, bringt Management, Kultur und Kunst zwangsläufig zusammen. Dazu sollte gehören, auf kulturwissenschaftliche und interdisziplinäre Theorien zurückzugreifen, reflektiert und auch kritisch mit der Kreativindustrie und der eigenen Managementrolle umzugehen und auch von anderen Kulturproduzierenden und Kreativschaffenden und von ihrer Arbeit zu lernen.

Diese Herangehensweise an Management findet sich im breiten Feld der Kreativwirtschaft und auch darüber hinaus, in Unternehmen und Bereichen, wo kreative und innovative Wissensarbeit verlangt wird, wo Verantwortliche nicht nur auf Excel-Tabellen schauen, sondern auch mal „wie Künstler" arbeiten. Der hier vorgestellte Ansatz von Management „in der Kreativwirtschaft" ist eine Sichtweise, die nicht nur das Management von Kulturproduzierenden beinhaltet, sondern Tätigkeiten in verschiedenen Bereichen der Kreativwirtschaft umfasst wie etwa Musik, Werbung, Tourismus und anderen sowie das Management von kreativen Köpfen in angrenzenden Gebieten und in vielen anderen Bereichen in der gesamten Wirtschaftswelt. Wer die Bereiche Wirtschaft und Kunst, Kultur und Kreativität zusammenbringt, kann generell in einem erweiterten Arbeitsmarkt mit gutem Selbstbewusstsein auftreten.

Wer sollte dieses Lehrbuch lesen?
Dieses Buch ist für Studierende im Bereich Kreativwirtschaft, Medienmanagement, Kulturmanagement, Kommunikationsmanagement und Betriebswirtschaftslehre und ebenso

für Studierende von geisteswissenschaftlichen Fächern wie Kunstgeschichte, Theaterwissenschaft, Filmwissenschaft und anderen, wenn sie in der Kreativbranche arbeiten wollen. Das Buch soll aber auch Akteuren in der Kreativwirtschaft verschiedene theoretische Modelle von Management und Führung näherbringen, da diese in der Praxis oft implizit sind. Sie erhalten zudem einen Überblick über kreative Arbeitsbereiche, die kreative Klasse, Perspektiven auf Führung und Handlungsfelder wie Erlebnisse, Produkte, Künstlermanagement und den Umgang mit verschiedenen Formen von Kapital vom geistigen Eigentum über Netzwerke bis hin zur eigenen Reputation. Anhand vieler Beispiele ergeben sich Verknüpfungen und konkrete Anwendungsmöglichkeiten. Sicher kommt Ihnen das eine oder andere aus eigener Erfahrung bekannt vor und Sie haben noch weitere Ideen. Testen Sie Ihr erlerntes Wissen, indem Sie die abschließenden Lernfragen am Ende jedes Kapitels beantworten. Diese praktische Übung wird Ihnen helfen, nicht etwa nur Fragen zu Theorie und Konzepten zu beantworten, sondern Ihre eigene Position zu überdenken und eine Haltung zu Ihrer Tätigkeit und zum Management zu finden.

Dabei ist das Niveau nicht auf einem unteren Einstiegslevel, das man sinnvollerweise wählen würde, wenn man Erstsemestern beispielsweise das Gesundheitswesen oder die Logistik in der Automobilbranche näherbringen wollte. Gerade im deutschsprachigen Raum gibt es eher Masterstudiengänge in diesem Bereich. Auch Bachelorstudierende in diesem Feld kommen, so meine Erfahrung, nicht direkt aus der Schule. Die meisten haben bereits studiert oder haben den Studiengang gewechselt, sind gereist, haben im Ausland gearbeitet oder haben sogar lange in verschiedenen Ländern in unterschiedlichsten Bereichen Erfahrungen gesammelt, bis sie sich für ein Studium wie Management in der Kreativwirtschaft entschieden haben. Das Erfahrungsniveau ist also höher. Zudem leben wir alle von Kindesbeinen an mit der Kultur- und Kreativindustrie, sehen fern, hören Musik, gehen ins Kino, in Museen, vielleicht regelmäßig in Theater, haben Zeit mit Computerspielen verbracht, haben vielleicht mal ein kreatives Projekt gewuppt, getanzt, waren in Klubs, auf Festivals und so weiter. Damit sind wir alle bereits irgendwie auch erfahrene Akteure, Liebhaberinnen der Produkte und vielleicht auch Kritiker. Somit können wir viele dieser uns bekannten Themen einfacher mit Theorien und Konzepten füllen.

Aufbau

Wie ist dieses Buch aufgebaut? Dieses Lehrbuch erklärt Management in der Kreativwirtschaft als eine kreative, komplexe, kritische und beziehungsorientierte Handlungspraxis. Wie eng oder wie breit man die Kreativwirtschaft versteht, beeinflusst auch, wie man die Einsatzmöglichkeiten von Management in diesem Bereich versteht. Somit werden in Teil I „Kreative Arbeitsbereiche" in Kap. 1 einführend verschiedene Definitionen der Kreativwirtschaft und kreative Arbeitsbereiche vorgestellt. In Kap. 2 wird kreative Arbeit mit einer Typologie der kreativen Produzierenden abgesteckt und über die Kreativwirtschaft hinaus in andere Felder geführt, einschließlich traditioneller Branchen. Die Kreativwirtschaft hat vielfältige Effekte auf andere Wirtschaftsbereiche und dient generell als Reservoir von Neuheit durch künstlerische und kreative Innovation im Bereich Arbeitsmodelle, Produkte und Methoden. Auch Managementansätze lassen sich übertragen.

Teil II bespricht in Kap. 3 die „kreative Klasse" mit einer Beschreibung der sogenannten „kreativen Köpfe" in einer sich verändernden Arbeitswelt. Der Begriff Creative Class bezeichnet eine über die letzten Jahrzehnte entstandene Klasse an kreativ tätigen Menschen in unterschiedlichen Bereichen. Verbindende Werte sind unter anderem Autonomie, der Wunsch nach Freiräumen, flexiblen Arbeitszeiten und -orten und Sinn in der Tätigkeit. Das kann man unter der Bezeichnung New Work auch in anderen Branchen beobachten. Für die Arbeit in der Kreativwirtschaft ist Kreativität zentral und wird als Prozess und Leistung einer Gruppe (nicht eines Einzelgenies) verstanden und benötigt ein unterstützendes Umfeld. In kreativwirtschaftlichen Arbeitsmärkten gibt es viele verschiedene Akteure (Angestellte, Freiberufler, Entrepreneure), die jedoch ähnlichen Formen der Produktion nachgehen. Die Produktion in der Kreativwirtschaft unterscheidet sich von anderen Branchen durch bestimmte Kennzeichen wie Unsicherheit, unendliche Vielfalt, langfristige Ertragsmöglichkeiten und eben durch Beschreibungen der Produzierenden als heterogene Gruppe, die auch „Kunst um der Kunst willen" schafft.

Teil III soll Ihnen helfen, Perspektiven auf „Management und Führung" in der Kreativwirtschaft zu verstehen und wesentliche Ansätze einzuordnen und selbst anzuwenden. In Kap. 4 erfahren Sie, wie sich Managementperformance in der Kreativwirtschaft von Managementleistung in anderen Wirtschaftsbereichen abhebt, indem beispielsweise Ziele wie künstlerischer Wert und soziale Nachhaltigkeit hinzukommen. Die Unterschiede zwischen industrieller Ökonomie und Kreativwirtschaft werden verdeutlicht und daraus Anforderungen an die Führung im Kreativbereich abgeleitet. Anstelle von Kontrolle wie in hierarchisch organisierten Firmen werden gerade im Kreativbereich komplexe Formen von Führung angewendet. Das Konzept Creative Leadership beschreibt drei Arten von Führung: Fördern und Ermöglichen – Anleiten – Integrieren. Führung (Leadership) ist dabei keine Position („die Führungsperson"), sondern ein von Mitarbeitenden und Führungspersonen gemeinsam gestalteter, relationaler Prozess, der dann auch noch instabil ist und permanent verhandelt wird. Über die Fallstricke und Möglichkeiten solcher Interaktionen lässt sich auch aus populärer Kultur lernen: Produkte der Kreativwirtschaft wie TV-Serien führen uns vor, wie schnell man scheitert, wenn man nicht auf die anderen achtet.

Daran schließt sich in Kap. 5 eine kritische Perspektive für Akteure in der Kreativwirtschaft an, die sich als zusätzliche Kompetenz von Managern und kreativen Köpfen verstehen lässt. Die kritische Managementlehre beinhaltet Prinzipien wie Sorge tragen, Pragmatismus und ethische Haltung, die sich an Beispielen wie unbezahlten Praktika oder komplexen Geschäftsbeziehungsmodellen mit ethischen Dilemmata anwenden lässt. Diese Haltung bezieht sich auch auf die Produkte der Kreativwirtschaft. Der Begriff Kreativwirtschaft und seine Verbindung zur „Kulturindustrie" wirft generell die Frage nach der Verwertbarkeit der Kultur und den gesellschaftlichen Auswirkungen auf, und Kritiker diskutieren, wie kapitalistische Imperative kulturelle Produktion korrumpieren – auch dazu sollten Sie sich positionieren können.

Teil IV führt diese Perspektiven auf Management weiter in Bezug auf bestimmte „Handlungsfelder" wie Erlebnisse und Produkte, Artist Management und den Umgang mit verschiedenen Kapitalformen. Diese Zusammensetzung durchschneidet wesentliche

Themenbereiche der Kreativwirtschaft und vertieft wiederum den hier vorgestellten Managementansatz mit seiner Nähe zum Künstlerischen und zur Ästhetik. Zunächst erfahren Sie in Kap. 6, wie sich der Konsum in der Kreativwirtschaft anhand bestimmter Merkmale (orientiert am Genuss und Vergnügen, erlebnisgetrieben, symbolisch) von anderen Wirtschaftsbereichen abhebt. Der theoretische Rahmen ist die „ästhetische Ökonomie" als sinnlich aufgeladene Wirtschaftswelt, die auch weit über die Kreativindustrie hinaus reicht. Wer hier agiert, Erlebnisse schafft und Dingen Bedeutung gibt, leistet sogenannte „ästhetische Arbeit". Der Begriff kommt aus der Welt der Kunst, bezeichnet aber Handeln, das auf wirksame Erlebnisse abzielt und sowohl in Museen als auch in Shoppingwelten und vielen anderen Zusammenhängen zu finden ist. Kap. 7 erklärt, was Artist Manager tun und wie Manager dabei auch wie Künstler sind. Managerinnen agieren auch wie Künstler, denn sie arbeiten nicht nur mit Musikerinnen, Influencern und anderen Kulturproduzierenden zusammen, sondern handeln auch so: Sie müssen ihren Sinnen trauen und eine ästhetische Kompetenz trainieren, um mit verschiedenen Wissensformen und Situationen umgehen zu können. Als Methode zur Entwicklung solcher Kompetenzen nutzen Unternehmen aus traditionellen Branchen mittlerweile sogenannte künstlerische Interventionen, die Personen, Produkte und Prozesse aus der Welt der Kunst in Unternehmen bringen (etwa Unternehmenstheater, Musikworkshops).

Als Abschluss beschreibt Kap. 8 den Einsatz von verschiedenen Kapitalformen in der Kreativwirtschaft. Individuen konkurrieren und setzen dabei verschiedene Formen des Kapitals ein: Aus ökonomischem, sozialem, kulturellem und symbolischem Besitz können vielerlei Vorteile und Ungleichheiten entstehen – obwohl im Diskurs der Kreativindustrie mit ihrer „Vielfalt" und ihren „Möglichkeiten" diese gesellschaftlichen Unterschiede ungern offen ausgesprochen werden. Es wird gezeigt, wie Kreativschaffende mit diesen Faktoren umgehen, sie strategisch einsetzen und aufbauen oder von ihnen behindert werden. Das Kapitel schneidet in diesem Rahmen auch Themen wie Finanzierung (ökonomisches Kapital) und Recht in der Kreativwirtschaft (intellektuelles Kapital) an. Im symbolischen Kapital fließen verschiedene Formen zusammen und verstärken sich. Es geht um Reputation und Prestige, das Akteure durch öffentliche Aufmerksamkeit oft eindrucksvoll aufbauen. Damit führt der große Bogen zurück zum kulturellen Ausdruck als Inhalt und Form von Handeln in der Kreativwirtschaft.

Gendern
Noch ein Kommentar zum Umgang mit Geschlechtsbezeichnungen. Viele Schreibende verweisen darauf, dass sie aus Gründen der „Einfachheit" und „besseren Lesbarkeit" nur die männliche Form verwenden, aber alle Geschlechter damit meinen. Aus Bequemlichkeit nur von Männern zu reden, „weil es einfacher ist", und andere auf Ebene des Textes auszuschließen ist diskriminierend und würde auch nicht zu den Werten der meisten Menschen in der Kreativindustrie passen. Bisher hat sich noch kein idealer Weg für den geschlechtergerechten Sprachgebrauch gefunden und es gibt verschiedene Leitfäden von Hochschulen, Sprachforscherinnen und Behörden wie dem Statistischen Bundesamt. In diesem Buch werden Bezeichnungen nicht in Paarformen (Manager und Managerinnen)

und auch nicht von Absatz zu Absatz abwechselnd benutzt, sondern häufig als geschlechtsneutrale und geschlechtsabstrakte Ausdrücke („die Studierenden", „Menschen", „Tätige", „Kulturschaffende", „Kulturproduzierende", „Führungspersonen"). Die Wirklichkeit möglichst geschlechtsneutral zu beschreiben, ist aber auch nicht die beste Lösung. Es gibt keine geschlechtsneutrale Wirklichkeit und wir alle bekommen dies jede Sekunde zu spüren. Vielmehr sollten Frauen und Männer und jene, die sich nicht zuordnen, von vornherein berücksichtigt werden. Somit wird in diesem Buch ständig, aber nicht regelmäßig, abgewechselt, ohne damit binäre Geschlechtsidentitäten zu meinen.

Danksagung
Ich möchte mich sehr herzlich bei unseren Studierenden sowie meinen Kolleginnen und Kollegen bedanken, die mich im Prozess begleitet und auch inhaltlich bereichert haben, sowie bei den Künstlerinnen und Kreativen, mit denen ich in diesem Zusammenhang über die letzten Jahre zusammenarbeiten durfte. Dazu gehören Bene Aperdannier, Claus-Dieter Bandorf, Frank Alva Buecheler, Prof. Dr. Victoria Büsch, Prof. Dr. Conrad Heberling, Prof. Dr. Alfred-Joachim Hermanni, Howard Hunt, Prof. Robert Lingnau, Björn Krass (Tim Thaler), Dr. Ralph Kerle, Prof. Dr. Marcus S. Kleiner, Prof. Marco Kuhn, Prof. Robert Kessler, Prof. Dr. Joachim Merk, René Rennefeld, Dr. Suzy Royal, Prof. Lars Roth, Prof. Dr. Agnes Schipanski, Prof. Marc Secara, Sandy Schwermer, Prof. Dr. Dörte Schultze-Seehof, Julia Snyder, Prof. Sonja Umstätter, Hans-Conrad Walter, Prof. Dr. Matthias Welker und Prof. Dr. Ulrich Wünsch.

Im Speziellen geht mein Dank an folgende Personen, ebenfalls alphabetisch: Prof. Dr. Dr. Marcel Bisges danke ich für sein Feedback zum Thema Recht in der Kreativwirtschaft. Prof. Dr. Andreas Braun hat den Kasten „Kreative Prozesse und Innovation bei Sterneköchen" beigetragen, Dr. Klaus Kammermeier hat den Kasten zum Thema „Kreative Ideen mit Workshops im Gruppenprozess ermöglichen" verfasst und das Thema Entrepreneurship mit mir des Öfteren besprochen. Prof. Dr. Morus Markard hatte mit mir einst über „Talent" diskutiert und mir Inhalte übersendet, die in den Kasten „Musikalische Karriere und kulturelles Kapital" eingeflossen sind. Dr. Janet Merkel hat den Kasten zu „Kreativquartieren" verfasst und Feedback zur „prekären Arbeit auf hohem Niveau" gegeben. Dr. Dirk vom Lehn hat den Kasten über „Museumsbesuche als ästhetisches Erlebnis" geschrieben und mit mir über viele Jahre hinweg den Bereich Ästhetik, Architektur und Gesellschaft erörtert. Sigrid Peuker hat das Buch um Hinweise zum Thema Entrepreneurship bereichert, künstlerische Züge im Vorgehen von Entrepreneuren verdeutlicht und nicht zuletzt Literatur zur Rolle der Ausbildung in diesem Bereich zur Verfügung gestellt. Prof. Dr. Svenja Tams danke ich für den Austausch über internationale Perspektiven auf Management und ihre Sicht auf Führung in der Kreativwirtschaft mit neuen Formen von Kontrolle, der mein Denken bereichert hat und auch unsere Zusammenarbeit im Studiengang als dynamische „Group Creative Activity" beständig weiterentwickelt hat. Zudem hat sie den Kasten zu „Boundaryless Careers" verfasst. Ingrid Scherübl hat meinen Blick über die Jahre mit kreativen Coachingmethoden erweitert und den Kasten zur „Klostersimulation" beigetragen. Prof. Dr. Nadja Sennewald steuerte den Kasten „Schreiben als kreative Produktion" bei und hat mir verdeutlicht, wie fundiert eine Ausbildung zum kreativen Schreiben sein kann. Die Inspiration von Dr. Anke Strauß ist an vielen Stellen zu finden, seien es künstlerische Interventionen, feinsinnige Anmerkungen zum Artist Management und die kritische Managementlehre, gepaart mit einem realistischen Blick auf Themen, die gesellschaftlich im Argen liegen und zu denen kreative Köpfe und Vermittler etwas beitragen könnten!

Berlin, Deutschland, (Februar 2020)   Brigitte Biehl

Inhaltsverzeichnis

Teil I Kreative Arbeitsbereiche

1 Bereiche der Kreativwirtschaft 3
    1.1 Management in der Kreativwirtschaft 3
    1.2 Definition der Kultur- und Kreativwirtschaft 7
    1.3 Felder der Kreativwirtschaft 12
        1.3.1 Elf Teilmärkte 12
        1.3.2 Internationale Klassifizierungen 15
        1.3.3 Konzentrische-Kreise-Modell 19
        1.3.4 UNESCO-Modell 20
    Literatur 22

2 Kreative Arbeit 25
    2.1 Typologie der kreativen Produzierenden 26
    2.2 Kreative Beschäftigung jenseits der Kreativwirtschaft 28
    2.3 Quelle von Neuheit und Innovation 31
    Literatur 35

Teil II Kreative Klasse

3 Kreative Köpfe 39
    3.1 Veränderung der Arbeitswelt 40
        3.1.1 Entwicklung 40
        3.1.2 Der Aufstieg der kreativen Klasse 42
        3.1.3 Werte in der Arbeit 44
        3.1.4 Kreative Ökonomie 47
    3.2 Arbeitsmarkt und Akteure 52
        3.2.1 Arbeitsmarkt 52
        3.2.2 Projektorganisation als Merkmal der Arbeit 56
        3.2.3 Creative Entrepreneurship 57

		3.3	Produktion in der Kreativwirtschaft	60
		3.3.1	Kennzeichen der Produktion	60
		3.3.2	Auswirkungen der Digitalisierung	64
	Literatur			67

Teil III Perspektiven auf Management

4	**Management und Führung**			75
	4.1	Performance in der Kreativwirtschaft		76
	4.2	Führung im Kreativbereich		79
		4.2.1	Weiche Kontrolle	82
		4.2.2	Komplexe Führung	84
		4.2.3	Creative Leadership	87
		4.2.4	Kollektive und relationale Führung	94
	4.3	Von populärer Kultur für Führung lernen		101
	Literatur			105
5	**Kritischer Ansatz**			107
	5.1	Kritische und performative Haltung		107
	5.2	Arbeitsbedingungen hinterfragen		111
		5.2.1	Umgang mit Praktika	113
		5.2.2	Ethische Haltung im Künstlermanagement	116
	5.3	Kulturelle Produktion und Kulturindustrie		118
	Literatur			122

Teil IV Handlungsfelder

6	**Erlebnisse und Produkte**			127
	6.1	Konsum in der Kreativwirtschaft		127
	6.2	Ästhetische Ökonomie		129
	6.3	Ästhetische Arbeit		133
		6.3.1	Erlebnisse und ihre liminale Phase	136
		6.3.2	Erlebnisse und Orte: Heterotopie	137
	Literatur			140
7	**Artist Management**			143
	7.1	Praxis des Künstlermanagements		143
		7.1.1	Agiler Ansatz	148
		7.1.2	Methoden aus dem Bereich Entrepreneurship	150
		7.1.3	Neue Arbeitsfelder: E-Sport und Influencer	153
	7.2	Manager als Künstler		156
		7.2.1	Ästhetische Kompetenz	157
		7.2.2	Künstlerische Interventionen	164
	Literatur			169

8	**Kapitalformen in der Kreativwirtschaft**		173
	8.1	Formen von Kapital in der Kreativwirtschaft	173
	8.2	Finanzierung und Förderung	176
		8.2.1 Traditionelle Modelle der Finanzierung	176
		8.2.2 Europäische Sicht auf Finanzierung	177
		8.2.3 Angebote in Deutschland	179
	8.3	Intellektuelles Kapital	180
		8.3.1 Geistiges Eigentum schützen	182
		8.3.2 Weitere Rechtsthemen	186
	8.4	Soziales Kapital	186
	8.5	Kulturelles Kapital	189
	8.6	Symbolisches Kapital	191
	Literatur		194

Über die Autorin

Foto: Chono Chibesakunda

Brigitte Biehl (Biehl-Missal) ist Professorin für Media and Communication und leitet die Studiengänge B.A. Creative Industries Management und M.A. International Management Focus on Creative Management an der SRH Berlin University of Applied Sciences, School of Popular Arts (ehemals Hochschule der Populären Künste hdpk). Sie ist Direktorin des hochschuleigenen Instituts für Weiterbildung in der Kreativwirtschaft IWK.

Ihre Forschung verbindet die Bereiche Ästhetik und Kunst mit Management, Leadership und Kommunikation. Sie hat Theater-, Film- und Medienwissenschaften sowie BWL studiert und arbeitete an britischen Universitäten und deutschen Business Schools.

Teil I

Kreative Arbeitsbereiche

1 Bereiche der Kreativwirtschaft

> **Zusammenfassung**
>
> Es gibt verschiedene Definitionen der Kultur- und Kreativwirtschaft, die sich in ihrer politischen und kulturellen Ausrichtung unterscheiden. Da die Kultur- und Kreativwirtschaft international nicht einheitlich klassifiziert ist, werden in diesem Kapitel die gängigsten Definitionen eingeführt und diskutiert. Wie eng oder wie weit man die Kreativwirtschaft begreift, beeinflusst auch, wie man die Einsatzmöglichkeiten von Management sieht. Der Überblick gibt dem Management in diesem Bereich eine umfassendere, aktuelle Perspektive. Wenn wir die Kultur- und Kreativwirtschaft als eine Quelle von heutzutage breitflächig erwünschter Kreativität und Innovationsfähigkeit betrachten, lassen sich Ideen und Methoden auf die Managementtätigkeit in weiteren Bereichen anwenden. Wenn Sie dieses Kapitel durchgearbeitet haben, können Sie die wirtschaftliche und politische Bedeutung der Kultur- und Kreativwirtschaft erklären und sie auf verschiedene Arten beschreiben, in Bezug auf deutsche und internationale Modelle. Diese Sichtweisen können Sie auch diskutieren und für Ihre Verortung in der Kreativwirtschaft und Ihr Selbstbild verwenden.

1.1 Management in der Kreativwirtschaft

Die Aufgaben und Inhalte von Management in der Kreativwirtschaft sind über viele Branchen verteilt, die alle zur Kreativwirtschaft gehören (Musikwirtschaft, Rundfunkwirtschaft, Filmwirtschaft, Designwirtschaft, Buchmarkt, Pressemarkt, Kunstmarkt, darstellende Kunst, Architekturmarkt, Werbemarkt und Software-/Gamesindustrie und andere). Darüber hinaus sind die Tätigkeiten noch sehr breit gefasst und dabei aber immer an den Menschen orientiert.

Es gibt keinen einheitlichen Managementbegriff, der sich hier anwenden ließe, denn es gibt viele verschiedene Sichtweisen auf „Management". Diese haben sich von der Industrialisierung bis in die heutige Zeit mit ihrer kreativen Arbeit und Wissensarbeit entwickelt, erweitert und gewandelt. Gerade für das Management „in der Kreativwirtschaft" – so viel sei schon vorausgeschickt – sind die klassischen betriebswirtschaftlichen Ansätze nicht ausreichend. In der Welt der Kultur, der Kunst, der Events, der Erlebnisse, der Musik, des Theaters, der Computerspiele, der Klubs, der zeitgemäßen Firmen sind besonders die neuen und interdisziplinären Sichtweisen auf Management maßgeblich, die in diesem Buch behandelt werden.

Die **traditionellen Sichtweisen** von Management sind recht technisch geprägt und es hallen dort Vorstellungen von Ingenieuren, Fabriken und maschinellen Prozessen wider. So beschrieb der Ingenieur Henri Fayol universelle Funktionen, die man in jeder Organisation findet. Das Management erfüllt Funktionen wie: Vorschau und Planung, Organisation, Führung oder Leitung und Kontrolle. Zum sogenannten funktionalen Organisationsbegriff gehören damit Planung als vorausdenkender Entwurf betrieblichen Handelns, Vollzug als reale Umsetzung dieser Planungen und Kontrolle der Prozesse (Schreyögg 2008, S. 5). Diese Funktionen von Planung, Organisation, Führung und Kontrolle werden als Bestandteile von Management gesehen. Diese Querschnittsfunktionen können sich in verschiedenen Bereichen einsetzen lassen, wie etwa Produktion, Einkauf, Finanzierung und Vertrieb. Diese Aufgaben lassen sich breit anwenden auf verschiedenste Felder – von der Automobilproduktion bis zum Gesundheitswesen – und müssen auch in allen möglichen Situationen in der Kreativwirtschaft ausgeübt werden, beispielsweise in großen Unternehmen der Musik- und Filmbranche. Auch für kleinere kreative Projekte muss jemand die Ressourcen planen, Materialien besorgen, Verbrauch, Zeit und Mitarbeitende einsetzen und kontrollieren und die Finanzen im Griff behalten.

So haben sich auch Definitionen von **Kulturmanagement** an diesen Funktionen orientiert und beinhalten die Planung, Organisation, Führung und das Controlling von Kulturbetrieben und Kulturprojekten. Kulturmanagement geht aber bereits über die Anwendung der Betriebswirtschaftslehre auf einen Kulturbetrieb hinaus und beinhaltet kulturanthropologische, kultursoziologische und künstlerische Aspekte, die auch zu ihren besonderen Angeboten passen und zur Art, wie sie im sozialen und kulturellen Kontext genutzt werden. Eine solche Erweiterung von Management mit geistes- und sozial- beziehungsweise kulturwissenschaftlicher Theorie ist damit auch sinnvoll für Management in der Kreativwirtschaft, welches den breiten Bereich der populären Kultur (Hecken und Kleiner 2017) bedient. Hier lässt sich die naheliegende Forderung anschließen, nicht nur kulturwissenschaftliche Theorie zu kennen, sondern auch die Praxis ständig zu reflektieren, um von Kulturproduzierenden und den populären Produkten selbst immer Neues zu lernen.

Wenn man nun nicht nur an den bisweilen ungeordneten, chaotischen und schwer berechenbaren Alltag bei künstlerischen und kreativen Projekten in ihrer Breite jenseits von typischen Kulturbetrieben wie Museen, Theatern und Konzerthäusern denkt, sondern staatlich nicht finanziell unterstützte Musikbands, Klubs und Artists im E-Sport dazurechnet, lässt sich diese betriebswirtschaftliche theoretische und etwas blutleere Sicht etwa mit den Überlegungen Mintzbergs (1989, S. 15–22) erweitern. Diese Sicht auf Management ist eine der ersten häufig zitierten unter vielen später entstandenen Perspektiven, die **zwischenmenschliche** und nicht rein rational gesteuerte Prozesse verstärkt in den Blick nehmen. Mintzberg stellte dar, wie Strategien in der wirklichen Lebenspraxis von Managern nicht nur als rationale Kontrolleure, sondern als menschliche Akteure in Zusammenarbeit mit anderen umgesetzt werden. Die von Mintzberg beschriebenen Managementrollen betreffen die folgenden Bereiche:

1. Interpersonelle Beziehungen: Symbolfigur nach außen, Aufbau und Pflege von Kontakten innerhalb und außerhalb der Organisation; Motivieren, Anleiten und Einschätzen von Mitarbeitern.
2. Informieren: als Radarschirm Informationen sammeln, auswerten und als Sender weiterleiten; nach außen Beziehungen zu Stakeholdern aufbauen.
3. Innovieren: Neuausrichtung der Strategie; sich um Probleme kümmern und Konflikte lösen; Ressourcen zuteilen wie die eigene Zeit, Aufgaben an andere und finanzielle Mittel.

Solche Rollen bekommen Ihnen sicherlich eher bekannt vor, wenn Sie an Ihre Erfahrungen mit der Kreativindustrie denken. Die Beobachtung, dass Management nicht nur die rationale Steuerung von Prozessen ist, hat die internationale Managementforschung gerade in den letzten Jahrzehnten vorangetrieben. Generell werden in der heutigen Wissensgesellschaft anstelle von Top-down-Kontrolle Ansätze wie komplexe Führung vorgeschlagen (Uhl-Bien et al. 2007). Heute sieht man Management als eine Tätigkeit im Zusammenspiel mit anderen Menschen, die bisweilen kreativ und quasikünstlerisch sein kann (Ladkin und Taylor 2010; Taylor und Hansen 2005). Auch dieser Ansatzpunkt ist für Management in der Kreativwirtschaft aufgrund seiner Nähe zu kreativen Köpfen und Prozessen relevant.

Für eine Managementtätigkeit in der Breite der Kreativwirtschaft lohnt es sich, über traditionelle Managementansätze, die wir in Unternehmen finden, hinauszublicken. Unternehmungen in der Kreativwirtschaft besitzen nämlich grob gesagt drei **Unterschiede zu Management in Organisationen** in einer industriellen Ökonomie:

1. Die primären Ressourcen für **Arbeit in der Kreativindustrie** sind nicht Rohstoffe, die man einfach planen, einsetzen und verwerten kann, sondern soziale Assets, Wissen und Kreativität. Dafür benötigt es nicht die Ideen einer einzelnen Führungsperson und den physischen Körpereinsatz vieler anderer, sondern eine Gruppenleistung verschiedener kreativer Köpfe (Kap. 2 und 7). So entstehen Güter, die aufgrund ihres symbolischen und erlebnisgetriebenen Werts und nicht primär wegen ihres funktionalen Nutzens konsumiert werden (Kap. 6).
2. Diese **kreativen Köpfe** arbeiten in der Kreativwirtschaft nicht nur innerhalb einer eingegrenzten Organisation (z. B. Firma) mit festen Arbeitsverhältnissen und Hierarchien und fortdauernden Arbeitsprozessen, sondern in Projekten und zeitlich begrenzten

Vorhaben in unterschiedlichen Beschäftigungsverhältnissen. Die Kreativschaffenden haben dabei oft andere Werte (Kap. 3) und suchen Karrieren jenseits von Firmenhierarchien.

3. Die **Ziele von Management und Führung** in der Kreativwirtschaft sind nicht nur ökonomisch, sondern auch künstlerisch und sozial (Hadida 2015), um erlebnisgetriebene Produkte herstellen und vertreiben zu können. Führung möchte damit nicht nur effizient kontrollieren, sondern Wissen, Lernen und Innovation ermöglichen und die Arbeit fördern, anleiten und integrierend unterstützen (Kap. 4). Dies erfolgt auch unter Einsatz von sozialem, kulturellem und symbolischem Kapital (Kap. 8) und mit einer kritischen Haltung gegenüber dem Einfluss und den Folgen von „Management" (Kap. 5).

In der Kreativindustrie finden sich diese Kennzeichen in besonders deutlicher Form, denn sie ist Vorreiter von Trends und Innovationen von Arbeit, die auch für viele andere zeitgemäße Unternehmen relevant geworden sind. Dieses Buch hangelt sich somit nicht an den Begriffen Planung, Organisation, Führung und Kontrolle entlang, obwohl diese nicht verschwunden sind, aber anders praktiziert, besprochen und eingesetzt werden. Hier wird nicht binär argumentiert, dass in traditionellen Arbeitskontexten alles dunkel ist, und in der kreativen Arbeitswelt die Sonne scheint. Auch Kontrolle ist in der Kreativwirtschaft beileibe nicht verschwunden, sondern wird oft in eher weichen Formen praktiziert, symbolisch, kulturell und sozial ausgeübt und geht auch von den kreativen Köpfen selbst aus, die Anforderungen und Diskurse internalisiert haben und sich selbst Druck machen.

Die hier vorgestellte Sicht auf Management schließt sich an Perspektiven an, die komplexe und kreative Führung mit Fördern, Anleiten und Integrieren (Mainemelis et al. 2015) hervorheben und ergänzt diese um weitere kritische und ästhetische Ansätze. Dabei wird auch nicht unterstellt, dass Manager oder Führungspersonen (Leader) den Erfolg alleine zu verantworten hätten. Vielmehr geht man davon aus, dass hier eine gemeinschaftliche kreative Arbeit geleistet wird. Auch Mintzberg (2004) wies schon darauf hin, dass nicht noch „mehr Führung" gebraucht wird, sondern in allen Managementfeldern eine bessere Zusammenarbeit aller Beteiligten. Gerade die Kreativwirtschaft hat hier einige Ideen aus der Praxis zu bieten, die die Managementforschung an verschiedenen Stellen aufgenommen hat und die in diesem Buch zusammengeführt werden.

Wer sind denn die **Personen**, die „managen"? Management in der Kreativwirtschaft wird nicht im institutionellen Sinne verstanden, was bedeutet, dass in einem Unternehmen „das" Management Entscheidungen trifft und eine Gruppe von Personen anderen Anweisungen gibt und deren Vollzug steuert und kontrolliert. Natürlich gibt es auch solche Tätigkeiten in der Kreativwirtschaft, gerade in großen Medienunternehmen. Die Handlungspraxis von Management in der Kreativwirtschaft wird aber nicht nur von Einzelnen als bestimmte „Personen" mit einem bestimmten Status ausgeübt, sondern auch von Einzelnen, die bestimmte Aufgaben in der Zusammenarbeit mit anderen übernehmen und ihre Ziele erreichen und Projekte irgendwie „hinbekommen" wollen. Management in der Kreativwirtschaft betrifft also Individuen und Gruppen von „Managerinnen", temporär für bestimmte Ziele verantwortliche Personen und Einzelne, die mit anderen zusammen zielgerichtet arbeiten oder auch sich selbst managen. Gerade weil kreative Arbeit oft wirtschaftlich unsicher ist (Kap. 5), soll mit dieser Terminologie nicht nahegelegt werden, dass Diskurse, Methoden und Praktiken von Management das private Leben von Einzelnen kolonialisieren sollen (Hancock und Tyler 2004). Vielmehr sendet die Bezeichnung einer Tätigkeit als „Management" ein Zeichen an Praxis und Ausbildung, das Thema als relevant zu sehen und zu professionalisieren (Hadida 2015, S. 232) – was auch dieses Buch unterstreicht.

▶ **Management in der Kreativwirtschaft** „Management" in der Kreativwirtschaft wird nicht im institutionellen Sinne verstanden, sondern bezeichnet sowohl die Tätigkeit von Personen in formalen Managementrollen als auch die Praxis von Gruppen und Einzelnen, die Verantwortung für zielgerichtete Arbeit in diesem Bereich übernehmen. Diese Tätigkeiten lassen sich als eine **kreative, komplexe, kritische und beziehungsorientierte Handlungspraxis** beschreiben. Dies bedeutet, dass die Managementakteure nicht rein rational planen, steuern und kontrollieren, sondern auch quasi künstlerisch vorgehen. Dabei wird durchgängig die Komplexität und Beziehungsorientierung in dieser Tätigkeit betont: Kreativer Erfolg entspringt nicht einer genialen Einzelperson, sondern wird als eine Teamleistung verstanden. Prozesse werden gemeinsam gestaltet, Führung interaktiv geschaffen und soziale und kulturelle Netzwerke, Assets und Ideen eingesetzt und aufgebaut. Dabei gehen Manager reflektiert mit der Kreativindustrie, ihren Produkten und kulturwissenschaftlichen Sichtweisen um, und lernen auch von anderen Kulturproduzierenden und von ihrer Arbeit. Management in der Kreativwirtschaft schließt konkret kulturwissenschaftliche und interdisziplinäre Theorien und Reflexion der Praxis mit ein, um der künstlerischen, sozialen und wirtschaftlichen Dimensionen ihres Handelns Rechnung zu tragen. Diese Herangehensweise an Management findet sich im breiten Feld der Kreativwirtschaft und auch darüber hinaus, und in Unternehmen, wo kreative und innovative Wissensarbeit verlangt wird.

1.2 Definition der Kultur- und Kreativwirtschaft

Die Herangehensweise an Management in der Kreativwirtschaft findet sich im breiten Feld der Kreativwirtschaft und auch darüber hinaus, was im Folgenden näher beschrieben wird. Zunächst soll das besondere Potenzial dieses Bereiches skizziert werden, um dann die Breite des Feldes und die Einsatzmöglichkeiten von „Management" abzustecken.

Die Kultur- und Kreativwirtschaft wird als Quelle von vielen neuen Impulsen gesehen, beispielsweise als ein Innovations- und Kreativitätsmotor verstanden, der maßgeblich zur globalen Wirtschaft beiträgt. Die UNESCO (2013, S. 9) sieht Kultur als Treiber von Entwicklung, die Kreativwirtschaft und den Kulturbereich als Antriebsmaschine. Hier geht es nicht nur um die wirtschaftliche Weiterentwicklung – wobei die sogenannte Creative Economy einen immer größeren Anteil am globalen Handel ausmacht und in vielen Ländern mehr zum Bruttosozialprodukt beiträgt als traditionelle Branchen (UNCTAD 2010).

Vielmehr wird der Kreativwirtschaft zugeschrieben, neue Ideen und Technologien zu fördern sowie nicht monetäre Auswirkungen auf die Gesellschaft und das Miteinander zu leisten. Ein florierender Kreativbereich soll die Lebensqualität von Gesellschaften, die individuelle Lebensqualität, den Austausch und Zusammenhalt beeinflussen, was nicht zuletzt der wissenschaftliche Pionier auf diesem Gebiet, Richard Florida (2012), postulierte. Dieser Bereich wird nicht nur als eigener Wachstumsmarkt gesehen, sondern auch als ein Ausgangspunkt für Innovation in vielen anderen Bereichen (Arndt et al. 2012), etwa in der digitalen Wirtschaft (Acker und Gröne 2015). Die Kreativwirtschaft soll nicht nur Vorreiter für neue Ideen sein, sondern vereint auch neue, zeitgemäße Formen von Arbeit in sich. So werden Wissen, Konzepte und Methoden für Management in diesen kreativen Bereichen – und darüber hinaus – benötigt.

Die Creative Industries werden international als eigenes Feld des Wirtschaftens betrachtet, das zwar vielfältig ist, aber bestimmte Wissensbestände, Fertigkeiten und Kompetenzen umfasst. Dieser Bereich bildet den Horizont, das Umfeld und den Gestaltungs- sowie Berufsfeldbereich für Management in der Kreativwirtschaft. Hierbei stellt sich die Frage, wie die „Kultur- und Kreativwirtschaft" definiert wird, wie breit und wie tief dieses Konzept verstanden werden kann. Das vorliegende Buch beginnt mit der Bereichsbestimmung bei den engeren Definitionen der Kreativwirtschaft und erweitert diese, um dem Management in diesem Bereich eine etwas umfassendere, aktuelle Perspektive zu geben. Wenn wir die Kultur- und Kreativwirtschaft als ein Reservoir von Kreativität und Innovationsfähigkeit betrachten, die heutzutage breitflächig wünschenswert erscheinen, lassen sich Vorgehensweisen, Grundlagen und Methoden dieser Managementtätigkeit auf die meisten zeitgemäßen Unternehmen übertragen. Dabei soll Kreativität nicht nur instrumentalisiert, sondern eine gewisse Offenheit erhalten werden. Der Begriff der kreativen „Wirtschaft" klingt so, als ob alles geregelt in seinen Bahnen verläuft, wobei jedoch ökonomische Modelle und kreative Arbeitsformen dynamisch sind und Alternativen immer entstehen können.

Es gibt verschiedene Definitionen der Kultur- und Kreativwirtschaft, die sich in ihrer politischen und kulturellen Ausrichtung unterscheiden. Da die Kultur- und Kreativwirtschaft international nicht einheitlich klassifiziert ist, werden in diesem Kapitel die gängigsten Definitionen eingeführt und diskutiert. Wie eng oder wie breit man die Kreativwirtschaft fasst, beeinflusst auch, wie man die Einsatzmöglichkeiten von Management in diesem Bereich versteht.

Es sollen hier gleich die Arbeitsdefinitionen für die weitere Lektüre vorausgeschickt werden.

▶ Für „Kultur- und Kreativwirtschaft" wird im Verlauf ebenfalls der internationale Begriff „Creative Industries" und der verkürzte Begriff der „Kreativwirtschaft" verwendet, ohne damit nicht vorwiegend erwerbswirtschaftliche Organisationen meistens aus dem Kulturbereich auszuschließen. Für Menschen, die in diesen Bereichen arbeiten und tätig sind, werden auch die Begriffe „Kreative", „kreative Köpfe", „Kreativarbeiter" und auch mal „Kulturproduzierende" verwendet.

1.2 Definition der Kultur- und Kreativwirtschaft

Die Creative Industries treten im politischen Diskurs der Europäischen Union und der Vereinten Nationen immer stärker hervor. Es gibt keine einheitliche Definition der Kreativwirtschaft oder zunächst der noch umfassenderen Creative Economy, denn die Einordnung hängt von der subjektiven Sicht, lokalen und kulturellen Strukturen ab.

Die Konferenz der Vereinten Nationen für Handel und Entwicklung (UNCTAD 2008, S. III–IV) erklärt die **Creative Economy** folgendermaßen:

- Die Creative Economy ist ein sich ständig entwickelndes Konzept und basiert auf kreativen Gütern, die das Potenzial haben, wirtschaftliches Wachstum und Entwicklung zu generieren.
- Sie kann zum Wohlstand beitragen, Arbeitsplätze schaffen und Exportgewinne und gleichzeitig soziale Inklusion, kulturelle Vielfalt und menschliche Entwicklung fördern.
- Sie umfasst ökonomische, kulturelle und soziale Aspekte in Verbindung mit Technologie, geistigem Eigentum und Tourismus.
- Sie besteht aus wissensbasierten wirtschaftlichen Aktivitäten mit einer Entwicklungsdimension und übergreifenden Auswirkungen auf der Makro- und Mikroebene der Gesamtwirtschaft.
- Sie bietet Möglichkeiten der Entwicklung, die innovative Politik und multidisziplinäre politische Ideen und Handlungen erfordert.
- Im Herzen der Creative Economy befinden sich die Creative Industries (Kultur- und Kreativwirtschaft).

▶ **Kreativwirtschaft als Sammelbegriff** Die Kreativwirtschaft im Herzen der Creative Economy wird als Sammelbegriff gesehen, der eine Vielzahl von Aktivitäten, Produkten und Dienstleistungen einschließt, welche die folgenden drei Kennzeichen besitzen (UNCTAD 2010, S. 4):

- Geschaffen durch den Einsatz menschlicher **Kreativität**, wobei ihr Wert besonders im kreativen Inhalt liegt (viele Gebrauchsgegenstände sind durch kreative Ideen entstanden, anders als bei einem Auto beispielsweise geht es bei einem Film aber vorrangig um den kreativen Inhalt und nicht um seinen Nutzwert),
- sie sind **symbolischer** Natur, also Träger von Bedeutung,
- sie beinhalten meist **geistiges Eigentum** eines Individuums oder einer Gruppe.

Die Kreativwirtschaft umfasst also wirtschaftliche Aktivitäten, die ihren Ursprung in Kreativität, Fertigkeit und Talent einzelner Individuen und Gruppen haben, und ein Potenzial für Arbeitsplatzentwicklung und Wohlstand durch die Verwertung geistigen Eigentums besitzen. Kreative Industrien gab es zwar schon immer und jede der in den folgenden Definitionen dieser Bereiche eingeschlossene Tätigkeit hat ihren Ursprung viele hunderte

Jahre zurück, wenn nicht gar Jahrtausende, wobei durch technologische Entwicklungen neue Variationen kreativer Tätigkeit hinzukommen. Niemals zuvor jedoch haben diese Bereiche so viel Aufmerksamkeit von Institutionen und Entscheidungsträgern aus dem öffentlichen und privaten Bereich erfahren und ebenso in den Reihen der Arbeitnehmer oder Selbstständigen, die sich dafür entschieden haben, in den kreativen Industrien anstatt in traditionellen Unternehmen zu arbeiten.

Die Kreativwirtschaft als Hybrid hängt mit dem öffentlichen Sektor zusammen, mit gemeinnützigen Organisationen und dem „Informellen", das sich Steuerung, Kontrolle und Förderung oft entzieht: zwischenmenschliche Kontakte und Netzwerke anstelle von sichtbaren Institutionen, Interessensverbänden und klaren Strukturen. Auch lassen sich zwar Einkommen und Umsätze in dem Bereich quantifizieren, aber die Wirkung auf Individuen, die lokale Gemeinschaft, soziale Gruppen sowie der künstlerische Wert oder die Managementleistung sind maßgeblich, aber nicht einfach in Zahlen zu fassen oder zu messen (Hadida 2015).

Die Kultur- und Kreativwirtschaft wird als einer der dynamischsten Wirtschaftszweige der Weltwirtschaft gesehen und wächst beständig in Europa (bis im März 2020 die Corona-Pandemie den Bereich schwer trifft). Besonders in Berlin, der deutschen Hauptstadt und Kulturmetropole, und anderen deutschen Großstädten erlebte die kreative Branche ein Hoch. Die Kultur- und Kreativwirtschaft wird in Berlin auch als wirtschaftlicher Standortfaktor betrachtet. In einer zunehmend wissensbasierten Ökonomie spielt die Kultur- und Kreativwirtschaft nicht nur für das Image und die Standortattraktivität einer Region eine Rolle, sondern gilt als eigenständiger Wirtschaftsbereich.

Die kreative Klasse und wirtschaftliches Wachstum

Das Konzept der Creative Industries begann als Modell der postindustriellen Entwicklung und der städtischen Regeneration seit den 1990er-Jahren. Von der Creative Class versprach sich Florida (2012) immense Auswirkungen auf Städte, Regionen und Länder, deren Wirtschaft, Politik und Wohlbefinden. Die Kreativen zieht es in tolerante, abwechslungsreiche Städte (Creative Cities). Die Betriebe der Wissensökonomie, die auf jene Arbeitskräfte angewiesen sind, müssen ihnen dahin folgen: Jobs to People, nicht: People to Jobs. Später ruderte Florida (2017) jedoch stark zurück: Die Creative Class hat trotz Ansammlung in kreativen Clustern mit ihren **3 Ts** (Florida 2012, S. 228) aus Technologieunternehmen (Technology), Bildung und hohe Qualifikation (Talent) und Offenheit (Toleranz) gegenüber ethnischer Vielfalt und sexueller Orientierung nicht nur wirtschaftlichen Aufschwung gebracht. Vielmehr profitieren in Städten wie New York, London und San Francisco nur die Reichen von diesem Wachstum, während die Armen und die Arbeiterschicht verdrängt werden und die Probleme in die Vorstädte wandern (Wetherell 2017). Auch die Stadt Berlin leidet generell und in vielen Kiezen wie Kreuzberg und Friedrichshain unter Gentrifizierung und im Allgemeinen unter Wohnraumknappheit und steigenden Mietpreisen. „Arm, aber sexy" ist die Metropole nicht mehr.

1.2 Definition der Kultur- und Kreativwirtschaft

Die Initiative Kultur- und Kreativwirtschaft der Bundesregierung benutzt eine Definition der Kultur- und Kreativwirtschaft, die der Wirtschaftsministerkonferenz folgt, welche den Fokus auf erwerbswirtschaftliche Unternehmen legt:

▶ **Kultur- und Kreativwirtschaft als erwerbswirtschaftlicher Sektor** Unter Kultur- und Kreativwirtschaft werden diejenigen Kultur- und Kreativunternehmen erfasst, welche überwiegend erwerbswirtschaftlich orientiert sind und sich mit der Schaffung, Produktion, Verteilung und/oder medialen Verbreitung von kulturellen/kreativen Gütern und Dienstleistungen befassen (BMWi 2017).

Diese Definition hebt den erwerbswirtschaftlichen Charakter der Unternehmen hervor. Zu diesen werden alle Unternehmen gezählt, die marktwirtschaftlich sind, mehrwertsteuerpflichtig sind oder die mit Kunst, Kultur und Kreativität Geld verdienen wollen. Von dieser Gruppe an Unternehmen sind jene ausgeschlossen, die durch öffentliche Finanzierung getragen werden, sich durch Gebührenfinanzierung unterhalten oder durch gemeinnützige Gelder oder private Geldgeber gefördert werden.

Das Bundesministerium für Wirtschaft (BMWi 2017, S. 3) erklärt, dass „eine solche Unterscheidung zwischen erwerbswirtschaftlichen oder marktwirtschaftlichen Unternehmen einerseits und nicht marktwirtschaftlichen Unternehmen andererseits […] aus ordnungs- und steuerungspolitischen Gründen für die Lage in Deutschland von besonderer Bedeutung [ist]". Hiermit lassen sich beispielsweise wirtschaftliche Zusammenhänge anders messen, wie etwa der Beitrag der Kultur- und Kreativwirtschaft zur Bruttowertschöpfung, die Entwicklung der Anzahl der Unternehmen in diesem Bereich und die Entwicklung des Umsatzes in den Teilbereichen sowie das Wachstum im internationalen Vergleich, die Kultur- und Kreativwirtschaft in der gesamtwirtschaftlichen Wertschöpfungskette im Hinblick auf Innovationskraft und branchenübergreifende Potenziale, und kreativwirtschaftliche Innovationen für mehr Wachstum und Wertschöpfung im Mittelstand.

▶ **Studien zur Kreativwirtschaft** Zu den Themen Entwicklung, Wertschöpfung und Potenziale hat das Wirtschaftsministerium eine Reihe von Studien erstellt. Sie sind zu finden unter: https://www.kultur-kreativ-wirtschaft.de/KUK/Navigation/DE/DieBranche/Uebersicht/uebersicht.html.

Dennoch erfasst diese Sicht nicht alle Beschäftigungsmöglichkeiten für Kreativschaffende. Nach der Definition der Wirtschaftsministerkonferenz sind Kreativschaffende der Kultur- und Kreativwirtschaft Angehörige der freien Berufe sowie Klein- und Kleinstbetriebe, die überwiegend erwerbswirtschaftlich ausgerichtet sind. Daneben gibt es die Angestellten bei öffentlichen Einrichtungen wie Museen, Theatern, Orchestern in öffentlicher Trägerschaft, Kultur- und Kunstvereinen oder Stiftungen.

Die dort tätigen Menschen gelten als Grundlage der Kreativwirtschaft und werden als Treiber der wirtschaftlichen Wertschöpfung dieser auf Wissen und Innovation basierenden Ökonomie gesehen. Gerade für die in diesem Buch vertretene Perspektive ist zu betonen, dass das kreative Potenzial Einzelner alleine kein Garant für wirtschaftlichen Erfolg ist (Townley et al. 2009), sondern dass diese so vielfältigen kreativen Köpfe auch Unterstützung in Form von Management sowie finanzielle Möglichkeiten und politische Förderung benötigen.

Tatsächlich hängen viele politische Fragen davon ab, wie man die Kreativwirtschaft versteht und welche Bereiche dazugezählt werden. Die Creative Industries erstrecken sich über ein weites und heterogenes Feld mit unterschiedlichen kreativen und künstlerischen Aktivitäten. Die verschiedenen Definitionen rücken stets gewisse Aspekte in den Fokus und schließen zugleich tendenziell andere aus. Im Folgenden betrachten wir verschiedene Zuordnungen von Bereichen zu der Kreativwirtschaft. Dies hilft Ihnen auch, sich selber zu verorten, und andere Zusammenhänge und Sichtweisen zu verstehen.

1.3 Felder der Kreativwirtschaft

1.3.1 Elf Teilmärkte

Die Kreativwirtschaft wird der in der Wirtschaftsministerkonferenz abgestimmten Abgrenzung folgend in elf Teilmärkte gegliedert (Abb. 1.1). Diese Einteilung findet sich auch

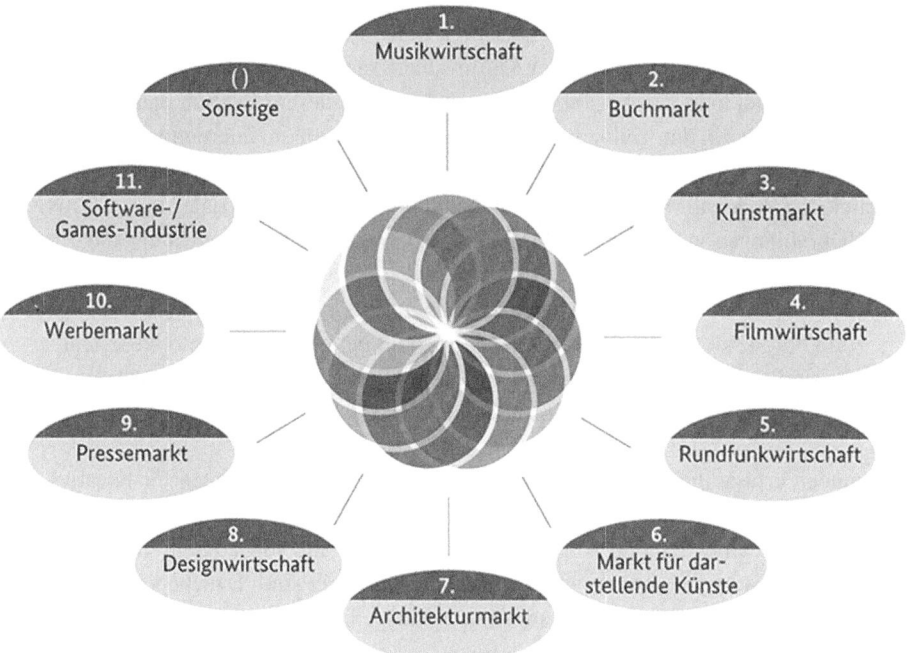

Abb. 1.1 Die Teilmärkte der Kultur- und Kreativwirtschaft. © Bundesministerium für Wirtschaft und Energie, 2009, mit freundlicher Genehmigung

1.3 Felder der Kreativwirtschaft

im Kreativwirtschaftsbericht der Stadt Berlin (Senatsverwaltung für Wirtschaft, Technologie und Forschung 2014, S. 4). Die Teilmärkte Musikwirtschaft, Rundfunkwirtschaft, Filmwirtschaft, Designwirtschaft, Buchmarkt, Pressemarkt, Kunstmarkt, darstellende Kunst und Architekturmarkt werden unter dem Begriff „Kulturwirtschaft" zusammengefasst. Dazu gesellen sich die beiden Teilmärkte Werbemarkt und Software-/Gamesindustrie als sogenannte „Kreativbranchen". Die Definitionen erwähnen auch bisweilen den Bereich „Sonstige", um gegebenenfalls neue wirtschaftliche Aktivitäten einzubinden. Bund und Länder orientieren sich dabei an der Definition der Enquête-Kommission „Kultur in Deutschland".

Eine solche Klassifizierung in Teilbereiche, wie sie auch in Großbritannien vom Department for Culture, Media and Sport (DCMS 1998) entworfen wurde, ist eine Reaktion auf die wirtschaftliche Restrukturierung und Globalisierung und die „New Economy", die um Kreativität kreist und die kreativen Industrien im Kern trägt (DCMS 2008). Die Definition für diese Industrien bezieht sich wieder auf Kreativität, Talent und Fertigkeiten sowie das Potenzial zum Arbeitsplatzwachstum: „Those industries which have their origin in individual creativity, skill and talent which have a potential for job and wealth creation through the generation and exploitation of intellectual property" (DCMS 1998). Auch hier wird, wie in der Definition des deutschen Wirtschaftsministeriums, das wirtschaftliche Potenzial von Kultur und Medien sowie der erwerbswirtschaftliche Charakter von Unternehmen hervorgehoben, ebenso die Kreativität und das professionelle Handeln sowie das geistige Eigentum – welches bei anderen Definitionen sogar im Zentrum steht. Allerdings hat auch dieser Ansatz Kritik erfahren, denn viele Bereiche sind eigentlich nicht kommerziell ausgerichtet (z. B. Theater), andere hingegen sehr kommerziell, wie Hightechbereiche (z. B. Games).

Kritik an diesem Modell bezog sich auch auf das Zusammenschustern von Bereichen, die bisher nicht miteinander verbunden waren. Gerade in Großbritannien sah man diese Kollokation als bemühten Beweis, dass das Land ganz vorne mit dabei wäre in einem Feld, das es selbst erfunden hatte (Cunningham und Potts 2015, S. 388). Auch bis heute würden sich Aktive in diesen elf Bereichen, von der Lektorin bis zum DJ, von der Galeristin bis zur Filmproduzentin, nicht unbedingt als Vertreter einer einzigen Gruppe der Kreativarbeitenden sehen. Dennoch hat es diese Klassifizierung, die weniger kohärent ist als eine Einteilung in Felder wie „Kunst", „Medien" und „Kultur", vermocht, den großen Veränderungen durch Digitalisierung, Globalisierung und Medienkonvergenz Rechnung zu tragen. Da diese Differenzierung in Teilmärkte übergeordnete Entwicklungen zwischen einzelnen Bereichen nicht gut erkennen lässt, könnte man heute wieder einen Schritt zurücktreten und von den „Creative Economies" sprechen (Creative Economies Research Venture 2019).

Die Kreativwirtschaft ist de facto eine **„Querschnittsbranche"** (Arndt et al. 2012) aus heterogenen Wirtschaftszweigen der Produktions- und Dienstleistungssektoren (Teilmärkte wie Film, Presse, darstellende Künste etc.) und nicht homogen (wie bspw. die Automobilbranche). Sie ist gekoppelt an andere Bereiche (an Zulieferer aus der

Informationstechnik- und Medienindustrie) und Kunden und Partner anderer Branchen. Die Verflechtung und Kopplung der Kultur- und Kreativwirtschaft mit Zulieferern und Kunden und Partnern aus anderen Branchen macht sie zu einer typischen Querschnittsbranche, die mit ihren spezifischen Leistungen zur Wertschöpfung und gesamtgesellschaftlichen Innovation beiträgt. Beispielsweise im Bereich der unternehmensbezogenen Dienstleistungen (inklusive IT, Forschung und Entwicklung), dem Handel, Verkehrssektor und dem Papiergewerbe, die Vorleistungen aus der Kultur- und Kreativwirtschaft beziehen.

Die Differenzierung in Teilmärkte wie Musik, Software, Theater und andere verdeckt, dass wichtige Entwicklungen übergreifend und zwischen den Bereichen und an ihren Rändern geschehen. Tatsächlich ist eine stringente Aufteilung in separate Bereiche nicht immer nötig, da auch Medien zunehmend konvergieren. Dieser Megatrend der **Medienkonvergenz** (Jenkins 2004) beschreibt ein Zusammenwachsen verschiedener Medien und Kommunikationskanäle auf der technischen Ebene, der inhaltlichen Ebene und der Nutzungsebene, das durch Entwicklungen wie die Digitalisierung der traditionellen Medien und das World Wide Web ausgelöst wurde und weiter vorangetrieben wird durch technische Neuerungen und der damit verbundenen wirtschaftlichen Dynamik. Medienkonvergenz und ihre Ausprägungen werden als der Ausgangspunkt crossmedialen Handelns angesehen. Wenn etwa Zeitungsreportagen auch online gelesen und Fernsehprogramme gleichzeitig oder zeitversetzt auf sozialen Medien verbreitet werden, sind weitere neue Tätigkeiten mit der Branche verbunden, wie Onlinejournalismus, die Arbeit mit YouTube-Kanälen und visuellen Darstellungen und so weiter. Durch die Medienkonvergenz können Inhalte mehrfach angeboten und auf verschiedene Arten genutzt werden. Neue hybride Berufe und Industriesektoren entstehen, die nicht in standardisierte Klassifikationen passen.

Wirtschaftliche Entwicklung der Teilmärkte in Deutschland
In diesen elf Teilmärkten der Kultur- und Kreativwirtschaft in Deutschland ist die Bruttowertschöpfung laut Bundesministerium für Wirtschaft (BMWi 2017, S. 8) in den vergangenen Jahren deutlich gestiegen: Während im Jahr 2014 noch ein Wert von knapp 88 Milliarden Euro erzielt wurde, liegt der (geschätzte) Wert für das Jahr 2016 bei knapp 97 Milliarden Euro, und im Jahr 2018 bei schätzungsweise 100,5 Milliarden Euro (BMWi 2019). Damit liegt die Bruttowertschöpfung knapp hinter der des Maschinenbaus (2018: ca. 107 Milliarden Euro), aber weit unter der starken Automobilindustrie (ca. 167 Milliarden Euro), übertrifft aber andere traditionelle Branchen wie die chemische Industrie (ca. 51 Milliarden Euro), die Energieversorger (ca. 50 Milliarden Euro) oder die Finanzdienstleister (ca. 75 Milliarden Euro). Den größten Beitrag der Teilmärkte zur Bruttowertschöpfung in der Kreativwirtschaft lieferte die Software- und Gamesindustrie (ca. 33 Milliarden Euro) (wobei hier aber Zahlen von Firmen wie SAP enthalten sind), gefolgt vom Pressemarkt und Werbemarkt (jeweils ca. 12 Milliarden Euro), der Designwirtschaft (ca. 10 Milliarden Euro) sowie den anderen Feldern mit ähnlichem Volumen wie Filmwirtschaft, Buchmarkt und Musikwirtschaft (zwischen ca. 6 und 8 Milliarden Euro). In Deutschland waren im Jahr 2018 in der Kultur- und Kreativwirtschaft rund 1,7 Millionen Menschen erwerbstätig, davon mehr als 256.000 selbstständige Freiberuflerinnen und Freiberufler oder gewerbliche Unternehmerinnen und Unternehmer sowie über 938.000 sozialversicherungspflichtig Beschäftigte (BMWi 2019).

1.3.2 Internationale Klassifizierungen

Die Bandbreite der Creative Industries ist groß, sie reicht von traditionellen Feldern wie Kunsthandwerk und kulturellen Ausdrucksformen bis zu technologiegetriebenen und dienstleistungsorientierten Aktivitäten wie audiovisuellen Formen und neuen Medien.

▶ **Creative Industries** Die Konferenz der Vereinten Nationen für Handel und Entwicklung (UNCTAD 2010, S. 8) fasst die Creative Industries als einen ausgedehnten Bereich, in dem:

- **Intellektuelles Kapital** als Primärinput genutzt wird, um den Zyklus der Kreation, Produktion und Distribution von Gütern und Dienstleistungen zu gestalten.
- Produkte sowohl **fassbar als auch immaterielle** Dienstleistungen intellektueller oder künstlerischer Art sein können, mit kreativem Inhalt, wirtschaftlichem Wert und Vermarktungszielen.
- Die Produkte ein **Querschnitt** sein können zwischen Kunst-, Dienstleistungs- und Industriesektoren.
- **Dynamische Auswirkungen** auf den Welthandel entstehen.

Die entsprechende Klassifizierung (Abb. 1.2) teilt aufgrund der hohen Vielfalt die Industrie in vier Obergruppen: Kulturerbe (Heritage), Kunst (Arts), Medien (Media) und funktionale Kreation (Functional Creations). Die Gruppierung soll ein besseres Verständnis der

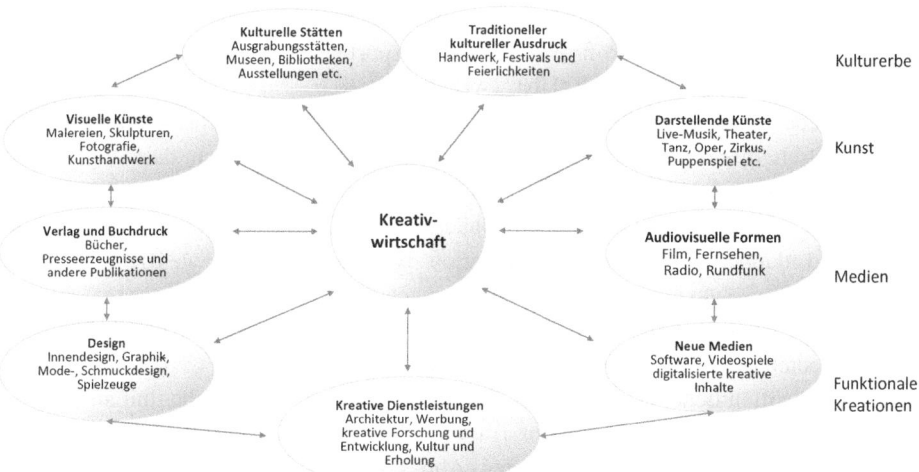

Abb. 1.2 Klassifizierung der UNCTAD (2010, S. 8), Creative Economy Report 2010: Creative Economy – A Feasible Development Option, von UNCTAD (United Nations Conference on Trade and Development). © 2010 United Nations, mit freundlicher Genehmigung der United Nations. Eigene Übersetzung des Originals

Beziehungen im großen Zusammenhang ermöglichen. Die Teile hängen folgendermaßen zusammen:

1. **Kulturerbe**: Ausgangspunkt dieser Klassifizierung, Ursprung aller Kunst und die Seele der Kreativwirtschaft, denn hier laufen historische, anthropologische, ethnische, ästhetische und gesellschaftliche Sichtweisen zusammen. Ausgangspunkt einer Vielzahl von Dienstleistungen vor Ort (Museen) und kulturellen Aktivitäten (Festivals).
2. **Kunst**: der enge Kunst- und Kulturbereich, auch beeinflusst vom Kulturerbe. Zwei Untergruppen der visuellen Künste und darstellenden/performativen Künste.
3. **Medien**: Massenmedien, die ein großes Publikum bedienen. Untergruppen Printmedien und audiovisuelle Medien.
4. **Funktionale Kreationen**: nachfrageorientierte und serviceorientierte Industrien, die Güter mit funktionalem Zweck hervorbringen. Untergruppen Design, neue Medien, kreative Dienstleistungen.

Es wird nach wie vor debattiert, ob **Forschung und Entwicklung** Teil der Creative Economy ist und ob kreative Experimente als Forschung und Entwicklung angesehen werden können. In dem hier präsentierten Ansatz (UNCTAD 2010, S. 9) sind Kreativität und Wissen in wissenschaftlichen Kreationen genauso wie in künstlerischen Kreationen enthalten. Die politische Forderung wäre eine erhöhte Zusammenarbeit zwischen Wissenschaft und der Wirtschaft und dem privaten und öffentlichen Sektor.

Ebenfalls diskutieren ließe sich die Rolle des Bereichs **Sport** in der Kreativwirtschaft. Oft hängen Sport und Kultur über die Ministerien zusammen und Sport ist eine wichtige wirtschaftliche Ertragsquelle und oft mit dem Freizeitbereich verbunden. In diesem Modell aber wird Sport eher als Profi- oder Wettkampfsport gesehen denn als kreative Aktivität und deshalb außen vorgelassen (UNCTAD 2010, S. 9).

Verschiedene andere Modelle wurden entwickelt, um ein durchdachtes Verständnis der Kreativwirtschaft und ihrer Struktur zu ermöglichen. Es wird deutlich, dass die Darstellung und erwähnten inhaltlichen Felder variieren und offensichtlich vom jeweiligen sozialen, kulturellen und politischen Kontext abhängig sind. Bestehende Modelle werden hinterfragt und adaptiert, um die jeweilige Situation zu spiegeln und auf neue Richtungen und Umgestaltungen sowie politische Diskurse einzugehen.

Diese Klassifizierungen bilden nicht nur eine schwer bestimmbare Wirklichkeit ab, sondern deuten auch **politisch**, wie die Kreativwirtschaft gesehen werden sollte. Hier kann es um öffentliche Gelder und Förderung gehen, um politische Initiativen und gesellschaftliche Diskurse, ebenso um Traditionen und gewachsenes Kulturverständnis. Die folgende Auswahl an Klassifizierungen (Abb. 1.3) illustriert den sich stetig verändernden Kontext. Diese Anordnungen beinhalten sowohl den Kulturbereich als auch die Kreativbereiche und zeigen somit die Breite und Vielfalt an möglichen Managementtätigkeiten in der jeweiligen Realität der Kreativwirtschaft.

Beispielsweise könnte man erörtern, ob tatsächlich Zoos, Freizeitparks und Modenschauen wie im „Americans for the Arts"-Modell Teil der Kreativwirtschaft sind oder

1.3 Felder der Kreativwirtschaft

nicht. Dann stellt diese Sicht die bildende Kunst in den Mittelpunkt ohne Brücken zu technischen Innovationen in der Informationstechnologie oder anderen kreativen Bereichen zu bauen, und eignet sich damit als Instrument für Kunstpolitik. Die Sicht auf die „Copyright Industries" der World Intellectual Property Organization (WIPO) hingegen hebt die Schöpfung, Produktion, Verbreitung und Verteilung von urheberrechtlich geschützten Werken oder geistigem Eigentum hervor und ihren monetären Wert und die damit verbundenen wirtschaftlichen und politischen Bestrebungen. Nicht alle Bereiche in der Kreativwirtschaft beinhalten geistige Eigentumsrechte im gleichen Ausmaß (Literatur versus Tanz, Performance, Handwerkskunst), aber die Identifikation, Nutzung und Monetarisierung dieser Rechte wird als notwendig für nachhaltige und fortlaufende kreative Arbeit gesehen (WIPO 2017).

DCMS-Modell	Modell symbolischer Texte	Modell konzentrischer Kreise
Werbung	**Kern der kulturellen Industrien**	**Kern der kreativen Künste**
Architektur	Werbung	Literatur
Kunst und Antiquitäten	Film	Musik
Kunsthandwerk	Internet	Performative Künste
Design	Musik	Bildende Künste
Mode	Verlagswesen	
Film und Video	Fernsehen und Rundfunk	**andere Formen im Kern**
Musik	Video- und Computerspiele	Film
Performative Künste		Museen und Bibliotheken
Verlagswesen	**Peripherie**	
Software	creative arts (kreative Künste)	**Weiteres Umfeld**
Fernsehen und Rundfunk		Kulturerbe/ Kulturbesitz
Video- und Computerspiele	**Randbereiche**	Verlagswesen
	Unterhaltungs- und Haushaltselektronik	Tonaufnahmen
	Mode	Fernsehen und Rundfunk
	Software	Video- und Computerspiele
	Sport	
		Verwandte Branchen
		Werbung
		Architektur
		Design
		Mode

Abb. 1.3 Verschiedene Klassifizierungssysteme für die Kreativwirtschaft (UNESCO 2013, S. 22), mit freundlicher Genehmigung der UNESCO. Eigene Übersetzung des Originals

WIPO Copyright-Modell	UNESCO Modell	Americans for the Arts-Modell
Kern der Copyright-Industrien	**Industrien in kulturellen Kerngebieten**	Werbung
Werbung	Museen, Galerien, Bibliotheken	Architektur
Verwertungsgesellschaften	Performative Künste	Kunsthochschulen und Dienstleistungen
Film und Video	Festival	Design
Musik	bildhafte Künste, Kunsthandwerk	Film
Performative Künste	Design	Museen und Zoos
Verlagswesen	Verlagswesen	Musik
Software	Fernsehen und Rundfunk	Performative Künste
Fernsehen und Rundfunk	Film und Video	Verlagswesen
Bildende Künste und Grafik	Fotografie	Fernsehen und Radio
	interaktive Medien	bildhafte Künste
Eingeschränkte Copyright-Industrien	**Industrien in erweiterten kulturellen Gebieten**	
Architektur	Musikinstrumente	
Bekleidung, Schuhe	Klanggeräte	
Design	Architektur	
Mode	Werbung	
Haushaltswaren	Druckgeräte	
Spielwaren	Software	
	audiovisuelle Hardware	
davon abhängige (interdependente) Copyright-Industrien		
unbeschriebenes Aufnahmematerial		
Unterhaltungs- und Haushaltselektronik		
Musikinstrumente		
Papier		
Kopierer, Fotoausrüstung		

Abb. 1.3 (Fortsetzung)

1.3.3 Konzentrische-Kreise-Modell

Die Kreativwirtschaft wurde auch anhand verschiedener Modelle konzentrischer Kreise umrissen. Einer der bekanntesten Ansätze geht auf David Throsby (2008) zurück. Das hier gezeigte Modell (Abb. 1.4) beinhaltet eine Begriffskorrektur der UNESCO (2013, S. 23): Der innere Kreis heißt nicht „Core Creative Arts" (Kern kreativer Künste), sondern „Core Cultural Expression" (Kern kulturellen Ausdrucks). Diese Sicht erfasst den kreativen Gehalt und den „Ausdruckswert" der entsprechenden Tätigkeiten und ihren symbolischen Gehalt. Kreative Ideen entstehen im inneren Kern und wandern dann weiter nach außen in die „Kreise" der verwandten kulturellen Industrien. Die Kreise sind nicht trennscharf, sondern durchlässig und verweisen auf die symbolischen Attribute, die soziale Bedeutung und ästhetische Erfahrung für den Konsumenten und Nutzer von Gütern und Dienstleistungen kultureller und kreativer Produktion (Kap. 6). Die Reichweite steigt vom inneren Kern aus auch an, wenn darstellende Künste beispielsweise eine kleinere Anzahl an Menschen erreichen als Computerspiele, Fernsehen, Mode und Werbung.

Nicht individuelle Künstler und Kulturproduzierende bilden in dieser Darstellung alleine das Zentrum der Kreativität. In der kulturellen Wertschöpfungskette arbeiten Künstlerinnen und kreative Köpfe mit anderen zusammen, wie Managerinnen, Gründerinnen,

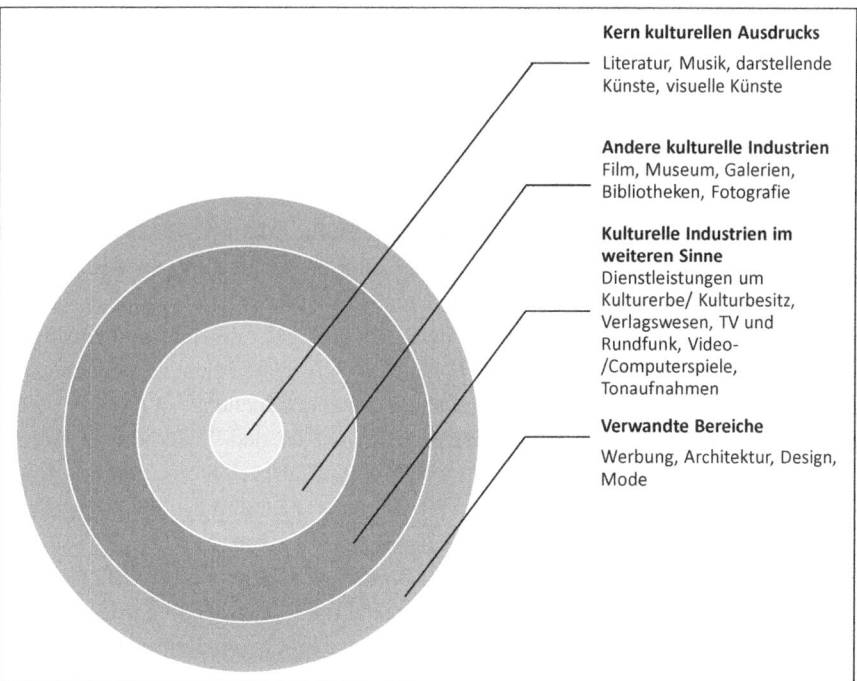

Abb. 1.4 Modell konzentrischer Kreise der UNESCO (2013, S. 23), mit freundlicher Genehmigung der UNESCO. Eigene Übersetzung des Originals

Produzenten, Intermediären und vielen anderen. Kreativität wird als sozialer Prozess gesehen und kulturelle Produktion damit auch als Gemeinschaftsleistung, und nicht als Output eines vermeintlichen künstlerischen Einzelgenies. Diese Perspektive verweist bereits auf die komplexe und beziehungsorientierte Rolle von Management in der Kreativwirtschaft.

Eine ähnliche Version der konzentrischen Kreise stammt von der britischen Work Foundation (2007). Dieses Modell positioniert kreative Felder (Core Creative Fields) als innersten Kreis im Zentrum mit kommerziellen Produkten, die einen hohen ausdrucksstarken Wert und Nutzen (Expressive Value) besitzen und Urheberschutz benötigen. Außen herum verläuft die „Kulturwirtschaft" mit ihrer Massenproduktion und Verwertung von Gütern mit ausdrucksstarkem Wert (Expressive Value), die auf Copyright basieren. Darum findet sich die „Kreativwirtschaft" mit ihren Aktivitäten, für die symbolische Güter essenziell notwendig sind. Die restliche Wirtschaftswelt im äußeren Kreis beinhaltet das produzierende Gewerbe und Dienstleistungssektoren. Sie nutzen die expressiven Produkte der Kreativwirtschaft und profitieren von diesen.

Eine solche Sicht verdeutlicht, dass kommerzielle Arbeitsleistung in den kreativen Kernfeldern ein hohes Maß an symbolischem Wert beinhaltet, der aus verschiedenen ästhetischen, sozialen und historischen Elementen entsteht, und geistiges schützenswertes Eigentum darstellt, das auf die gesamte Wirtschaftswelt ausstrahlt. Der Vorteil des Modells liegt darin, dass es die Rolle des intellektuellen Eigentums hervorhebt, welches sich auf verschiedene Arten als intellektuelles Kapital (Abschn. 8.3) schützen lässt. Forderungen zum Schutz geistigen Eigentums sind in der Kreativwirtschaft ein zentrales politisches Thema.

1.3.4 UNESCO-Modell

In dem Ansatz der Organisation der Vereinten Nationen für Bildung, Wissenschaft und Kultur (United Nations Educational, Scientific and Cultural Organization) wird Kultur für die Gesellschaft als wesentlicher Bestandteil der Creative Industries hervorgehoben (UNESCO 2009) – was sich in der deutschen politischen Bezeichnung der „Kultur- und Kreativindustrie" wiederfindet. Die UNESCO (Tab. 1.1) nennt verschiedene bekannte Bereiche, die die Breite des kulturellen Sektors zeigen, nimmt aber auch eine Einteilung vor (A bis F). Zusätzlich werden quer durchlaufende Gebiete dargestellt wie Aus- und Weiterbildung, Archivierung und Erhaltung, Ausstattung und Materialien. Diese spielen eine zentrale Rolle im kulturellen Zyklus für die Produktion und Verbreitung von Kultur über alle kulturellen Felder hinweg und darüber hinaus in verwandte Bereiche.

Diese kulturelle Gruppierung wird um den Bereich der Technik und Medien sowie den Bereich der Tourismus-, Sport- und Freizeitwirtschaft ergänzt, der sich in der deutschen Definition der Kultur- und Kreativwirtschaft nicht explizit wiederfindet. Diese Sichtweise stellt die zentrale Rolle von Kultur heraus und wie sie unser Leben und die Wirtschaftswelt beeinflusst und prägt. Auch die Wirtschaft ist ein Teil von „Kultur" und wird in jedem sozialen Kontext, in allen Regionen und Sprachen etwas anders verstanden,

1.3 Felder der Kreativwirtschaft

Tab. 1.1 UNESCO-Modell (UNESCO 2009, S. 24), mit freundlicher Genehmigung der UNESCO. Eigene Übersetzung des Originals

Kulturelle Bereiche						Verwandte Bereiche	
A	**B**	**C**	**D**	**E**	**F**	**G**	**H**
Kultur- und Naturerbe	**Aufführungen und Feierlichkeiten**	**Visuelle Künste und Kunsthandwerk**	**Buch- und Pressemarkt**	**Audiovisuelle und interaktive Medien**	**Design und kreative Dienstleistungen**	**Tourismus**	**Sport, Freizeit, Erholung**
Museen, archäologische/ historische Stätten Kulturlandschaften	Darstellende Künste Musik Festivals Messen	Kunst Fotografie Handwerk	Bücher Presseprodukte andere Publikationen Bibliotheken Buchmessen	Film und Video, TV Rundfunk Internet Podcasts Online-Games	Mode-, Grafik- Innendesign Architekturdienstleistungen Werbung u.a.	Reisen und Dienstleistungen Unterkunft Hotels	Sport, Fitness Wellness Vergnügungsparks Camping u.a.
Immaterielles kulturelles Erbe mündliche Überlieferung, Rituale, Sprachen, soziale Praxis						Immaterielles kulturelles Erbe	
Aus- und Weiterbildung						Aus- und Weiterbildung	
Archivierung und Erhaltung						Archivierung und Erhaltung	
Ausstattung und Materialien						Ausstattung und Materialien	

professionell praktiziert und gelebt. Die „Cultural Economy" lässt sich für Konsumenten als eine Industrie verstehen, die Unterhaltung bietet sowie Möglichkeiten zur Ausschmückung des Lebens und Selbstverortung durch ihren hohen symbolischen Wert – und nicht nur puren Nutzwert. Auch hier ist es kulturell verschieden, welche Musik man hört, wie man tanzt, welche Serien und Filme „in" sind. Diese Breite und Vielfalt fließen in das Modell ein.

Verständnisfragen und Aufgaben

1. Geben Sie das in Deutschland verwendete Verständnis der Kultur- und Kreativwirtschaft wieder. Wo würden Sie sich einordnen für Ihre aktuelle oder zukünftige Tätigkeit?
2. Beurteilen Sie das Modell der elf Teilmärkte kritisch: Was ergibt Sinn, wo sind Brüche und Widersprüche? Passen diese Bereiche zueinander?
3. Wo befindet sich Ihr Arbeitsbereich (bestehende Arbeitserfahrung oder angestrebtes Arbeitsfeld) in verschiedenen Modellen? Was folgt daraus für Ihr Selbstverständnis?
4. Stellen Sie sich vor, wie ein Modell aussehen könnte, das Ihnen als Managerin/Manager in Ihrem Bereich nutzen würde, um sich politisch zu positionieren. Entwerfen Sie ein Modell, das Ihren Bereich günstig positioniert und hervorhebt und gegebenenfalls politische Forderungen unterstreicht (bessere Finanzierung, Schutz geistigen Eigentums, politische Anerkennung, wissenschaftliche Anerkennung, Trends in Aus- und Weiterbildung).

Literatur

Acker, O., & Gröne, F. (2015). *The digital future of creative Europe. The impact of digitization and the Internet on the creative industries in Europe*. Berlin: Strategy& PwC.

Arndt, O., Freitag, K., Knetsch, F., Sakowski, F., Nimmrichter, R., Kimpeler, S., & Bundesministerium für Wirtschaft und Technologie (BMWi). (Hrsg.). (2012). *Die Kultur- und Kreativwirtschaft in der gesamtwirtschaftlichen Wertschöpfungskette – Wirkungsketten, Innovationskraft, Potenziale*. https://www.kultur-kreativ-wirtschaft.de/KUK/Redaktion/DE/Publikationen/2012/kuk-in-der-gesamtwirtschaftlichenwertschoepfungskette-wirkungsketten-innovationskraft-potentiale-endbericht.pdf?__blob=publicationFile&v=7. Zugegriffen am 20.11.2018.

BMWi (Bundesministerium für Wirtschaft und Energie). (Hrsg.). (2017). Monitoringbericht Kultur- und Kreativwirtschaft 2017. https://www.bmwi.de/Redaktion/DE/Publikationen/Wirtschaft/monitoring-wirtschaftliche-eckdaten-kuk-2017.pdf?__blob=publicationFile&v=6. Zugegriffen am 20.11.2018.

BMWi (Bundesministerium für Wirtschaft und Energie). (Hrsg.). (2019). Monitoringbericht Kultur- und Kreativwirtschaft 2019. https://www.kultur-kreativ-wirtschaft.de/KUK/Redaktion/DE/Publikationen/2019/monitoring-wirtschaftliche-eckdaten-kuk.pdf?__blob=publicationFile&v=5. Zugegriffen am 14.11.2019.

Creative Economies Research Venture. (Hrsg.). (2019). Non-paper III: Narrative Strategien für die Creative Economies. http://creativeeconomies.zhdk.ch/files/Non-Paper_3.pdf. Zugegriffen am 05.01.2019.

Cunningham, S., & Potts, J. (2015). Creative industries and the wider economy. In C. Jones, M. Lorenzen & J. Sapsed (Hrsg.), *The Oxford handbook of creative industries* (S. 387–404). Oxford: Oxford University Press.

DCMS (Department for Culture, Media and Sport). (Hrsg.). (1998). *Creative industries mapping documents*. https://www.gov.uk/government/publications/creative-industries-mapping-documents-1998. Zugegriffen am 20.11.2018.

DCMS (Department for Culture, Media and Sport). (Hrsg.). (2008). *Creative Britain – New talents for the new economy*. https://webarchive.nationalarchives.gov.uk/+/http:/www.culture.gov.uk/images/publications/CEPFeb2008.pdf. Zugegriffen am 20.11.2018.

Florida, R. (2012). *The rise of the creative class*. New York: Basic Books.

Florida, R. (2017). *How our cities are increasing inequality, deepening segregation, and failing the middle class and what we can do about it*. New York: Basic Books.

Hadida, A. (2015). Performance in the creative industries. In C. Jones, M. Lorenzen & J. Sapsed (Hrsg.), *The Oxford handbook of creative industries* (S. 219–248). Oxford: Oxford University Press.

Hancock, P., & Tyler, M. (2004). ‚MOT your life': Critical management studies and the management of everyday life. *Human Relations, 57*(5), 619–645.

Hecken, T., & Kleiner, M. S. (Hrsg.). (2017). *Handbuch Popkultur*. Stuttgart: J.B. Metzler.

Jenkins, H. (2004). The cultural logic of media convergence. *International Journal of Cultural Studies, 7*, 33–43.

Ladkin, D., & Taylor, S. (2010). Leadership as art: Variations on a theme. *Leadership, 6*, 235–241.

Mainemelis, C., Kark, R., & Epitropaki, O. (2015). Creative leadership: A multi-context conceptualization. *Academy of Management Annals, 9*(1), 393–482.

Mintzberg, H. (1989). *Inside our strange world of organizations*. New York: Free Press.

Mintzberg, H. (2004). Enough leadership. *Harvard Business Review, 82*(11), 22.

Schreyögg, G. (2008). *Organisation. Grundlagen moderner Organisationsgestaltung* (5. Aufl.). Wiesbaden: Gabler.

Senatsverwaltung für Wirtschaft, Technologie und Forschung. (2014). Dritter Kreativwirtschaftsbericht. Entwicklung und Potenziale. https://www.berlin.de/sen/kultur/kulturpolitik/kulturwirtschaft/dritter_kreativwirtschaftsbericht.pdf. Zugegriffen am 20.11.2018.

Taylor, S., & Hansen, H. (2005). Finding form: Looking at the field of organizational aesthetics. *Journal of Management Studies, 42*, 1211–1231.

Throsby, D. (2008). The concentric circles model of the cultural industries. *Cultural Trends, 17*, 147–164.

Townley, B., Beech, N., & McKinlay, A. (2009). Managing in the creative industries: Managing the motley crew. *Human Relations, 62*, 939–962.

Uhl-Bien, M., Marion, R., & McKelvey, B. (2007). Complexity leadership theory: Shifting leadership from the industrial age to the knowledge era. *The Leadership Quarterly, 18*(4), 298–318.

UNCTAD (United Nations Conference on Trade and Development). (Hrsg.). (2008). Creative economy report. The challenge of assessing the creative economy: Towards informed policy-making. https://unctad.org/en/docs/ditc20082cer_en.pdf. Zugegriffen am 20.11.2018.

UNCTAD (United Nations Conference on Trade and Development). (Hrsg.). (2010). Creative economy report 2010: Creative economy – A feasible development option. https://unctad.org/en/Docs/ditctab20103_en.pdf. Zugegriffen am 20.11.2018.

UNESCO. (2009). The 2009 UNESCO Framework for Cultural Statistics (FCS). http://unesdoc.unesco.org/images/0019/001910/191061e.pdf. Zugegriffen am 20.11.2018.

UNESCO. (2013). *Creative economy report 2013. Special edition. Widening local development pathways* (Creative economy report). New York: UNDP.

Wetherell, S. (2017). Richard Florida is sorry. https://jacobinmag.com/2017/08/new-urban-crisis-review-richard-florida. Zugegriffen am 20.11.2018.

WIPO (World Intellectual Property Organization). (Hrsg.). (2017). How to make a living in the creative industries. https://www.wipo.int/edocs/pubdocs/en/wipo_pub_cr_2017_1.pdf. Zugegriffen am 01.12.2019.

Work Foundation. (2007). Staying ahead: The economic performance of the UK's creative industries. https://static.a-n.co.uk/wp-content/uploads/2013/11/4175593.pdf. Zugegriffen am 20.11.2018.

Kreative Arbeit

2

> **Zusammenfassung**
>
> Dieses Kapitel beschreibt, wie man kreative Arbeit in der Kultur- und Kreativwirtschaft und darüber hinaus fassen kann. Menschen produzieren einfache und komplexe kreative Güter oder lassen sich gemäß einer Taxonomie kreativer Arbeit aufteilen in Produzenten von kreativen Originalen, Produzenten von kreativen Inhalten, Produzenten von kreativen Erlebnissen und Produzenten von kreativen Services. Die Aufteilung der dort Tätigen in verschiedene kreative Produzenten schlägt eine Brücke über den Bereich der Kreativwirtschaft hinaus und verweist auf den Bedarf an kreativer Produktion in weiteren Bereichen. Das Modell des „kreativen Dreizacks" hilft, kreative Beschäftigung innerhalb der Sektoren und in angrenzenden Arbeitsmärkten einzuschätzen: Tätigkeit in kreativen Berufen innerhalb der Kreativwirtschaft (Spezialisten), Tätigkeit in kreativen Berufen in anderen Wirtschaftszweigen (Eingebettete) und Tätigkeit in unterstützenden Funktionen in der Kreativwirtschaft (Unterstützung). Führt man dieses Denken weiter, erschließt man ein viertes Feld mit kreativen Tätigkeiten in anderen Wirtschaftszweigen in Bereichen wie Innovationsmanagement, Kommunikation, Führung mit kreativen Ansätzen. Die gesamte „kreative" Beschäftigung ist außerhalb der Kreativwirtschaft breit verteilt – womit die hier vorgestellten Managementansätze sich auch in traditionellen Bereichen einsetzen lassen und diese bereichern. Nicht zuletzt verdeutlichen sogenannte Übertragungseffekte, dass die Kreativwirtschaft eine Quelle von Innovation und gesamtgesellschaftlichen Wirkungszusammenhängen ist.

2.1 Typologie der kreativen Produzierenden

Um das Feld von Management in der Kreativwirtschaft besser erfassen zu können, stellt sich als Erstes die Frage: Was tun die Menschen, die in der Kreativwirtschaft arbeiten oder etwas kreativ produzieren? Zunächst einmal schaffen sie für andere symbolische Produkte als Bedeutungsträger durch den Einsatz menschlicher Kreativität, unter dem Einsatz geistigen Eigentums Einzelner und Gruppen (UNCTAD 2010, S. 4). In diesem Bereich ist die Bandbreite der Tätigkeiten bereits recht groß und reicht von einfachen künstlerischen bis zu hochkomplexen Leistungen, die dann noch an verschiedensten Orten der Welt erbracht werden.

So kann man zunächst zwischen **zwei verschiedenen Formen** kreativer Güter (Caves 2000 S. 19) unterscheiden:

1. **Einfache kreative Güter** (Simple Creative Goods) werden geschaffen, wenn ein Bild gemalt, ein Buch oder eine Geschichte geschrieben oder ein Song produziert wird. Dies ist möglich durch Einzelleistung oder erfordert relative kleine Teams mit eher einfach strukturierten Formen der Zusammenarbeit.
2. **Komplexe kreative Güter** (Complex Creative Goods) benötigen verschiedene Teams und komplizierte Absprachen, oft eine ganze Produktionskette. Beispiele sind Produktionen in der Filmbranche, aufwändige Musikproduktionen wie Konzerte und deren Verwertung, oder Theaterinszenierungen, die viele verschiedene Teilnehmer einbinden und aufeinander abstimmen.

Um diese verschiedenen Tätigkeiten besser unterteilen zu können, lässt sich die Taxonomie kreativer Arbeit des National Endowment for the Sciences, Technology and the Arts (NESTA 2006, S. 45–55) betrachten. Diese beinhaltet vier verschiedene Sektoren, die im Folgenden vorgestellt werden (Abb. 2.1): Creative Originals Producers (Prozenten von kreativen Originalen), Creative Content Producers (Produzenten von kreativen Inhalten), Creative Experience Producers (Produzenten von kreativen Erlebnissen), Creative Service Producers (Produzenten von kreativen Services).

▶ Modell kreativer Produzierender
- **Produzenten von kreativen Originalen (Creative Originals Producers):** Erzeuger oder Händler von originalen, seltenen und einzigartigen Objekten, wie Kunsthandwerker, bildende Künstler wie Maler oder Installationskünstler, Modeschöpfer und andere. Käufer schätzen hier besonders den kreativen oder kulturellen Wert. Diese Produktionen besitzen meist nur einen kleinen Umfang, gerade wenn beispielsweise Objekte in aufwändiger Handarbeit entstanden sind.
- **Produzenten von kreativen Inhalten (Creative Content Producers):** Sie schaffen Inhalte für verschiedenste Medien wie Film, Rundfunk, Buch- und Pressemarkt, Musik, den Theatermarkt, interaktive Medien und andere. Das sind beispielsweise Autorinnen, Songwriter, Scriptwriter, Journalistinnen, Drehbuchautoren, Stücke-

2.1 Typologie der kreativen Produzierenden

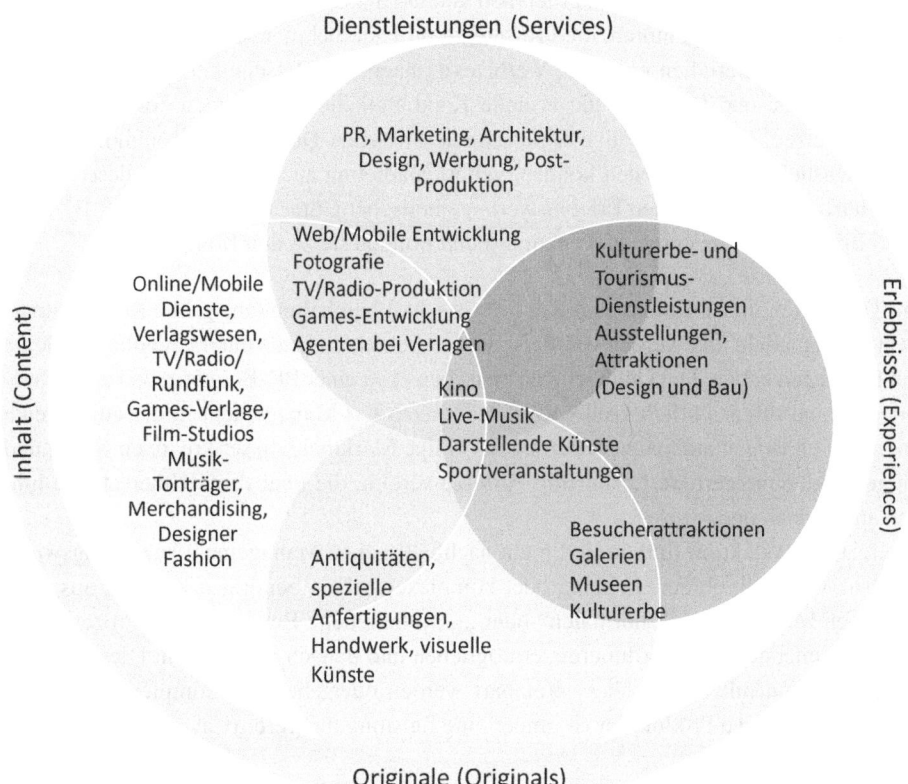

Abb. 2.1 Modell der Produktion in den Creative Industries, „Refined model of the creative industries" (NESTA 2006, S. 55), mit freundlicher Genehmigung von NESTA. (Eigene Übersetzung)

schreiber. Jene produzieren oder nutzen geschütztes geistiges Eigentum. Die Produkte werden bisweilen im großen Stil im Massenmarkt distribuiert, was meist ein größeres Investment zu Anfang erfordert. Medienunternehmen und Onlineplattformen beziehen Content aus verschiedensten Kanälen.

- **Produzenten von kreativen Erlebnissen (Creative Experience Producers):** Erlebnisse werden geschaffen nicht nur von Künstlern wie von Performancekünstlern (Schauspielerinnen, Tänzer, Musikerinnen), sondern auch von anderen, die an Orten arbeiten, die Erlebnisse bieten, wie Museen, Galerien, Klubs, Tourismusdestinationen. Dazu könnte man Eventorganisatoren ebenso zählen wie DJs und Promoter in Klubs, und auch Beschäftigte im Bereich Tourismus, die an bestimmten Locations mit Menschen interagieren.
- **Produzenten von kreativen Services (Creative Services Producers):** Dienstleistungen wie Werbung, Grafikdesign, Kommunikationsdienstleistungen, Public Relations, Architektur und so weiter. Die dort Tätigen setzen ihr geistiges Eigentum

und ihre Zeit für andere Unternehmen und Organisationen ein. Beispiele sind Mitarbeiter von PR-Agenturen, die Pressetexte für Unternehmen schreiben oder Kommunikationsmaterialien erstellen, Werbetexterinnen, die Botschaften für Unternehmen verfassen, und Designer, die visuelle Kommunikation für Firmen konzipieren und umsetzen. Obwohl kreative Unterschiede zwischen Design und Kommunikationsdienstleistungen bestehen können, gehört Marketing auch dazu, denn diese Dienstleistungen erhöhen den Erlebniswert symbolischer Güter für den Markt (z. B. durch Branding und emotionale Aufladung) und bringen sie zu den Konsumenten.

Die Tätigkeiten in der Kultur- und Kreativwirtschaft beinhalten eine große Bandbreite an kreativem Handeln und werden von Personen verrichtet, die ganz unterschiedliche Talente und Haltungen haben. Die Unterschiede zwischen etwa einer PR-Beraterin und einer Jazzsängerin sind offensichtlich groß und so muss auch das Management in diesem Bereich einen großen Bogen aufspannen, der jedoch einige Merkmale dieser kreativen Köpfe und einige verallgemeinerbare Leadership-Ansätze vereint, die über diese Unterschiede hinweg anwendbar sind.

Kreative Produktion funktioniert nicht nachhaltig ohne Management beziehungsweise Zuarbeit. Generell, ob bei einfacher oder komplexer Arbeit, benötigen Künstler aus allen Bereichen Menschen aus „normalen" oder „gewöhnlichen" Bereichen, die Prozesse und Produkte unterstützen, koordinieren, ermöglichen und danach vermarkten. Diese Zusammenarbeit kann mit Handschlag vereinbart werden oder eben mit komplexen Arrangements, aber kreative Produktion ist immer eine Leistung mehrerer (Caves 2000, S. 1).

2.2 Kreative Beschäftigung jenseits der Kreativwirtschaft

Der Arbeitsmarkt für kreative Tätigkeiten und damit auch für „Management in der Kreativwirtschaft" kann nicht durch die Aufteilung des Feldes in einzelne Industrien der Kreativwirtschaft begrenzt werden. Die Aufteilung der dort Tätigen in verschiedene kreative Produzenten geht schon einen Schritt weiter und verweist auf den Bedarf an kreativer Produktion in weiteren Bereichen. Hier ist das **Modell des „kreativen Dreizacks"** (Creative Trident; Cunningham und Potts 2015; Higgs und Cunningham 2008) sinnvoll. Es dient dazu, kreative Beschäftigung in Sektoren und in angrenzenden Arbeitsmärkten einzuschätzen. Der Dreizack verweist auf drei Teile eines Beschäftigungsquadranten in einer vierteiligen Matrix aus Beschäftigung und Industrie (Tab. 2.1).

Der erste Quadrant beinhaltet die Gesamtheit der kreativen Tätigkeiten innerhalb des Kerns der Kreativwirtschaft (Core Creative Industries), die „**Spezialisten**". Der zweite Quadrant beinhaltet die kreative Beschäftigung in anderen Industriezweigen, die „**eingebetteten Tätigkeiten**". Der dritte Quadrant beinhaltet Geschäftsaktivitäten und unterstützende Aktivitäten innerhalb von Unternehmen der Kreativwirtschaft, einschließlich der Managerinnen, Buchhalter, Technikerinnen, Marketingfachleute und so weiter, die „**Unterstützung**". Der kreative Dreizack lässt sich auf jeden einzelnen Bereich der Kreativwirtschaft anwenden.

2.2 Kreative Beschäftigung jenseits der Kreativwirtschaft

Tab. 2.1 Darstellung des kreativen Dreizacks mit verschiedenen Formen kreativer Beschäftigung, nach Higgs und Cunningham 2008, S. 26. Reprinted by permission of Informa UK Limited, trading as Taylor & Francis Group, www.tandfonline.com Eigene Übersetzung

Tätigkeit in kreativen Berufen innerhalb der Kreativwirtschaft *(Spezialisten)*	Tätigkeit in kreativen Berufen in anderen Wirtschaftszweigen *(Eingebettet)*
Tätigkeit in unterstützenden Funktionen in der Kreativwirtschaft *(Unterstützung)*	totale kreative Beschäftigung

Dieser Ansatz ähnelt der Sicht Richard Floridas (2012) auf die kreative Klasse, unterscheidet sich aber auch von ihr. Florida hatte alle Beschäftigten, Künstler und Kreativen bunt in diesem Konzept zusammengewürfelt, obwohl er schon deutlich gemacht hatte, dass verschiedenste Berufe hier tätig sind. Die Matrix mit dem Dreizack unterscheidet zwischen kreativen Tätigkeiten (Spezialisten) und unterstützenden Tätigkeiten (Unterstützung). Sie bezieht sich auf die elf Felder der Kreativwirtschaft (BMWi, DCMS), die enger sind als Floridas Creative Class, aber auch viel breiter als die traditionelle Sicht auf Kunst und Kultur, da Werbung, Marketing, Architektur, Design, Software und so weiter einbezogen werden.

Dieser Ansatz zeigt, dass es mehr kreative (eingebettete) Tätigkeit außerhalb der Kreativwirtschaft gibt als innerhalb dieser (Cunningham und Potts 2015, S. 393–394). Es gibt viele Beispiele, wie Kreative etwa im Gesundheitswesen helfen können, Dienstleistungen und Abläufe zu verbessern, wobei nicht anzuzweifeln ist, dass kreative und komplexe Aktivitäten auch von den dort Beschäftigten, wie Ärztinnen, vollzogen werden. Der Bereich Design als Urbereich der Kreativwirtschaft wird in fast jeder Branche eingesetzt, ist oft überall sichtbar, in der Produktentwicklung, beim Branding, im Einzelhandel und so weiter. Als „Design Thinking" wird Wissen aus dem Bereich zu einem Ansatz, der zum Lösen von Problemen und zur Entwicklung neuer Ideen in allen möglichen Feldern führen soll.

Wo kommen wir hin, wenn wir dieses Denken, das in der Matrix bereits angelegt ist, konsequent weiterführen? Es gibt mehr kreative Arbeit außerhalb der Kreativwirtschaft als in ihr (Cunningham und Potts 2015, S. 390), „Creative Employment" und kreative Managementtätigkeiten sind demnach in einem **erweiterten Arbeitsmarkt** zu finden.

Ein Blick auf „Management in der Kreativwirtschaft", wie er in diesem Buch vorgeschlagen wird, geht noch einen Schritt weiter. Das Argument, das sich als roter Faden durch die Kapitel zieht: Kreative Konzepte, Methoden und Personen werden in allen Branchen der Wirtschaft zunehmend gebraucht. Wer als Manager in der Kreativwirtschaft ausgebildet oder erfahren ist, kann ebenso in traditionellen Unternehmen und Branchen arbeiten, in Bereichen, die mit Kreativität, Innovation und Veränderung zu tun haben. Wenn man von der „Kreativwirtschaft" spricht, sollte man Kreativität auch in anderen Bereichen nicht vergessen, wie in Forschung, Technologie, Politik und Management. Dies wird in den folgenden Kapiteln noch weiter aufgezeigt und diskutiert. Die Tätigkeiten von „Spezialisten" in der Kreativwirtschaft und ihrer nicht primär kreativen „Unterstützung" sowie den „eingebetteten" Tätigkeiten außerhalb der Kreativwirtschaft (Cunningham und Potts 2015, S. 394) kann man somit in einem Quadrat anordnen, wobei noch Tätigkeiten in nicht primär kreativen Berufen hinzukommen, die dennoch mit Kreativität zu tun haben. Solche Personen sind dann nicht „eingebettete" Kreativschaffende, und auch nicht bloße technische „Unterstützer", sondern Menschen, die von der Kreativwirtschaft inspirierte Vorgehensweisen und Ansätze anwenden.

Dieser Quadrant im **kreativen Quadrat** (Tab. 2.2) beinhaltet kreative Ansätze von Management auch in den Bereichen Wissensarbeit, Innovation, Kommunikation, Führung und anderen. Dies wird heute beispielsweise unter dem Begriff „Creative Leadership" (Abschn. 4.2.) umrissen und in Managementansätzen, die ästhetische, also sinnlich wahrnehmbare Faktoren (Taylor und Hansen 2005) und Kompetenzen (Abschn. 7.2.1) einbeziehen. Dazu gehört, „wie ein Künstler" zu agieren, wie eine Musikerin oder wie ein Maler (Abschn. 7.2). De facto weiß die internationale Managementforschung um Unzulänglichkeiten herkömmlicher Ausbildungsprogramme: Bei einem hauptsächlich analytisch ausgerichteten Curriculum, quantitativer Orientierung und der Vermittlung von Standardkonzepten fehlen vielen Absolventen schlichtweg Fähigkeiten wie kreatives Denken und Kommunikation (Bennis und O'Toole 2005). Schon lange gilt Kunstkompetenz und auch mal ein dazugehöriges Diplom als heiße Empfehlung in der Wirtschaftswelt („The MFA is the New MBA" – Pink 2004). Dann arbeiten Managementstudierende schon seit längerer Zeit mit Künstlern an kreativen Projekten und wollen Sinn jenseits des Unternehmensprofits im sozialen Gewinn finden (Adler 2006) – auch dies sind Themen, die man aus der Kreativindustrie kennt.

Wenn es um Innovation, neue Ideen, nachhaltige und menschenorientierte Ansätze geht, wendet sich die Managementforschung den Bereichen Kunst und Kultur zu – sie sind anerkannte Ressourcen von Neuheit und Innovation in der gesamten Wirtschaftswelt. Die Kultur- und Kreativwirtschaft hat nach wie vor vielfältige nicht-ökonomische Auswirkun-

Tab. 2.2 Das kreative Quadrat mit Formen kreativer Beschäftigung im erweiterten Kontext. Eigene Darstellung

	Industrie	
	Kreativwirtschaft	Außerhalb der Kreativwirtschaft
Beschäftigung in kreativen Berufen	„Spezialisten"	„Eingebettete Tätigkeit"
Nicht primär kreative Tätigkeit	„Unterstützung"	Tätigkeit in anderen Branchen und in verschiedenen Feldern, die kreative, ästhetische und künstlerische Ansätze verwenden (in Management, Führung, Kommunikation etc.)

gen auf persönliche und nationale Identitäten, auf das soziale Miteinander in Gesellschaft und Gemeinschaft, aber beinhaltet für viele auch eine klare ökonomische Funktion, wenn sie sich Effekte auf kreative Tätigkeiten im heutigen schnelllebigen Wirtschaftsraum erhoffen.

Die globale, sozial vernetzte und sich schnell verändernde Wirtschaft verlangt besondere kreative und menschlich kompetente Führungspersonen und Mitarbeiter und anpassungs- und zukunftsfähige Organisationsstrukturen (Biehl-Missal 2011, S. 8). Tätige aus dem Bereich der Kreativwirtschaft, die das Feld mit Management zusammenbringen, können demnach mit einem guten Selbstbewusstsein in einem großen möglichen Tätigkeitsfeld auftreten und bisweilen eingegrenzte ökonomische Sichtweisen um neue Aspekte erweitern.

2.3 Quelle von Neuheit und Innovation

Die Creative Industries sind stets eine Schnittstellenbranche gewesen und gelten als Ideentreiber und Quelle der Innovation für viele andere Bereiche. Hier werden Ideen entwickelt, die in zahlreiche andere Märkte und Bereiche hineinwirken. Für Akteure und Management in der Kreativwirtschaft ist wichtig, diese Verknüpfungen zu kennen, um die Potenziale und Auswirkungen dieser Aktivitäten besser einschätzen zu können. Eine solche Perspektive vergrößert wiederum das Feld der Managementtätigkeit von kreativer Arbeit, denn diese wird nicht nur in der Kreativwirtschaft geleistet, sondern auch in großem Umfang außerhalb. Die Beiträge der Kreativwirtschaft reichen weit in die Wirtschaftswelt hinein.

Das Bundesministerium für Wirtschaft (Arndt et al. 2012) hat Übertragungseffekte auf die „gesamtwirtschaftliche Wertschöpfungskette" ausgemacht und spricht von Wirkungszusammenhängen, Innovationskraft und Potenzialen. Die Kreativwirtschaft hat direkte und indirekte Auswirkungen auf andere Sektoren der Gesellschaft, die sich in primäre, sekundäre, tertiäre und quartäre Effekte gliedern lassen.

Direkte **Spillover**-Effekte und indirekte gesamtgesellschaftliche Effekte lassen sich mit herkömmlichen Statistiken nicht ausreichend abbilden und nicht konkret messen, sind aber anhand von Fallstudien schon belegt (Arndt et al. 2012).

Recht einfach zu erkennen sind **primäre Effekte** wie Beschäftigungszahlen und finanzielle Wertschöpfung in der Kultur- und Kreativwirtschaft.

Weniger einfach zu messen sind **sekundäre Effekte** als indirekte Beiträge zur Gesamtwirtschaft. Dazu gehören positive Effekte in Form von indirekten Beiträgen zur Gesamtwirtschaft, die Nachfrage nach Gütern aus vorgelagerten Branchen wie Materialwirtschaft, Informations- und Kommunikationstechnik, wissensintensive Dienstleistungen, Versorgung von Kunden und Kooperationspartnern in der Kreativwirtschaft sowie im produzierenden Gewerbe, Dienstleistungssektor, von öffentlichen Auftraggebern und Privathaushalten mit kreativen Vorleistungen.

Tertiäre Effekte beschreiben positive Effekte durch neue Geschäftsmodelle, die Hybridisierung der Märkte, Knowledge-Spillovers (von Wissen, Innovationen, Netzwerken und Kontakten). Dazu gehören schwer greifbare Wirkungen wie der Transfer von Wissen oder die Übernahme von Geschäftsmodellen aus der Kreativwirtschaft. Zu diesen Effekten lassen sich auch Wissen- und Praxistransfers wie kreative Trainingsangebote („künstlerische Interventionen", Abschn. 7.2.2) zählen, die Prozesse, Personen und Produkte aus der Welt der Kunst in traditionelle Unternehmen bringen.

Quartäre Effekte sind Folgen der Aktivitäten der Kultur- und Kreativwirtschaft auf gesamtgesellschaftlicher Ebene, die wiederum als Rahmen auf alle drei anderen Arten von Effekten zurückwirken. Neue Trends in der Arbeit und Zusammenarbeit (Social Innovations) verändern die Gesellschaft, andere Unternehmen und damit auch Prozesse der Arbeit im Größeren. Neue Entwicklungen im Bereich Konsum (Kap. 6), die in der Kreativwirtschaft als besondere Branche geboren werden, haben ebenfalls Auswirkungen auf gesamtgesellschaftlicher Ebene. Dazu gehören Paradigmenwechsel wie etwa neue Formen des Produzenten-Konsumenten-Verhältnisses („Prosumer"), User-generated Innovation und Fähigkeitsentwicklungen von Benutzern/Konsumenten (Stichwort Web 2.0 und 3.0)

Andere Klassifizierungen betrachten Spillover-Effekte ähnlich, und unterscheiden beispielsweise in Übertragungsformen von **Wissen, Produkten und Netzwerkeffekten**, die vor allem auftreten, wenn eine räumliche Nähe zwischen den Unternehmen der Kreativwirtschaft und anderen besteht (Chapain et al. 2010, S. 25).

- Wissensübertragungseffekte beinhalten flexible, kollaborative Formen von Arbeit, die überall im dynamischen Wettbewerb zu finden sind, auch in der Zusammenarbeit von „kreativen Köpfen" in traditionellen Bereichen.
- Netzwerkeffekte wie ein neu entstandenes kreatives Milieu fördern Tourismus, Immobilienwirtschaft und Gastronomie.
- Spillover-Effekte von Produkten lassen Nebenmärkte entstehen für Entertainment. Beispielsweise können Spielsachen, Kleidung oder Haushaltsgegenstände Motive von Hollywoodfilmen oder das Abbild von Musikstars tragen. Diese Entwicklungen machen auch die Bahn frei für neue Produkte, wie 3D-Elektronik für zuhause nach dem Blockbuster „Avatar" oder andere neue Unterhaltungselektronik. Man könnte auch den Fall dazuzählen, dass literarische Werke oder Filme eine Nachfrage nach bestimmten Produkten auslösen. So hatte die erotische Romantrilogie „50 Shades of Grey" mit ihren Verfilmungen einen Boom in der Nachfrage nach Sexspielzeugen ausgelöst (Möthe 2015).

Kreativität und **Innovation** werden häufig fälschlicherweise im Alltagsgebrauch analog gesetzt. Es handelt sich jedoch um zwei deutlich voneinander getrennte Praxis- und Theoriebereiche. Innovation betrifft Neuerungen, die zu technischem, sozialem und wirtschaftlichem Wandel führen – es gibt allerdings keinen einzelnen allgemeingültigen Ansatz oder Definition.

2.3 Quelle von Neuheit und Innovation

▶ **Innovation** Eine weitverbreitete Definition lautet: „Innovation is a novelty that creates value in economic or social spheres, and can relate to improving existing or creating new products, services or processes" (Crossan und Apaydin 2010). Innovationen sind Neuheiten, die Wert schaffen im ökonomischen, sozialen und künstlerischen Sinn und sich meistens auf die Verbesserung oder Erneuerungen von existierenden Produkten, Dienstleistungen oder Verfahren beziehen oder diese neu schaffen. Innovation muss entdeckt oder erfunden, eingeführt, angewandt und institutionalisiert werden, um zu Veränderung zu führen.

Innovationen müssen demnach umgesetzt werden, tatsächlich erfolgreiche Anwendung finden und den Markt durchdringen. Es geht um Umsetzbarkeit und die Verwertung einer Idee. **Kreativität** erreicht diesen Zustand oder Verwendung nicht notwendigerweise. Bei Kreativität geht es um Originalität und wie neue Ideen entstehen (Abschn. 3.2).

Es sind nicht nur die technologischen Innovationen, die die wirtschaftliche Entwicklung der Creative Industries und anderer Branchen antreiben. Auch die kreativen Inhalte, die ästhetische Form oder eben die nicht-technologischen Innovationen treiben das Tempo der wirtschaftlichen Entwicklung an. Eine Beschränkung auf die vorwiegend technologische Innovationsförderung würde viele Wertschöpfungspotenziale ungenutzt lassen. So beschreibt der Begriff **nicht-technische Innovationen** neuartige Produkt-, Dienstleistungs-, Prozess-, Organisations- und Marketingkonzepte wie auch Geschäftsmodelle, bei denen der primäre Wertschöpfungsbeitrag nicht aus den eingesetzten Technologien entsteht (BMWi 2016). Beispiele sind Unternehmen wie Facebook oder Airbnb, deren Erfolg weniger auf der eingesetzten Technologie beruht als auf dem Neuigkeitscharakter des Geschäftsmodells. Während technische Innovationen üblicherweise längere Laborphasen durchlaufen (ein neuer Motor), benötigen nicht-technische Neuerungen eher kurze Entwicklungsprozesse und werden auch in Interaktion mit dem Markt ständig weiterentwickelt. Dabei hat die Neuheit meist keine objektvierten Produkteigenschaften („30 PS mehr"), sondern ist subjektiv („bessere Benutzung").

Hier lässt sich auch das Konzept der **Soft Innovation** anschließen, die definiert wird als Innovation von Gütern und Dienstleistungen, die sich mehr im ästhetischen oder intellektuellen Reiz als in der funktionellen, wissenschaftlichen oder technologischen Dimension manifestiert (Stoneman 2010, S. 22). Es geht also nicht primär um neue Funktionen oder Verbesserungen, sondern um verschiedene Geschmäcker, die bedient werden. Dies sieht man in der gesamtgesellschaftlichen Wertschöpfung, wenn man die sinnliche (ästhetische) Aufladung und Inszenierung von Produkten und Dienstleistungen (Abschn. 6.2) berücksichtigt.

Die Tabelle (Tab. 2.3) zeigt Beispiele für Formen der weichen Innovation in der Kreativwirtschaft im Zusammenhang mit anderen Industrien. Solche weichen innovativen Praktiken in der Kreativindustrie selbst beinhalten die Entwicklung von neuen Titeln und Produkten in Kunst und Kultur sowie Medien, darunter Mode, Bücher, Musik, Filme, Videospiele und viele mehr. Hier geschieht Innovation auf der ästhetischen Dimension, indem sich etwa der Sound von Musik ändert oder der Stil von Kleidung, die sich damit von der letzten Kollektion abhebt.

Tab. 2.3 Beispiele für Formen der „Soft Innovation" nach Flew (2013, S. 38). Reproduced with permission of the Licensor through PLSclear. Eigene Übersetzung

	Sektor der Wirkung	
Sektor der Innovation	*Kreativwirtschaft*	*Andere Industrien*
Kreativwirtschaft	Neue Bücher (Harry Potter), Filme, Songs, Computerspiele, Designer Fashion mit Auswirkungen auf Kleidung	„Avatar" bringt neue 3D-Technologien voran
Andere Industrien	Apple's iPod veränderte Konsum in der Musikindustrie	Finanzielle Innovation durch neue Kreditkartenprodukte

Viele dieser „soften" Innovationen haben trotzdem mit harter Technologie zu tun, beispielsweise wenn neue Geräte zur Herstellung von Musik (wie Drumcomputer) oder Kleidung (wie 3D-Drucker) zur Verfügung stehen. Ein Beispiel für die Auswirkungen von Innovation in einer anderen Branche auf die Kreativwirtschaft war die Einführung des iPod um das Jahr 2000: Die Distribution, der Kauf und Konsum von Musik änderte sich grundlegend, und ebenso die Produktionsmechanismen in der Musikindustrie. Aufgrund des innovativen Designs beherrschte das Apple-Modell den Markt vor anderen MP3-Playern und damit wanderte auch die Plattform iTunes in eine starke Position. Auch andere neue Geräte ermöglichen veränderte Produktion von Musik, Filmen oder Computerspielen. Andersherum begünstigen Innovationen in der Kreativwirtschaft wie etwa der Film „Avatar", dass sich im Home-Electronics-Bereich neue Technologien (3D) verbreiteten. In dieser Kategorie kann man auch „50 Shades of Grey" mit einem geförderten Absatz von Sex Toys sehen. Ebenso lassen sich hier kreative Managementansätze einordnen, die andere Unternehmen und ihre Infrastruktur (Ausstellung der Bildersammlung; kreative Innenarchitektur u. a.) beeinflussen.

„Soft Innovation" lässt sich auch in anderen Bereichen beobachten, die man nicht als eigentlich kreativ verstehen würde. Das Konzept ist wichtig in der Lebensmittelindustrie, in der Produkte beständig neu vermarktet oder verpackt werden, aber nicht unbedingt total erneuert. Ein Beispiel aus der Finanzbranche für Auswirkungen auf alle Bereiche: Das Bankhaus Barclays bot Kreditkarten mit neuen Funktionen wie niedrigen Zinssätzen an zur Nutzung für Spenden, im Tourismus und für Sportveranstaltungen (Flew 2013, S. 37–38).

Mit **Cross Innovation** werden Innovationen bezeichnet, die in branchenübergreifenden Kooperationen, also zum Beispiel zwischen Kreativbranche, verarbeitendem Gewerbe und Hightechbranchen, erarbeitet werden. Häufig wird der Begriff Cross Innovation auch dann verwendet, wenn innovative Lösungsansätze und Know-how auf andere Branchen übertragen werden. Der Cross-Innovation-Ansatz wird wichtiger, denn in einer sich zunehmend vernetzenden Wirtschaft verlieren viele Märkte ihre klaren Grenzen und Branchen bilden neue Schnittmengen. Beispiele sind Onlineplattformen in der Musik- und Modewirtschaft oder das Einbeziehen von Sounddesignern bei der Konzeption und Herstellung von Fahrzeugen. Systemverändernde Innovationen entstehen vor allem an den Schnittstellen von Branchen und Märkten. Innovationen finden nicht mehr allein innerhalb der Unternehmensgrenzen statt, sondern werden mit externen Akteuren, häufig auch in externen Organisationsformen etwa durch Kooperation mit Start-ups oder auch in offenen Laborumgebungen erarbeitet.

Die interdisziplinäre Zusammenarbeit gerade an solchen Schnittstellen ist nicht selbstverständlich. Die jeweils fachspezifischen Sprachen müssen verstanden und die unterschiedlichen Herangehensweisen akzeptiert werden, hinzu kommen interkulturelle Herausforderungen und verschiedene Arbeitshaltungen. Die Herausforderung für das Management besteht darin, die richtigen Akteure aus verschiedenen Bereichen zusammenzubringen, um die kollaborative Entwicklung von Innovationen zu unterstützen. Dabei müssen eingetretene Pfade und bekannte Lösungswege verlassen und ein gemeinsames Verständnis über die Schritte und Ziele erreicht werden. Orte, Formate und Moderatoren beziehungsweise Anreizsysteme sind nötig, die zwischen den unterschiedlichen Welten vermitteln, die fachspezifischen Ausdrucksweisen übersetzen und die Motivation der Beteiligten zur Zusammenarbeit erhöhen. Auch das ist Bestandteil des Kompetenzspektrums von Managern, und lässt sich breit gefasst als kreative, komplexe und beziehungsorientierte (relationale) Perspektive sehen (Kap. 4). Im nächsten Schritt sollen zunächst die kreativen Köpfe diskutiert werden, die sehr unterschiedlich sein können, aber einiges gemeinsam haben.

Verständnisfragen und Aufgaben

1. Beschreiben Sie die Kreativwirtschaft in Rückgriff auf die Elemente des NESTA-Modells der Produktion in den Creative Industries. Bewerten Sie exemplarisch einige dort vorgeschlagene Einordnungen, die Ihr Tätigkeitsfeld betreffen oder die Ihnen nicht logisch vorkommen.
2. Wenden Sie den „kreativen Dreizack" auf verschiedene Bereiche an (Musik, Film, Kunstmarkt).
3. Wo würden Sie Ihre (angestrebte) Tätigkeit im Modell des „kreativen Dreizacks" oder des erweiterten „kreativen Quadrats" sehen? Wie ändern diese Modelle Ihr Verständnis von Einsatzmöglichkeiten von Management in der Kreativwirtschaft?
4. Welche Effekte gehen von der Kreativwirtschaft auf die Gesamtgesellschaft aus? Finden Sie einige Beispiele für primäre, sekundäre, tertiäre und quartäre Effekte der Kreativwirtschaft auf die gesamtgesellschaftliche Wertschöpfung aus Ihrer eigenen Erfahrung. Beziehen Sie sich auf einen Sektor der Kreativwirtschaft Ihrer Wahl!

Literatur

Adler, N. (2006). The arts and leadership: Now that we can do anything, what will we do? *Academy of Management Learning & Education, 5,* 486–499.
Arndt, O., Freitag, K., Knetsch, F., Sakowski, F., Nimmrichter, R., Kimpeler, S., et al., & Bundesministerium für Wirtschaft und Technologie (BMWi). (Hrsg.). (2012). Die Kultur- und Kreativwirtschaft in der gesamtwirtschaftlichen Wertschöpfungskette – Wirkungsketten, Innovationskraft, Potenziale.

https://www.kultur-kreativ-wirtschaft.de/KUK/Redaktion/DE/Publikationen/2012/kuk-in-der-gesamtwirtschaftlichen-wertschoepfungskette-wirkungsketten-innovationskraft-potentiale-endbericht.pdf?__blob=publicationFile&v=7. Zugegriffen am 20.11.2018.

Bennis, W., & O'Toole, J. (2005). How business schools lost their way. *Harvard Business Review*. https://hbr.org/2005/05/how-business-schools-lost-their-way. Zugegriffen am 20.11.2018.

Biehl-Missal, B. (2011). *Wirtschaftsästhetik. Wie Unternehmen die Kunst als Inspiration und Werkzeug nutzen*. Wiesbaden: Gabler.

BMWi (Bundesministerium für Wirtschaft und Energie). (Hrsg.). (2016). Studie zu nichttechnischen Innovationen. https://www.bmwi.de/Redaktion/DE/Downloads/Studien/studie-zu-nichttechnischen-innovationen-zusammenfassung.pdf?__blob=publicationFile&v=6. Zugegriffen am 15.11.2019.

Caves, R. (2000). *Creative industries. Contracts between art and commerce*. Cambridge, MA: Harvard University Press.

Chapain, C., Cooke, P., de Propris, L., MacNeill, S., & Mateos-Garcia, J. (2010). Creative clusters and innovation report. Putting creativity on the map. London: National Endowment for Science Technology and the Arts.

Crossan, M., & Apaydin, M. (2010). A multi-dimensional framework of organizational innovation: A systematic review of the literature. *Journal of Management Studies, 47*, 1154–1191.

Cunningham, S., & Potts, J. (2015). Creative Industries and the wider economy. In C. Jones, M. Lorenzen & J. Sapsed (Hrsg.), *The Oxford handbook of creative industries* (S. 387–404). Oxford: Oxford University Press.

Flew, T. (2013). *Global creative industries*. Cambridge: Polity Press.

Florida, R. L. (2012). *The rise of the creative cass*. New York: Basic Books.

Higgs, P., & Cunningham, S. (2008). Creative industries mapping: Where have we come from and where are we going? *Creative Industries Journal, 1*, 7–30.

Möthe, A. (2015). Boom der Erotik-Branche. Sexspielzeug statt Tupperware. https://www.handelsblatt.com/unternehmen/handel-konsumgueter/boom-der-erotik-branche-sexspielzeug-statt-tupperware/11430194.html?ticket=ST-2639106-JTEq5eRaC1NEEuM6iufC-ap1. Zugegriffen am 20.11.2018.

NESTA (National Endowment for Science, Technology and the Arts). (Hrsg.). (2006). Creating growth: How the UK can invest in creative businesses. https://www.nesta.org.uk/report/creating-growth/. Zugegriffen am 20.11.2018.

Pink, D. (2004). Breakthrough ideas for 2004. *Harvard Business Review*. https://hbr.org/2004/02/breakthrough-ideas-for-2004. Zugegriffen am 20.11.2018.

Stoneman, P. (2010). *Soft innovation. Economies, product aesthetics, and the creative industries*. Oxford: Oxford University Press.

Taylor, S., & Hansen, H. (2005). Finding form: Looking at the field of organizational aesthetics. *Journal of Management Studies, 42*, 1211–1231.

UNCTAD (United Nations Conference on Trade and Development). (Hrsg.). (2010). Creative economy report 2010: Creative economy – A feasible development option. https://unctad.org/en/Docs/ditctab20103_en.pdf. Zugegriffen am 20.11.2018.

Teil II

Kreative Klasse

Kreative Köpfe

3

> **Zusammenfassung**
>
> Die Wirtschaftswelt hat sich verändert, und damit die Gesellschaft und die Arbeit. Der Begriff Creative Class beschreibt eine über die letzten Jahrzehnte entstandene Klasse an kreativ tätigen Menschen in unterschiedlichen Bereichen. Die Creative Class lässt sich auf verschiedene Arten definieren und umfasst Künstler, kreative Industrien, aber auch herkömmliche Wirtschaftsbereiche. Verbindende Werte sind unter anderem Autonomie, der Wunsch nach Freiräumen, flexiblen Arbeitszeiten und -orten und Sinn in der Tätigkeit. Kreativität ist gerade für die Arbeit in der Kreativwirtschaft zentral und wird als Prozess und Leistung einer Gruppe (nicht eines Einzelgenies) verstanden und benötigt ein unterstützendes Umfeld. In kreativwirtschaftlichen Arbeitsmärkten gibt es viele verschiedene Akteure mit unterschiedlichsten Karrieren und Einkommen sowie freiberuflichen und bisweilen prekären Beschäftigungsverhältnissen. Besonderes Merkmal von Arbeit in der Kreativwirtschaft ist die Projektarbeit. Dazu gehört auch im Bereich „Creative Entrepreneurship", eine wirtschaftliche Unternehmung aufzuziehen, indem intellektuelles Kapital geschaffen und genutzt wird. Die Produktion in der Kreativwirtschaft zeichnet sich im Gegensatz zu anderen Branchen durch besondere Eigenheiten aus wie: „nobody knows" (Unsicherheit), „infinite variety" (unendliche Vielfalt), „time flies" (die Zeit rennt), „ars longa" (fortwährende Kunst), „motley crew" (der bunte Haufen), „A-list/B-list" (vertikale Differenzierung) und „art for art's sake" (die Kunst um der Kunst willen). Die Digitalisierung verstärkt einige dieser Kennzeichen noch, wobei Medien „konvergieren" und die Rolle von Produzenten und Konsumenten nicht mehr strikt getrennt ist.

© Springer Fachmedien Wiesbaden GmbH, ein Teil von Springer Nature 2020
B. Biehl, *Management in der Kreativwirtschaft*,
https://doi.org/10.1007/978-3-658-28817-4_3

3.1 Veränderung der Arbeitswelt

3.1.1 Entwicklung

Der Arbeitsbegriff änderte sich mit der Zeit über verschiedene Epochen, wobei die historisch variablen Bestimmungen einander nicht ablösen oder überwinden, sondern immer noch in gewissem Sinne präsent sind. Die antike Sicht erklärt Arbeit als notwendige Mühsal, Max Webers protestantisch inspiriertes Arbeitsethos spricht von einem selbstdisziplinierten Dienst gegenüber Gott und der Gemeinschaft, die marxistische Perspektive problematisiert entfremdete Arbeit, und zeitgemäße Auffassungen sehen Arbeit als Selbstverwirklichung. So wie sich Menschenbilder gewandelt haben, entstanden auch immer neue Organisationsmodelle und damit auch neue Formen von Management (Mikl-Horke 2011) – was auch auf die veränderte Arbeitswelt mit der wachsenden Kreativwirtschaft zutrifft.

Einst war es die künstlerische Bohème am Rande der Gesellschaft, die selbstbestimmt feierte, lebte und arbeitete. Heute ist diese Vorstellung Mainstream geworden und für viele eine Alternative zur bisweilen fast als „spießig" wahrgenommenen Gesellschaft, die regulierten Normalarbeitsverhältnissen mit wenig flexiblen Arbeits- und Ortsvorgaben und geringen persönlichen Freiheitsgraden nachgeht. Aus der Randgruppe der Künstler wurde eine idealisierte Figur und die Wertigkeit von Kreativität ist so hoch, dass alles damit in Verbindung Stehende kollektiv als positiv beurteilt wird (Reckwitz 2013). Vorstellungen von Selbstverwirklichung, Autonomie und kreativem Handeln entsprechen dem **Zeitgeist** und sind Ziele für viele Menschen, die sich vor allem in der Kultur- und Kreativwirtschaft sehen.

Der Amerikaner Richard Florida (2012) beschrieb in seinem Buch *The Rise of the Creative Class* den Aufstieg der kreativen Arbeiter in den kreativen Branchen und Industrien – die auch entscheidend zum wirtschaftlichen Wachstum von Städten und Regionen beitragen sollen. Der Terminus der kreativen Klasse bezeichnet nicht nur Künstler im engeren Sinne, sondern umfasst die kreativen Köpfe einer Gesellschaft, also eine Reihe von Menschen und deren Tätigkeiten im Kontext einer gesamtgesellschaftlichen Entwicklung. In diesem Sinne ist auch der hier vorgestellte Ansatz von Management „in der Kreativwirtschaft" eine Sichtweise, die nicht nur das Management von Künstlern beinhaltet, sondern Tätigkeiten in verschiedenen Bereichen der Kreativwirtschaft umfasst wie etwa Musik, Werbung, Tourismus und anderen, und die Zusammenarbeit mit und das Management von kreativen Köpfen in angrenzenden Gebieten und in vielen anderen Bereichen in der gesamten Wirtschaftswelt.

Die Arbeitswelt hat sich in den vergangenen Jahrzehnten entscheidend gewandelt und damit haben sich auch die sozialen Klassen geändert und erweitert, sodass wir heutzutage eine große „kreative Klasse" antreffen, die es früher nicht gab. Die heutige Wirtschaftsordnung ermöglicht es mehr Menschen als zuvor, ihr eigenes kreatives Potenzial und ihre Innovationsfähigkeit einzusetzen. In Zeiten der Agrarwirtschaft und Industrialisierung war dies so nicht möglich. Am Anfang des 20. Jahrhunderts arbeitete die große Masse der

Menschen, ohne ihr kreatives Potenzial zu nutzen, und leistete sozusagen entfremdete Arbeit, bei der die Arbeitsleistung von subjektiven Faktoren entkoppelt war. In produzierenden Unternehmen waren Wertschöpfungsprozesse in kleine Teile unterteilt. So folgten in industrieller Produktion die einzelnen vordefinierten und präzise vorgeschriebenen Schritte aufeinander, beispielsweise bei der Fließbandarbeit. Innovation ging in dieser Zeit nur von wenigen, meist von Managern aus, während der große Anteil der Menschen ohne besondere Verbindung zu ihrer Arbeit malochte. Das Management richtete sich nach den Prinzipien des Scientific Management aus, das rationale Ansätze in einem hierarchischen System postulierte. Das **Menschenbild** entsprach bei der Umsetzung des Scientific Management (auch: Taylorismus) der sogenannten Theorie X, die von der Annahme des „Economic Man" ausgeht, der von Natur aus faul ist und nicht von innen (intrinsisch) zur Arbeit motiviert ist. Motivation kann von außen (extrinsisch) geschaffen werden, etwa durch finanzielle Entlohnung, Belohnung oder Sanktionen. Die Theorie Y geht im Gegensatz dazu aus, dass Menschen durchaus eine innere Motivation oder einen Ehrgeiz besitzen und ihre Ziele erreichen möchten. Dabei kann durch die Arbeit so etwas wie Zufriedenheit und Freude erreicht werden – was man schon an frühen Experimenten mit Teamarbeit in Fabriken sah („Hawthorne-Experimente"), bei denen Menschen kommunizieren und miteinander arbeiten konnten.

„Moderne Zeiten" im Film
Die Verzweiflung der arbeitenden Menschen unter dem Scientific Management wird in der populären Kultur und in filmischen Produkten der Kreativwirtschaft hinreichend gezeigt, beispielsweise in Charlie Chaplins Film *Moderne Zeiten* (https://www.youtube.com/watch?v=6n9ESFJTnHs) aus dem Jahr 1936: Die Arbeiter kämpfen gegen riesige Maschinen, zermalmende Fließbandarbeit und teilweise sinnlosen Erfindergeist („Fressmaschine") im Alltag der modernen Fabrik- und Arbeitswelt zwischen Monotonie und Leistung. Die Räder der Arbeitswelt haben sich mit der Zeit weitergedreht und auch die Fließbandarbeit als Symbol von entfremdeter Maloche hat sich seit den 1980er-Jahren verändert: Es gibt Teamarbeit und fortgesetztes Arbeiten an einem Produkt über einen längeren Zeitraum mit mehreren und komplexen Arbeitsabschnitten anstelle von einzelnen kleinen Arbeitsschritten.

Neuere Modelle sind der an sinnstiftender Arbeit und sozialen Beziehungen orientierte „Social Man", der sich selbst verwirklichende Arbeitstyp des „Self-actualizing Man" oder der „Complex Man" mit variierenden individuellen und vielschichtigen Bedürfnissen. In solchen Menschenbildern ist die Idee von eigener Verantwortung und Schaffensfreude angelegt, womit bereits einige Verbindungen zu der Arbeit von Künstlern und Kreativen deutlich werden. Weiterentwicklung, Selbstverwirklichung und das Einbringen der eigenen Subjektivität anstelle von distanzierter Pflichterfüllung sind Anspruch und zugleich aber auch Forderung an die Mitarbeiter von heute geworden.

Doppelte Subjektivierung von Arbeit
Sozialwissenschaftler sprechen kritisch von einer doppelten beziehungsweise normativen Subjektivierung von Arbeit (Honneth 2002), bei der emotionale Arbeit als post-tayloristische Selbstverwirklichung nicht nur vom Individuum gewünscht, sondern vom Arbeitgeber eingefordert wird. Seit den

1970er-Jahren verlagert sich die offene Kontrolle von Mitarbeitenden auf die schwer fassbare Kontrolle mit Einforderung von Kommitment und emotionaler Verpflichtung gegenüber dem Unternehmen. Das betrifft vor allem Dienstleistungstätigkeiten (Flugbegleiter, Empfangsmitarbeiter, Callcenter), die nicht endende Freundlichkeit und Geduld in Szene setzen müssen. Die kreative Klasse betrifft die Einforderung von subjektiven Faktoren aber auch, etwa im Tourismus, in Werbe- und PR-Agenturen und anderen kreativen Dienstleistungsbereichen, wo man gut drauf ist, freundlich zu nervigsten Kunden und der anstrengendsten Chefin. Für die gegenseitige Kontrolle werden Einzelbüros zu Großräumen, gerne inspirierend und bunt gestaltet, die aber offen und gut überwachbar sind. Trainingsmethoden wie Unternehmenstheater (Evers und Lempa 2017) werden angeboten, sind aber nicht wirklich freiwillig, und lassen keine andere Wahl, als an der guten Selbstdarstellung zu arbeiten. Das eingeforderte emotionale Engagement ist für den Einzelnen oft belastend und hat mit Selbstverwirklichung aus eigenem Antrieb dann nicht mehr viel zu tun. Den meisten ist mehr oder minder bewusst, dass von ihnen erwartet wird, das Spiel mitzuspielen.

Eine Wirtschaftsordnung mit vertikalen Organisationen und Hierarchien bewies sich mit zunehmender globaler Konkurrenz und kürzeren Produktionszyklen und einer veränderten Konsumhaltung als schwerfällig. Hierarchien wurden flacher, die Verantwortungsbereiche für einzelne Arbeitnehmer erweiterten sich und eine Vielzahl von Mitarbeitenden wird in Innovationsprozesse eingebunden, wobei ihr kreatives Potenzial anders als früher genutzt wurde. Seit es mit traditioneller Industrieproduktion vor allem in den westlichen Ländern bergab geht, wächst die kreative Klasse mit ihrer neuen Art von Arbeitenden beständig und übernimmt diesen Platz.

Schon vor über fünfzig Jahren schrieb Fritz Machlup (1962) über die Veränderungen der postindustriellen Informationsgesellschaft und **Wissenswirtschaft** mit ihren „knowledge workers", mit denen sich dann Peter Drucker (1969) und Daniel Bell (1976) weiter auseinandersetzten. Daniel Bell (1976) skizzierte eine leistungsorientierte Gruppe aus Wissenschaftlerinnen, Ingenieuren und Managern, die im Zuge der Deindustrialisierung entstanden war. Robert Reich (1992) benutzte den Terminus der „symbolischen Analysten", deren Aufgabe die Beobachtung, Sammlung, Kombination und Kreation von Zeichen und Ideen ist: Ingenieurinnen, Anwältinnen, Wissenschaftler, Führungspersonen, Journalistinnen, Consultants und andere „mind worker", die gut ausgebildet sind, Informationen und Symbole verarbeiten und ihre Dienste weltweit anbieten können. Information, Wissen und Dienstleistungen sind für die heutige Wirtschaftswelt zentral, besonders für die kreativen Köpfe und deren Management, da Wertschöpfung von dem Einsatz genau dieser Elemente getrieben ist.

3.1.2 Der Aufstieg der kreativen Klasse

Arbeit hat sich verändert und kreist in vielen Bereichen um Wissen und Ideen. Mit diesen Entwicklungen ändert sich nicht nur das Management, sondern auch die Gesellschaft im weiteren Sinne. Die Zugehörigkeit zu einer Klasse entsteht aus der Arbeitstätigkeit der Menschen, die ihre soziale Identität, die kulturellen Interessen, Werte, Lebensstile und Konsumpräferenzen prägt. Die Arbeit von Menschen beeinflusst ihre Identität und so lassen sich „die Kreativen" (Creative Class) als separate Klasse sehen. Mit den wirtschaftlichen Entwicklungen ist die sogenannte kreative Klasse beständig gewachsen. Während im Jahr 1900 in den USA laut Florida (2012) beispielsweise der Anteil der kreativen Klasse an den Beschäftigten etwa 10 Prozent betrug, war er bis 1980 bereits auf 20 Prozent gestiegen, und im Jahr 2000 auf rund 30 Prozent.

Richard Florida (2012, S. 37) fasste die „Creative Class" sehr breit und bezog alle ein, die mit ihrem Verstand arbeiten und hauptsächlich ihr kreatives Talent für ihre Tätigkeiten einsetzen – während die Arbeiterklasse („Working Class") körperliche Arbeit verrichtet. Weitere **Klassen** nach Florida beinhalten die Tätigen im primären Sektor der Landwirtschaft („Agriculture") und der Dienstleistung („Service Class"). Diese Serviceklasse beinhaltet wenig komplexe, oft schlechter bezahlte Dienstleistungsjobs mit geringer Autonomie wie im Bereich Restaurants, Sicherheitskräfte, und andere Dienstleistungsberufe wie Büropersonal und im Pflegebereich Tätige.

▶ **Creative Class** Die Creative Class umfasst nach Florida (2012, S. 38) alle, die mit ihren Tätigkeiten Neues hervorbringen („create meaningful new forms"). Diese Sicht weitet den traditionell kreativen Bereich der Kunst und des künstlerischen Könnens auf andere Bereiche aus, die beispielsweise wissenschaftliche, medizinische oder technische Kreativität benötigen.

Diese kreative Klasse strukturiert sich folgendermaßen (Florida 2012, S. 39):

1. Das Zentrum der kreativen Klasse ist der hochkreative Kern „**Super Creative Core**". Er beinhaltet Wissenschafter, Ingenieure, Professorinnen, Dichter und Denker, Künstler, Schauspielerinnen, Designer, Architektinnen und alle Meinungsführer der modernen Gesellschaft einschließlich Journalisten, Verlegerinnen, kulturellen Figuren, Strategen und andere Meinungsmacherinnen. Sie lösen nicht nur Probleme, sondern identifizieren sie auch – sie sehen, wenn neue Produkte nötig wären und auf Nachfrage stoßen würden.
2. Um diesen Kern finden sich „**Creative Professionals**": Sie arbeiten in wissensintensiven Industrien wie Hightech, Finanzen, Rechtswesen, Gesundheitswesen und Management. Hier geht es um kreative Problemlösung und den Einsatz komplexen Wissens aus der meist umfangreichen Ausbildung, um spezifische Herausforderungen zu lösen. Diese Mitglieder der Creative Class, wie Ärztinnen, Anwälte und Managerinnen, müssen auch ständig ihr Urteilsvermögen nutzen und vielfältige Probleme lösen, mit mehr oder minder standardisieren Ansätzen. Im „Creative Core" wären sie, wenn ihre primäre Funktion darin bestünde, in verschiedenste Bereiche übertragbare und dort nutzbare neue Formen zu erfinden.

Die Zusammensetzung der kreativen Klasse ist unscharf und lässt sich diskutieren. Zwar haben viele in der Creative Class Hochschulabschlüsse, aber das ist nicht das ausschlaggebende Kriterium, und sie kommen auch aus unterschiedlichsten Bereichen. Diese

„Klasse" ist sehr breit angelegt und die Gehaltsunterschiede zwischen den einzelnen Klassenmitgliedern sind doch sehr hoch (man denke etwa an die Unterschiede zwischen freiberuflichen Performancekünstlern und festangestellten Anwälten in einer Großkanzlei). Auch stammen die Individuen aus verschiedensten sozialen Milieus und würden sich nicht unbedingt bei der gemeinsamen Abendgestaltung treffen. Die Mitglieder würden sich also vom Gefühl her untereinander nicht in derselben Klasse sehen, obwohl sie in der Definition von Florida dort zu verorten sind.

Der Arbeitsmarkt in der Kreativwirtschaft ist breit, und das führte auch andere Wissenschaftler zu der Frage: Wer zählt nun zu den kreativen Köpfen? Richard Caves (2000, S. 5) spricht von der „**Motley Crew**", also einem bunten Haufen, als einer Gruppe aus unterschiedlichen, gut ausgebildeten Menschen, die ihren persönlichen Geschmack in ihre Arbeit und Produktionsprozesse einbringen. Andere Persönlichkeitsmerkmale, die den kreativen Schaffensprozess begünstigen sollen, reichen über erhöhte Extraversion und Neurotizismus bis hin zu Traumaerfahrungen, Fantasie, Dissoziierung, und einer Reihe von intensiven Gefühlszuständen (Thomson et al. 2009). Den einen oder anderen Punkt können wir an uns selbst oder Kollegen und Kontakten ausmachen, dennoch ist eine konkrete Bestimmung der einzelnen Mitglieder der kreativen Klasse davon nicht abhängig.

3.1.3 Werte in der Arbeit

Die Bestimmung der Creative Class ist schwierig. Sie beinhaltet die Tätigkeiten derjenigen, die kreative Güter produzieren sowie jene, die beim Austausch, Reproduktion, Produktion und so weiter unterstützen, und auch kreative Arbeit jenseits der Kreativwirtschaft in verschiedensten Industriezweigen. Trotz all dieser verschiedenen Tätigkeiten werden Akteure der Creative Class durch verwandte Werte verbunden. Diese prägen auch die kreative Zusammenarbeit.

Florida (2012, S. 65–81) hatte geschildert, dass viele Menschen lieber in einem Friseursalon als in einer Fabrik arbeiten wollten, weil es ihnen nicht primär um das Geld gehe, sondern darum, etwas Persönliches zu tun. Als wichtige Werte führt er an: Herausforderung, Verantwortung und Flexibilität. Dann erst folgen Arbeitsplatzsicherheit und Vergütung. Dann ist die Wertschätzung der Gruppe wichtig und die Attraktivität des Standortes – hier liegen kreative Städte vor ländlicher oder abgeschiedener Umgebung.

Im weiteren Sinne ist diese Entwicklung im Kontext von **New Work** zu sehen. Der Begriff beschreibt die „neue Arbeit" in einer Gesellschaft, die sich von einer Industrie- zu einer Wissensgesellschaft wandelt. Mit den Veränderungen ändern sich Menschen und ihre Werte, und die Arbeitswelt in „traditionellen" Bereichen muss sich wiederum anpassen. Die veralteten klassischen Arbeitsstrukturen weichen im Zuge des neuen Zeitalters neueren flexibleren Vorstellungen. Dazu gehören (Bergmann und Schumacher 2005):

- Selbstständigkeit und Autonomie (eigene Zielsetzungen)
- Neue Formen von Führung anstelle von Kontrolle und Arbeitsüberwachung
- Freiräume für Kreativität und Entfaltung der eigenen Persönlichkeit
- Flexible Arbeitsorte (Homeoffice) und flexible Arbeitszeiten anstelle von starren Arbeitsmethoden und -zeiten
- Sinnhaftigkeit in der Arbeit
- Teilhabe an der Gemeinschaft

„Ich will mich einbringen": Die Entwicklung von New Work im Theaterberuf
Wer wissen will, wohin sich die Sinnsuche und Selbstbestimmung in der Arbeitswelt entwickelt, sollte einmal ins Theater blicken, wo sich New-Work-Arbeitsprinzipien beobachten lassen. Schauspieler arbeiten nicht nur für Geld, sondern für Sinn. Sie bringen sich voll in die Rolle ein, nutzen ihre Körper und Gefühle als Spielmaterial und gerade in postdramatischen Theaterperformances auch Teile ihrer realen Persönlichkeit. Regisseure berichten von jungen Schauspielern, die bestimmte Szenen oder Rollen nicht spielen wollen, „weil sie sich nicht mit ihnen identifizieren können und etwa die in ihnen gezeigte Gewalt oder Geschlechterklischees ablehnen" (Kühl und Laudenbach 2019). Beispielsweise weigern sich Darsteller innen, Vergewaltigungsszenen spielen zu müssen, oder rassistische Äußerungen von vor langer Zeit erdachten Rollenfiguren in den Raum zu schreien. Zudem wollen sie nicht bloß eine Rolle repräsentieren, wie Schauspielerin Linda Pöppel vom Deutschen Theater Berlin erklärt: „Das Ausfüllen einer Figur interessiert mich nicht. Da ist immer die Frage: Was bin ich in dieser Figur." Stücke und Themen versteht sie als Material, mit dem sie arbeitet, sie will sich „vom eigenen Adrenalin überraschen" lassen und loslegen. Solche Schauspieler wollen sich selbst einbringen und schwierig wird es für Regisseure, die „von Schauspielern erwarten, als Darstellungsdienstleister Regiekonzepte zu exekutieren". Dieser Punkt ist auch wieder ein Beispiel von zeitgenössischer kreativer Führung (Kap. 4), die sich auch von Modellen von kollektiver Führung und Ko-Kreation im Performancebereich inspirieren lässt (Abschn. 4.2.4).

Als die Creative Class verbindende Werte führt Florida (2012, S. 56) an:

- **Individualität**: Eigenständigkeit und Charakter sind wichtiger als traditionelle Gruppen- und Firmenorientierung. Wie beim Bild des exzentrischen Künstlers ist es für „Kreative" heute fast Mainstream geworden, eine individuelle Identität auszubilden.
- **Meritokratie**: Harte Arbeit und Leidenschaft kennzeichnen Arbeit in diesem Bereich, es winken Anerkennung und Erfolg. Auch hier weist Florida darauf hin, dass Wissen und Zielstrebigkeit aber Ausprägungen des sogenannten sozialen und kulturellen Kapitals, der Herkunft und Ausbildung sind. Dieses ist nicht auf alle Akteure gleichmäßig verteilt und somit hängen Erfolge nicht wirklich nur von der eigenen Leistung ab (meritokratisch). Vielmehr bestimmen Formen des Kapitals wie ökonomisches, soziales und kulturelles Kapital (Kap. 8) maßgeblich über Erfolg und Misserfolg.
- **Vielfalt und Offenheit**: Ein Umfeld, in dem verschiedenste Menschen mit ihrer sexuellen Orientierung, Kultur und Abstammung oder ihren ureigensten Macken erfolgreich sein können. Viele Kreative haben sich immer „anders" gefühlt als die Masse und möchten in einem durchmischten Umfeld arbeiten. Floridas Kritik: Die Creative Class ist manchmal eher doch eine Elite mit Hochschulabschlüssen, und vor allem in der Hightechindustrie weiß, cis-männlich, und heterosexuell geprägt.

Die Einkommensunterschiede in den Branchen sind groß. Das Einkommen für Tänzer, Designerinnen und Schauspieler liegt bisweilen weit unter Marketingfachleuten und Tätigen im Gamesbereich. Dennoch gibt es auch hier einen weiteren verbindenden Wert: In vielen kreativen Branchen zeigt sich die traditionelle Annahme, dass kreative Arbeit einen besonderen Mehrwert bietet, der sich nicht in der Entlohnung oder in anderen im Arbeitsvertrag geregelten Sicherheiten zeigt. Dieser **Mehrwert** hat für viele kein konkretes finanzielles Gegenstück, sondern zeigt sich in Vorstellungen von Freiheit und Selbstentfaltung.

Künstlerisch-kreative Arbeit ist angesagt, denn die Kreativindustrie hält neben den finanziellen Einkünften aus angestellter oder freiberuflicher Tätigkeit noch andere Formen der Honorierung bereit, die zum Zeitgeist passen: In der Modebranche beispielsweise hat die Arbeit weniger mit der finanziellen Entlohnung zu tun als mit den Eigenschaften kultureller Arbeit. Die Tätigkeit ist „cool", „kreativ" und „autonom" (Neff et al. 2005, S. 330). Diese Qualitäten haben weniger mit dem herkömmlich akzeptierten Werten von Arbeit zu tun, wie „angesehen", „sicher" und „gut bezahlt".

> **Die Werbeindustrie preist das kreative Leben an und nebenbei auch ihre Produkte**

Die Kreativwirtschaft zeigt das eigene Leben als ästhetisches Projekt und führt es der Gesellschaft auch in ihren eigenen Produkten vor – beispielsweise in Filmen aus der Werbebranche. Anstelle von Fernsehwerbung haben virale Werbefilme mit effektvollem Storytelling an Beliebtheit gewonnen, gerade im chinesischen Markt. Ein Beispiel ist der Film *A Tale of Two Cities* (https://www.youtube.com/watch?v=ltu6rf_x45Q) von Audi, der den Q3 mit einer Geschichte von Ausbruch und Liebe von fast acht Minuten bewirbt. Die Hauptdarstellerin ist Angelababy, chinesischer Filmstar und Celebrity. Diese Filme kommen nicht nur aus der Kreativwirtschaft (Werbemarkt), sondern bedienen sich des Bildervorrats der Kreativwirtschaft und inszenieren die Ideale kreativer, künstlerischer Selbstverwirklichung – womit sie die Kreativwirtschaft nicht nur als Spiegel wiedergeben, sondern als Botschafter auch weiter stärken und legitimieren (Biehl 2017, 2019). Damit fungieren sie auch als kapitalistisches Medium (Abschn. 5.3), das die Realität als konsumorientiert und erstrebenswert zeigt.

Schon die Eröffnungsszene stimmt die Zuschauer ein: schnelle, hektische Montage der Großstadt, die Finger der Protagonistin klackern auf der Tastatur, das ansonsten leere Büro liegt im Dunkeln. Erschöpft und entnervt beschließt sie zu kündigen, um der trostlosen Jobfalle zu entkommen. Sie setzt sich in das orangefarbene Auto und fährt neuen Zielen entgegen. Ein Malkurs mit Art Jamming ermöglicht neue Inspiration, hilft beim Nachdenken und bringt sprichwörtlich die Farben in ihr Leben zurück (Abb. 3.1). Sie lernt einen Bohemien, seines Zeichens Maler und poetischer Seelenverwandter, kennen und gestaltet ihre Zeit nun so, wie man sich die kreative Bohème vorstellt: Fotografieren, Tanzevents und Cafébesuche. Der Schnitt des Films vermittelt den Flow, die unbeschwerte Entwicklung, die zuletzt mit dem Abflug des neuen Liebespaares im symbolischen Heißluftballon (Freiheit!) endet. Durchgängig bewirbt der Film Motive und Werte, die Menschen in die Kreativbranchen ziehen (Selbstbestimmung,

Abb. 3.1 Bürojob nervt? Dann doch lieber kündigen, mit kreativer Arbeit Farbe ins Leben zurückbringen und schließlich das große Glück finden. (Quelle: https://www.youtube.com/watch?v=ltu6rf_x45Q Zugegriffen am 10.11.2019)

Selbstverwirklichung, Flexibilität, künstlerisch tätig sein, „coole" Sachen erleben) (Biehl 2019). Davon kann auch ein Fahrzeughersteller im Kontext der heutigen ästhetischen Wirtschaftswelt (Abschn. 6.2) profitieren, wenn das beworbene Produkt atmosphärisch präsentiert und sinnlich aufgeladen wird.

3.1.4 Kreative Ökonomie

Den Begriff der Kreativität hört man heutzutage überall, da alle irgendwie „kreativ" sein möchten. Der Grund dafür ist, dass Kreativität einen Vorteil gegenüber anderen verspricht, indem man vorne liegt und andere hinterher sind (Bujor und Avasilcai 2016). Richard Florida (2012) hat das Konzept recht extrem gefasst, als er davon sprach, dass Kreativität der teuerste Rohstoff unserer heutigen Gesellschaft geworden ist. Kreativität ist Bestandteil des menschlichen Handelns und gehört zu erfolgreichem wirtschaftlichen Handeln und Innovationen in vielfältigen Bereichen dazu. Mit der Kreativwirtschaft hat sich ein Wirtschaftssektor entwickelt, in dem laut Reckwitz (2013, S. 142) „Arbeitspraktiken […] von einer spezifischen Motivationskultur getragen [werden]: Ihr liegt ein postromantisches Arbeits- und Berufsmodell zugrunde, dem zufolge befriedigende Arbeit ‚kreative Arbeit' sein muss". Hier sieht man wieder den zeitgemäßen Wunsch einer steigenden Anzahl von Menschen, die eigenen Ideen und ihren Einfallsreichtum in ihre Tätigkeit einbringen zu wollen. Dies gehört zu den Werten, die sich in der Arbeitswelt entwickelt haben.

Darüber hinaus ist Kreativität für die Arbeit in den Creative Industries der zentrale Rohstoff, da diese Industrien auch primär darauf ausgelegt sind, Kreativität zu Markte zu bringen. Kreativität wird als der Grundstoff vieler Bereiche in der heutigen Wirtschaftswelt gesehen, spielt in der Kreativwirtschaft aber eine besondere Rolle: Kreative Ideen sind als **Input** zwar in vielen Branchen nötig, von der Chemie bis zur Automobilbranche, aber nur in der Kreativwirtschaft werden sie als **Output** besonders gewertschätzt (Troilo 2015, S. 4). Hier geht es den Konsumenten **primär um den kreativen Inhalt** des Produkts und Erlebnisses. Der Wert von Filmen, Musik, Videospielen und Literatur ist abhängig vom kreativen Inhalt, den die Konsumenten wahrnehmen und bewerten. Diese Bewertung kann zudem auch stark subjektiv sein, wenn ein Film oder ein Computerspiel verschiedene Menschen unterschiedlich stark fasziniert.

Schreiben als kreative Produktion

Schreiben gehört zur kreativen Produktion, denn in der Kreativwirtschaft werden ständig neue Konzepte entwickelt – schriftlich. Es wird kommuniziert, organisiert und dokumentiert – schriftlich. Nicht nur Bücher, auch andere **kreative Produkte** wie Filme, Games, Songs, Websites, Ausstellungen oder Werbekampagnen basieren auf Texten, ebenso Geschichten im Marketing und Artist Management (Abschn. 7.1). Drehbücher, Liedtexte, Marketingkonzepte, Anträge auf Kulturförderung oder Start-up-Zuschüsse – all das wird geschrieben und meist nicht alleine, sondern unter Beteiligung von mehreren Köpfen. Mit der Weiterentwicklung der sozialen Medien und der Zunahme ihrer Bedeutung für die Kreativwirtschaft wird sogar immer mehr geschrieben (Girgensohn und Sennewald 2012, S. 70, 88). Gute Schreiber und Texterinnen können das Handwerk auch studieren und werden in der Kreativbranche in ganz unterschiedlichen Sparten gebraucht.

Schreiben kann auch gezielt als Kreativitätstool eingesetzt werden. Das Schreiben hat viele unterschiedliche Funktionen. Es dient der Kommunikation, wenn ich eine E-Mail schreibe, der Reflexion, wenn ich einen Tagebucheintrag verfasse, oder der Dokumentation, wenn ich ein Protokoll anfertige (Girgensohn und Sennewald 2012, S. 37 f.). Kreativität wird definiert als „die Fähigkeit zu schöpferischem Denken und Handeln" (Asendorpf 2015, S. 83) – und dieses kreative Denken und Handeln kann eben auch schriftlich geschehen. Um neue Ideen zu entwickeln oder weiterzuspinnen, können viele verschiedene **Schreibtechniken** eingesetzt werden, etwa das Clustering (Rico 1998), das Mindmapping oder das Freewriting (Elbow 1998), um nur einige der bekannteren zu nennen.

Zugänge zum Kreativitätsbegriff

Der Ursprung des Begriffs Kreativität ist nicht eindeutig geklärt, und im Folgenden sollen einige Gedanken zu diesem Thema präsentiert werden. Bei der Begriffsherkunft angefangen: Es gibt mehrere ähnliche und vom Wortstamm her verwandte Wörter wie das lateinische Wort „creare" (schaffen, erzeugen, gestalten, in einer Nebenbedeutung: auswählen). Dem Begriff Kreativität liegt aber auch das lateinische crescere zugrunde, welches „werden, gedeihen, wachsen, wachsen lassen" bedeutet. Dieser eher passive, einen von selbst geschehenen Vorgang zulassende Aspekt verweist beispielsweise auf die Ergiebigkeit und die Notwendigkeit der „Muße". Um beiden lateinischen Wortwurzeln gerecht zu werden, lässt sich Kreativität als Fähigkeit für „das bewusste Schaffen des Neuen und das Wachsenlassen unbewusster Potenziale" verstehen (Holm-Hadulla 2010).

Kreativität ist ein breiter Begriff mit verschiedenen Zugängen, beispielsweise entwickelte der Persönlichkeits- und Intelligenzforscher Joy Paul Guilford (1968) das „Structure of Intellect"-Intelligenzmodell. Kreativität wird hier durch eine Reihe grundlegender psychischer Merkmale definiert: Problemsensitivität (erkennen, dass und wo ein Problem besteht), Ideenflüssigkeit (in kurzer Zeit viele Ideen hervorbringen), Flexibilität (gewohnte Wege des Denkens verlassen, neue Sichtweisen entwickeln), Redefinition (bekannte Objekte neu verwenden, improvisieren), Elaboration (Ideen an die Realität anpassen, Details ergänzen), und Originalität (neuartige Ideen erschaffen). Diese Fähigkeiten sind für Kreativität notwendig, führen aber nicht zwangsläufig dazu, dass Personen deshalb kreative Produkte schaffen.

Guilford unterschied auch zwischen konvergentem Denken (genaue Lösung, klares Problem) und divergentem Denken (unklare Problemstellung, mehrere Lösungsmöglichkeiten). Dieses methodische Konstrukt „divergent thinking", wurde von de Bono später zu dem lateralen Denken und von den Brüdern Buzan (1996) in Bezug auf das Mindmapping zu dem radialen Denken in den 1980er-Jahren weiterentwickelt.

Eine der ersten Erwähnungen findet der Begriff der kreativen Ökonomie („Creative Economy") bei dem Autor und Medienmanager John Howkins (2013) in seinem Buch *How People Make Money from Ideas*. Howkins beschrieb eine Wirtschaft, in der Vorstellungskraft und Einfallsreichtum bestimmen, welche Produkte Menschen herstellen und welche sie kaufen. Dieser Ansatz erkannte das Potenzial kreativer, künstlerischer und kultureller Aktivitäten und Prozesse als Kern einer neuen wirtschaftlichen Ökonomie.

Im Management wird der Kreativitätsbegriff zunehmend benutzt, denn kreative Ideen sollen das Neue in die Welt bringen. Sie halten den kapitalistischen Kreislauf in Bewegung, bewirken die erforderliche „kreative Zerstörung" im Schumpeter'schen Sinne (Schumpeter [1942] 1994, S. 83), indem sie die ökonomische Struktur umwälzen und sie dabei fortwährend erneuern. Durch Ideen wird aus alltäglichen Dingen etwas Neues, Unerwartetes. Kreativität beinhaltet die Entwicklung von Ideen, die vorher nicht bekannt sind. Für das Management bedeutet das, dass diese kreativen Ideen nicht einfach planbar oder strategisch herbeizuführen sind und sich auch nicht verlässlich im Markt zum Erfolg führen lassen (Uhl-Bien et al. 2007).

Die Managementforschung hat sich ausführlich mit „Kreativität" auseinandergesetzt. Es wurde beschrieben, durch welche Bedingungen sie gefördert oder auch eingeschränkt wird (Amabile et al. 1996), und wie die kreativen Prozesse in die Zusammenarbeit eingebettet sind. Auch wurde untersucht, welche Rolle individuelle Fähigkeiten, Motivation und Gruppenprozesse spielen, entweder für den Einzelnen quasi als „einsames Genie" der Kunstwelt – das realiter aber kaum vorkommt – oder als Teil eines gemeinsamen Prozesses.

Kreativität ist ein Prozess und ein Produkt, genauer genommen ein **Prozess**, der zu einem neuen Produkt führt, das im sozialen Kontext als nützlich, haltbar oder anderweitig angemessen wahrgenommen wird. Als Prozess entwickelt sich Kreativität entweder linear oder rekurrierend über verschiedene Stufen wie Vorbereitung, Inkubation, Erkenntnis, Bewertung und Ausarbeitung (Csikszentmihalyi 1997).

Ähnliche **Phasen der kreativen Gedankenarbeit** wurden auch von Wallas (1926) geschildert und sind uns vom problemlösungsorientierten Denken in anderen Kontexten bekannt:

1. Formulierung der Aufgabenstellung, die in alle Richtungen untersucht wird.
2. Ideen und Kombinationen dazu im Unterbewusstsein verinnerlichen und unterbewusst weiterentwickeln.
3. Illuminationen und plötzliche Ideen führen zu einem Lösungskonzept.
4. Konzentrierte und reale Umsetzung in der letzten Phase des Kreativitätsprozesses.

Solche Schritte und Stufen kennt man von der heute weitverbreiteten Methode des **Design Thinkings**. Hier werden nach Kelley (2001) diese Stufen im Prozess von der Ebene des Einzelnen auf die Ebene der Gruppe übertragen, also in einer gemeinsamen Teamarbeit umgesetzt:

1. Verstehen: Aufgabenstellung, Markt, Klienten, Technologie, Randbedingungen, Restriktionen und Optimierungskriterien.
2. Beobachten und Analysieren: das Verhalten realer Menschen in wirklichen Situationen mit Bezug auf die konkrete Aufgabenstellung.
3. Visualisieren: erste Lösungsentwürfe (3D, Simulation, Prototypen, Grafiken, Zeichnungen o. Ä.).
4. Bewerten und Optimieren von Prototypen in rasch aufeinanderfolgenden kontinuierlichen Wiederholungen.
5. Implementieren: Das neue Konzept real umsetzen.

Diese Methode lässt sich auf verschiedenste Situationen anwenden und kann dazu taugen, sowohl einfache Produkte als auch komplizierte Gründungsideen weiterzuentwickeln. Damit gilt Kreativität nicht länger als Charakteristikum einzelner, mit außerordentlichem Talent oder Begabung versehen künstlerischen, wissenschaftlichen und politischen Persönlichkeiten und „Genies", sondern wird in allen Bereichen menschlicher Tätigkeit gefunden. In der Kreativwirtschaft wird Kreativität vorrangig als Gruppen- und Netzwerkleistung gesehen, die sich wirtschaftlich nutzen lässt (Mainemelis et al. 2015).

▶ In Bezug auf Management in der Kreativwirtschaft ist wichtig, dass wir Kreativität als einen Prozess verstehen und von einer Gruppenleistung sprechen, die ein unterstützendes Umfeld benötigt, da zwischen Management und Kreativität ständige Spannungen und Wechselwirkungen bestehen.

Kreative Ideen mit Workshops im Gruppenprozess ermöglichen
In kreativen Arbeitsbereichen werden immer neue Formate für Ideenfindung, Problemerkennung und Problemlösung benötigt und entwickelt – hier spiegeln sich die Elemente Prozess, Gruppenleistung, Spannungen und unterstützendes Umfeld. Beispielsweise werden in Themen- und Technologiebereichen wie digitale Transformation, VR/AR, Blockchain, E-Learning, E-Sports, New Work, Creative Technologies, HealthTech, IoT, Mobility, Smart Cities, Smart Data und SpaceTech moderierte Workshops eingesetzt, die konkrete Problem- oder Zielstellungen aufgreifen und in kurzen Einheiten Ergebnisse liefern. Ein solches Format sind einstündige „Nanolabs" in Kleingruppen (https://innovationlabs.berlin), die Ansätze aus Design Thinking, Co-Creation, Effectuation, Open Innovation und agilem Arbeiten benutzen, um mit neuen Arbeits- und Lösungswegen zu experimen-

tieren. In solchen Kleingruppenworkshops werden im ersten Schritt des Kreativitätslabors neue Ideen gemeinsam mithilfe ausgewählter Kreativitäts- und Problemlösungsmethoden entwickelt. Dann erproben die Teilnehmer im Methodenlabor neue Herangehensweisen, Werkzeuge und Methoden, um für bestehende strategische oder taktische Herausforderungen realisierbare Lösungswege zu entwickeln. Zuletzt tauschen sich die Teilnehmer im Erfahrungslabor über die Herangehensweisen und Erfahrungen bei der Lösung ähnliche gearteter Problemstellungen aus und entwickeln praxisorientierte Lösungswege.

Zusammenfassend werden in Bezug auf das Management in der Kreativwirtschaft folgende Kennzeichen von Kreativität in der Literatur hervorgehoben:

- Kreativität wird als **Prozess** gesehen, der sich über verschiedene Stufen entfaltet und etwas Neues schafft durch das Kombinieren von bereits bestehenden Elementen, wobei Individuen und Organisationen die Bereitschaft haben, aus Routinen auszubrechen, zu experimentieren und unter Unsicherheit zu agieren.
- Kreativität ist eine **Gruppenleistung**, bei der es nicht um das kreative Einzelgenie geht, sondern die sowohl von Einzelnen ausgeht als auch von Teams und von Netzwerken (Jones et al. 2015). Dieser Gedanke leitet auch das Verständnis von Artist Management und von Management in der Kreativwirtschaft generell.
- Jedoch bestehen zwischen Kreativität und Management/Organisation ständige **Spannungen** (Florida 2012, S. 16; Townley et al. 2009). Zu viel Management in Form von Kontrolle erdrückt Kreativität. Management in der Kreativwirtschaft wird eher als „weiche Kontrolle" (Davis und Scase 2000), als Ermöglichung und Unterstützung verstanden (Mainemelis et al. 2015) oder gar als unterstützender Teil einer Gruppenkreativität in der Zusammenarbeit von Kulturproduzierenden und Managern (Morrow 2018).
- Kreativität benötigt somit ein **unterstützendes Umfeld**. Auf der lokalen und politischen Ebene gibt es ebenfalls Einflussfaktoren, denn diese Netzwerke und Teams sind meist an bestimmte Orte gebunden. So hat Richard Florida (2012, S. 16) von Creative Cities gesprochen, die ein besonderes Umfeld und kreatives Milieu bieten, das solche Köpfe anzieht. Sogenannte „Kreativquartiere" kann man an vielen Orten beobachten. Zum unterstützenden direkten Umfeld gehört vorrangig die Management- beziehungsweise Führungstätigkeit, die kreative Köpfe unterstützt, Ressourcen bereitstellt und Zusammenarbeit ermöglicht (Kap. 4).

Diese Überlegungen zu Kreativität passen auf die Tätigkeit derjenigen, die in der Kultur- und Kreativwirtschaft arbeiten und entsprechende Produkte erdenken, produzieren und zu Markte bringen. Auf vielfältige andere Arbeitsbereiche über die eingegrenzte Kreativwirtschaft hinaus im Kontext der Wissensarbeit sind solche Beschreibungen ebenfalls anzuwenden. Für die Arbeit von Menschen, die mit Management betraut sind, entstehen daraus ähnliche Anforderungen an Führung (Kap. 4).

Kreativquartiere
Ein wesentliches Merkmal der Akteure der Kultur- und Kreativwirtschaft besteht in ihrer räumlichen Konzentration in Innenstädten, hierfür gibt es verschiedene soziale, wirtschaftliche und insbesondere kulturelle Gründe (Merkel 2009). Wenn sich Künstler und kulturell-kreative Tätige mit ihren

Wohn- und Arbeitsräumen in ausgewählten Stadtquartieren konzentrieren, dann spricht man oft von einem Kreativquartier das „von unten" gewachsen ist. Kreativquartiere können sehr unterschiedliche Ausprägungen haben, was sie jedoch kennzeichnet, sind die Konzentration von kulturellen Aktivitäten, die Existenz von Netzwerken unter den kreativwirtschaftlichen Akteurinnen und von spezifischen Angeboten und Dienstleistungen, die kreativ Tätige nachfragen. Meist kommt es zu symbolischen und ökonomischen Aufwertungen des Stadtquartiers. Immer häufiger sind Kreativquartiere aber Gegenstand strategischer Raum- und Stadtplanungen, um bestimmte Gebiete als Orte der kulturellen Produktion (beispielsweise SoHo in New York City, Leipziger Baumwollspinnerei) und/oder des Konsums (beispielsweise MuseumsQuartier Wien, Temple Bar Dublin) auszuweisen. Hinter diesen „von oben" geschaffenen Kreativquartieren steckt die Annahme, dass das räumliche Nebeneinander – also die Kolokation – von kreativwirtschaftlichen Unternehmen Synergieeffekte erzeugt und sowohl zu einer Spezialisierung als auch Diversifizierung von kreativwirtschaftlichen Produkten beiträgt und damit wirtschaftliche Wachstumspotenziale befördern kann. Zudem sollen solche Quartiere im Rahmen von städtischen Marketing- und Wirtschaftsförderinitiativen einen Beitrag zum Imageaufbau und zur Positionierung der Stadt im Städtewettbewerb um neue hochqualifizierte Arbeitskräfte, Investoren und Touristen in einer globalisierten Welt leisten (Montgomery 2017; Roodhouse 2010).

3.2 Arbeitsmarkt und Akteure

3.2.1 Arbeitsmarkt

In kreativwirtschaftlichen Arbeitsmärkten gibt es viele verschiedene Akteure mit unterschiedlichsten Karrieren und Einkommen. Dabei sehen wir auch eine deutliche **Polarisierung**: Während eine große Masse an kreativ Tätigen am unteren Ende des Spektrums weder hohe Aufmerksamkeit noch Erträge einfahren, profitieren einige vom Phänomen des Superstarmarkts, der sich einkommensmäßig richtig lohnt (Rosen 1981). Arbeitsmärkte für Künstler im Speziellen sind gute Beispiele für unvollkommenen monopolitischen Wettbewerb: Ein hohes Angebot an Arbeitskräften, relativ unabhängige Beschäftigungen, Selbstständigkeit, Freelancing (freie Mitarbeit, selbstständig mit Dienst- oder Werkverträgen von Unternehmen) und „hyperflexible Arbeitsformen", womit verschiedene Einkommensmuster entstehen (Menger 2006, S. 70).

Besonders im Bereich der Kunst haben sich Arbeitsformen herausgebildet, die für den gesamten Wandel der Arbeitswelt mit zunehmend atypischen Arbeitsverhältnissen stehen: Mehrfachbeschäftigungen, Teilzeitarbeit und befristete Anstellungen (auch bei erfolgreichen Künstlern, die mehrere kurzzeitige Engagements verfolgen) gehen mit Unsicherheiten und Ungleichheiten einher (Abschn. 5.2). Gerade künstlerische und freiberufliche Arbeit wird zuweilen als **„Labour of Love"** (McRobbie 2002) bezeichnet, die Möglichkeiten der Selbstverwirklichung mit Selbstausbeutung zusammenbringt. So kompensieren oft gewonnene Freiheiten verlorene Sicherheiten in bisweilen prekären Arbeitsverhältnissen.

Im Kultur- und Kreativsektor stehen die Akteure ihrer Arbeit unterschiedlich gegenüber, wobei sich grob gesagt drei Typen identifizieren lassen, die im Spannungsfeld von

3.2 Arbeitsmarkt und Akteure

künstlerischem Drang und wirtschaftlichem Zwang existieren und dennoch ein Potenzial zur aktiven Gestaltung der Bedingungen besitzen (Manske 2016). Die drei bekannten **Typen** sind:

1. „Opfer" (Honorardumping, Selbstausbeutung)
2. „Komplizen" dieser Struktur (ziehen aus der symbolischen Anerkennung als Quasikünstler einen persönlichen Gewinn)
3. „Unternehmertypen" (begreifen sich weniger als Künstler denn als Unternehmer, orientieren sich an Erfolgsgeschichten und sind mitunter auch wirtschaftlich erfolgreich)

Prekäre Arbeit auf „hohem Niveau"
Prekäre Arbeitsbedingungen sind Beschäftigungsverhältnisse ohne die arbeitsmarktpolitischen Regulationen und sozialen, tarifpolitischen und rechtlichen Schutzmechanismen, wie man sie traditionell aus Arbeitsmodellen in anderen Industrien kennt. Dies trifft auf die Masse an Kreativtätigen am unteren Ende des Spektrums zu, die nicht die Aufmerksamkeit und Erträge einfahren, die den Superstars in kreativwirtschaftlichen Arbeitsmärkten zugutekommt. Merkmale wie ein nicht existenzsicherndes Einkommen, überdurchschnittlich hohe Arbeitszeiten und starke Arbeitsmarktkonkurrenz sind aber typisch für Künstlerarbeitsmärkte. So ist Arbeit in der Kreativwirtschaft nur bedingt „prekär", sondern „Prekarisierung auf hohem Niveau" (Merkel und Manske 2009): Eine hohe Bildung und gute soziale Einbindung treffen mit einer starken künstlerisch-kreativen Motivation zusammen und vermischen sich mit wirtschaftlichen Armutsrisiken und subjektiven Autonomiegewinnen und hoher Identifikation mit der Tätigkeit. Kreative unterlaufen die herkömmlichen Standards von freiberuflichen Arbeitsgebieten und abhängigen Beschäftigungsverhältnissen und präsentieren zunehmend instabile berufliche Existenzen. Sie setzen bestimmte Handlungsstrategien ein, wie: tendenziell wirtschaftlich kleinere Risiken eingehen, Konsum begrenzen, berufsferne „Brotjobs" annehmen und Grundsicherung Hartz IV – blenden diese Faktoren aber oft absichtlich zugunsten der wahrgenommenen Freiheit aus.

Normalisierung bei Kreativen, Prekarisierung bei Künstlern
In Bezug auf Berlin beispielsweise hat eine Studie der Böckler-Stiftung (Marguin und Losekandt 2017) gezeigt, dass auch hier eine hohe Prekarisierung stattfindet. Beobachtet wird eine Zuspitzung sozialer Ungleichheit in der Kreativwirtschaft beziehungsweise eine Prekarisierung in bestimmten Teilsektoren. Die Studie zeigt die Dichotomie von Normalität und Abnormalität der Arbeitsverhältnisse. Es gibt eine klare Trennlinie zwischen den eher „kreativen" und den „künstlerischen" Sektoren: Während sich die Teilsektoren Software und Werbung, aber auch Architektur und Presse durch „Normalität" (im Sinne der Vollbeschäftigung) auszeichnen, leiden die eher „künstlerischen" Teilsektoren Kunst, darstellende Künste und Film, aber auch der Bereich Design unter einem höheren Grad an Arbeitslosigkeit, häufig prekarisierten Beschäftigungsformen (wie Midijobs und Minijobs) sowie Einkommen, die deutlich unter dem Ausbildungsniveau liegen.

In den offiziellen Statistiken sind solche Überlegungen auch abzulesen. So sind von der Gesamtzahl der **Erwerbstätigen** in der deutschen Kreativwirtschaft (1.695.923) (BMWi 2019, S. 12) rund 15 Prozent Freiberufler und Selbstständige und rund 55 Prozent sozialversicherungspflichtig Beschäftigte. Rund 12 Prozent sind Selbstständige und geringfügig Tätige mit unter 17.500 Euro Jahresumsatz und 18 Prozent geringfügig Beschäftigte. Das Einkommen von selbstständigen Künstlern in den Bereichen Musik, darstellende Kunst oder bildende Kunst einschließlich Design und Publizisten, die in der Künstlersozialkasse sind, beträgt durchschnittlich 17.852 Euro, wie eine Statistik der Künstlersozialkasse (2019) zeigt. Im Vergleich zu anderen Branchen und der Gesamtwirtschaft ist diese Zahl an **geringfügig Erwerbstätigen** in der Kreativbranche hoch, insbesondere die Zahl an geringfügig Tätigen ist „außerordentlich hoch" (BMWi 2019, S. 12) und macht gesamtwirtschaftlich gesehen fast ein Viertel aller geringfügig Tätigen aus.

Kleinstunternehmen tragen zu einem größeren Anteil des Umsatzes in der Kultur- und Kreativwirtschaft bei als in anderen Industrien. Die **Struktur der Verteilung** – sehr große Unternehmen, die den Markt dominieren, viele Kleinst- und Kleinunternehmen und Selbstständige – mit einer fehlenden Mitte lässt sich auch mit der Metapher der Sanduhr illustrieren („Hourglass Structure", Deuze 2011).

Der Anteil an **Frauen** liegt bei rund 39 Prozent der Erwerbstätigen, der Frauenanteil bei den Selbstständigen liegt über dem gesamtwirtschaftlichen Niveau (42 versus 33 Prozent im Jahr 2015). Der Gender Pay Gap ist hoch, er liegt bei Freiberuflerinnen bei 33 Prozent (gesamtwirtschaftlich: 21 Prozent). Frauen sind in der Kultur- und Medienbranche nach wie vor unterrepräsentiert (EY 2016, S. 18), kaum in die obersten Hierarchiestufen gelangt und erhalten weniger Fördergelder (KuK 2017). Um die wirtschaftliche Teilnahme von Frauen zu erhöhen, weist die UNESCO (2013, S. 11) auf diese globale strukturelle Ungleichheit hin und fordert auch, dass mehr Förderung für die Business Skills und Managementfähigkeiten in dieser Gruppe angeboten werden.

Die wirtschaftliche Dynamik der Kultur- und Kreativwirtschaft wird, ob auf Bundes- oder Landesebene, statistisch intensiv verfolgt (z. B. BMWi 2017, 2019). Es gibt im Gegensatz dazu nur wenige Studien über die arbeitsweltliche Realität, beispielsweise der Berliner Kreativen in Bezug auf Anzahl, Arbeitsverhältnisse, Teilbereiche und Einkommen. In Berlin gibt der dritte Kreativwirtschaftsbericht (Senatsverwaltung für Wirtschaft, Technologie und Forschung 2014) einen Überblick über die Teilmärkte, Beschäftigten und Einkommensstrukturen, allerdings beziehen sich die Zahlen auf 2012 und 2013.

Als größte **Herausforderung** für die Kreativwirtschaft gilt schon lange die Beschaffung qualifizierter Mitarbeiter (BMWi 2017, S. 16) und die ständige technologische Veränderung, durch welche Fähigkeiten schnell veralten (Holden 2007, S. 28). Beispiele sind vielfältig und umfassen bestimmte Computerprogramme im Designbereich, im Filmbereich und weitere Anwendungen in anderen Branchen. Obwohl viele Neueinsteiger Hochschulabschlüsse besitzen, besteht oft Nachholbedarf bei Kommunikation, Teamwork und dem Bewusstsein, wie kreative Fähigkeiten am besten ein- und umgesetzt werden (Raffo et al. 2000). Häufig wird auch festgestellt, dass den Akteuren Managementfähigkeiten fehlen. Die Mehrheit der kreativen Unternehmen erstellt keine konkrete Planung mit Finanzzielen für die Zukunft, und oft gibt es auch keinen formellen Businessplan mit diesen Zahlen (Raffo et al. 2000). Viele Akteure in diesem Bereich besitzen damit nicht die strategischen Fähigkeiten, die für großes und nachhaltiges Wachstum nötig sind.

Dann leiden die Beschäftigten darunter, dass kreative Prozesse nach wie vor in ihrer Natur nicht einfach zu verstehen und ihre positiven Auswirkungen auf Kultur und

Gesellschaft nicht direkt messbar sind (Hadida 2015). Diese komplexen Ziele betreffen auch die Gestaltung der eigenen Berufserfahrung. Das sehen wir in Bezug auf kreative Karrieren, die sich anders als herkömmliche Berufswege in traditionellen Unternehmen nicht innerhalb einer vorgeschriebenen Hierarchie mit aufsteigenden Stufen entwickeln und sich als „boundaryless" bezeichnen lassen.

Kreative Karrieren als „Boundaryless Careers"?
Für Kreativschaffende kann „Karriere" ein zwiespältiger Begriff sein. Selbst wenn Kreativschaffende sich Erfolg in ihrer Arbeit wünschen, so wird „Karriere" im alltäglichen Sprachgebrauch allzu oft mit dem Aufstieg in Unternehmenshierarchien assoziiert und den dazu gehörigen Statussymbolen wie großes Büro, Firmenwagen und ansehnliches Gehalt. Hier wird Karriere als eine besondere Form des Arbeitens verstanden, das nur einigen Menschen zusteht. Mit solchen „Karrieristen" verbindet man nicht nur steife Outfits, sondern auch instrumentelles Hocharbeiten in einer Unternehmenshierarchie. Dagegen wird die Entscheidung für kreative Arbeit oft auf romantisierende Art mit kreativem Selbstausdruck, aber auch mit finanziellen Kompromissen verknüpft.

Aus Sicht der wissenschaftlichen Karriereforschung ist diese Darstellung zu plakativ, weil sie Karrieren mit einer hierarchieorientierten Form der beruflichen Entwicklung assoziiert (Tams und Arthur 2010). In den vergangenen drei Jahrzehnten wurde untersucht, wie Menschen ihre Arbeit und Berufswege in einer sich ständig verändernden Wirtschaft und Gesellschaft gestalten (Arthur et al. 1989; Tams und Marshall 2011).

So lässt sich **Karriere** definieren als „die sich über Zeit entfaltende Folge der Berufserfahrungen eines Menschen" (Arthur et al. 1989, S. 8). Dazu zählen auch **kreative Karrieren**, wie die Forschung zu „Boundaryless Career" zeigt (Tams und Arthur 2010). „Boundaryless" (wörtlich übersetzt „grenzenlos") bedeutet hier nicht, dass kreative Karrieren keine Hürden, Begrenzungen oder Schranken hätten. Die „Boundaryless Career"-Perspektive möchte unsere Aufmerksamkeit auf solche Berufswege lenken, die nicht durch die Annahmen eines traditionellen Angestelltenverhältnisses strukturiert sind (wie das Versprechen einer vertikalen Karriereentwicklung innerhalb großer und relativ stabiler Unternehmenshierarchien). **Boundaryless Careers** beschreiben die folgenden sechs Karriereformen (oder Berufswege):

1. Karrieren mit Mobilität über Unternehmensgrenzen hinweg.
2. Karrieren, die ihren Wert und Bestätigung durch externe Arbeitsmärkte erhalten.
3. Karrieren, die mehr von externen Netzwerken und Informationen abhängen als von internen Unternehmensstrukturen.
4. Karrieren, bei denen hierarchische Berichtspflicht und Weiterentwicklung gestört sind oder fehlen.
5. Karrieren, die vor allem um persönliche und familienorientierte Prioritäten gestaltet werden.
6. Karrieren, die Individuen subjektiv als relativ frei von strukturellen Schranken erleben.

Obwohl das Konzept der Boundaryless Career nicht frei von Kritik ist (Inkson et al. 2012), ist der Beitrag der Boundaryless-Career-Perspektive für unser Verständnis von Berufswegen in der Kreativwirtschaft schwer zu widerlegen. Dieser Ansatz hat eine Vielzahl von Studien (nicht immer unkritisch) inspiriert, wie zum Beispiel über Karrieren in der Filmbranche (O'Mahony und Bechky 2006), Architektur, Popmusik (Zwaan et al. 2010), den darstellenden Künsten und der Kreativwirtschaft allgemein (Svejenova 2005). (Von Svenja Tams)

3.2.2 Projektorganisation als Merkmal der Arbeit

Die Formen der Arbeit in der Kreativindustrie unterscheiden sich aufgrund des hohen Anteils von Kleinst- und Kleinunternehmen und Selbstständigen von der Arbeit in Unternehmen mit ihren Hierarchien und fortdauernden Beschäftigungsverhältnissen. Die Creative Industries tragen besondere strukturelle Merkmale, die sich von anderen Branchen unterscheiden.

In den meisten Branchen wie Produktionsgewerbe und Dienstleistung arbeiten Menschen als Angestellte langfristig für eine Organisation, in einer nicht unterbrochenen, täglichen Routine. In der Kultur- und Kreativwirtschaft gibt es große Unternehmen mit vielen Festangestellten, die aber auch an bestimmten zeitlich begrenzten Vorhaben der kreativen Produktion arbeiten, oftmals im Verbund mit weiteren Zulieferern und Freelancern. Form der Organisation ist hier die sogenannte **Projektorganisation**. Kreative Mitarbeiter sind dann nur auf begrenzte Zeit oder gar kurzfristig tätig, bis die gemeinsame Produktion endet. Arbeit wird in Form von Projekten geleistet, die zeitlich begrenzt sind und die ganze Arbeitskraft eines Teams erfordern. Dies kennt man beispielsweise aus der Produktion oder Postproduktion im Film- und Fernsehbereich, aus Theaterproduktionen, aus Ausstellungsprojekten und so weiter.

Die Projektarbeit führt zu **Phasen der Beschäftigung unter Zeitdruck und hoher Belastung** und allgemeiner **Unsicherheit** bei der Planung. In der Kreativwirtschaft bilden Selbstständige und kleine Unternehmen deshalb verschiedene und immer wechselnde Netzwerke auf Projektbasis (Bilton 2011, S. 38).

Aufgrund der Projektorganisation und des Überangebots an Arbeit können Beschäftigung und Arbeitslosigkeit in der Kreativwirtschaft gleichzeitig ansteigen. Der Arbeitsmarkt kennzeichnet sich durch ein hohes Maß an Unsicherheit (Menger 1999), besonders in speziellen Teilbereichen wie in den darstellenden Künsten (Senatsverwaltung für Wirtschaft, Technologie und Forschung 2014, S. 58). Künstler versuchen, diese Unsicherheiten durch verschiedene simultane Tätigkeiten und Projekte auszugleichen. Beispiele sind Musiker, die noch als Klavierlehrer arbeiten oder kreative Workshops für andere Zielgruppen anbieten, oder Schauspielerinnen, die neben ihren Auftritten noch Werbespots drehen oder Stimmen für Charaktere in Computerspielen einsprechen.

Coworking

Durch die vielen Kreativschaffenden und ihre Arbeit auf zeitlich begrenzten Projekten sind viele Coworkingspaces in Städten als gemeinsame, zeitlich geteilte Arbeitsplätze entstanden. Coworking ist eine neue Art der Arbeitsorganisation für Freiberufler und Selbstständige und ist aus dem Kreativbereich heraus entstanden. Coworkingspaces bieten nicht nur flexibel nutzbare Räume für Kreative, die sozusagen „alleine" zusammenarbeiten – wie man es beispielsweise von Bibliotheken kennt. Vielmehr stellen sie Orte für kollektive und gemeinschaftliche Arbeit dar, die von den Kreativen zum Austausch, Networking und zum Ausleben ihres kreativen Selbst genutzt werden. Manche dieser Orte sind zu regelrechten Wellnessoasen geworden, bieten dem Zeitgeist entsprechende Verpflegung und den mittlerweile überall zu finden Tischkicker oder ähnliche Spielmöglichkeiten an. Die Anbieter dieser Räume sind quasi „Kuratoren" (Merkel 2015) einer gemeinsamen Arbeitsatmosphäre. Sie schaffen eine neue Form der städtischen Infrastruktur, ermöglichen Kontakte und Zusammenarbeit zwischen Menschen, bringen Ideen und Orte zusammen. Coworking ist dabei auch als eine Praxis der Selbsthilfe und der gemeinschaftlichen Organisation unter Freelancern zu verstehen – die fast unsichtbare Erwerbstätige sind und weniger gut abgesichert als Menschen in anderen Arbeitsverhältnissen. Zusammenkommen durch Coworking hilft, mit diesen Zuständen umzugehen, Unsicherheit und Risiken von freier Arbeit auch zu senken, weil sie nicht wirklich „frei" ist (Merkel 2019).

Klostersimulation als intensive Phase von Projektarbeit
Kreative Arbeit durchläuft verschiedene, auch intensive Phasen, ein Beispiel dafür ist ein sogenannter „Schreibaschram" (Scherübl 2016): Autorinnen und Wissenschaftler ziehen sich für einen Zeitraum von einer Woche auf das Land in ein Kloster zurück, um störungsfrei und konzentriert zu arbeiten. Klöster waren die Geburtsstätten der Universität und Orte der Vertiefung und Kontemplation – wovon an den heutigen Hochschulen mit Verwaltungsarbeit, Kundenorientierung und Evaluationsdruck oft wenig zu spüren ist. Das Wort „Aschram" (Sanskrit) ist die hinduistische Entsprechung zum Kloster und bedeutet „Ort der Anstrengung". Im Schreibaschram annonciert ein Gong die Schritte im festen Tagesablauf wie Spaziergang, Schreiben, Schreiben, Schreiben und Meditation. Workshops und Coaching unterstützen den individuellen Arbeitsprozess. Diese Klostersimulation ermöglicht einen Rahmen, um kreative Fähigkeiten fokussiert und produktiv sowie auch genussvoll einzusetzen, hin zum Ergebnis des geschriebenen Texts.

3.2.3 Creative Entrepreneurship

Unternehmerisches Denken und Handeln durchzieht die Creative Industries mit ihren wissensgetriebenen und ständig erneuerten Produkten und Dienstleistungen. Hier kommt der Begriff „Entrepreneurship" ins Spiel – der in Deutschland vom „Unternehmertum" abgegrenzt wird, da es um neue, innovative Unternehmungen geht und weniger um das Führen eines Betriebs (Hausmann 2014, S. 33). Entrepreneurship wird meist mit der Umsetzung einer innovativen Idee in Verbindung gebracht, dem Gründen eines neuen Unternehmens mit neuen Produkten und Dienstleistungen, die auch das soziale Leben verändern können. Damit zusammenhängende Begriffe, die man bisweilen in den Medien heutzutage hört, sind Intrapreneur (unternehmerisches Verhalten von Mitarbeitenden in Unternehmen und Organisationen), Solopreneur (Einzelgründer), Fempreneur (Gründerin mit spezieller Ausrichtung auf die Rolle von Frauen in diesem Bereich) und Xpreneurship (Start-ups im Hightechbereich). Viele Vorstellungen von Entrepreneurship kommen uns bekannt vor, wenn wir an Individuen in der Kreativwirtschaft denken.

Entrepreneure werden per se als proaktiv verstanden und vorneweg gesehen und damit generell auch nah an der Kreativität verortet, was einen gewissen Vorsprung und Vorteil gegenüber anderen signalisiert. Für den Bereich der Kreativwirtschaft gibt es den Begriff „Creative Entrepreneur".

▶ **Creative Entrepreneurship** Der Begriff „Creative Entrepreneurship" beschreibt die unternehmerischen Aktivitäten von Gründern in den verschiedenen Bereichen der Kreativwirtschaft. Kreative Entrepreneure sind jene, die eine wirtschaftliche Unternehmung aufziehen, indem sie intellektuelles Kapital schaffen und nutzen. Sie investieren in ihr persönliches Talent und ebenso in das Talent von anderen (Bujor und Avasilcai 2016).

Tatsächlich muss man auch vorsichtig sein, denn es existieren verschiedene **Diskurse von Entrepreneurship**, die in schillernden Farben mögliche Identitäten von Gründern beschreiben – und damit auch mal an der Realität und an Minderheiten vorbeigehen können. Entrepreneure werden als Menschenschlag gesehen, der gut für die Gesellschaft und die wirtschaftliche Entwicklung ist, dabei meist männlich, willensstark und selbstüberzeugt (Berglund 2006, S. 239). Es gibt prominente Rollenmodelle von erfolgreichen Entrepreneuren (Richard Branson und andere) und einen Wie-werde-ich-erfolgreich-Hype. Wer gründen will, muss sich irgendwo verorten und versucht oft, den im Mediendiskurs formulierten Anforderungen auch in gewissem Sinne zu entsprechen.

Im Folgenden einige Beispiele aus dem Entrepreneurship-Diskurs: Entrepreneure werden beispielsweise auch bei Kao (1993) weniger durch ihre Unternehmerfunktion als durch die psychische Grundkonstellation bestimmt: Drang nach Erfahrung, Entfaltung, Gestaltung, Eigensinn und Unabhängigkeitsstreben. Entrepreneurship ist der Versuch, Wert zu schaffen durch das Erkennen einer Gelegenheit, einem darauf ausgerichteten Risiken-Chancen-Abgleich und mittels kommunikativer und organisatorischer persönlicher Fähigkeiten die dafür notwendigen Ressourcen zu mobilisieren, um ein Projekt zur Blüte zu bringen. Entrepreneure müssen in der Lage sein, innere und äußere „Zerreißproben" auszuhalten und ihr Anliegen dennoch beharrlich umzusetzen. Antizipatorisches Denken als geistige Vorwegnahme einer späteren Umsetzung sei notwendig.

Peter Drucker (2014) sieht Entrepreneurship als Verhalten und nicht als Persönlichkeitsmerkmal. Entrepreneurship wird als ganzheitliches Konzept im Sinne eines Denk- und Handlungsansatzes aufgefasst. Zur Beschreibung dieses Ansatzes werden zwei weitere Begriffe verwendet:

1. Entrepreneurial Mindset: geistige Haltung, eine Denkweise oder auch Mentalität.
2. Entrepreneurial Spirit: Geist, Lebenshauch, Seele, Gemütsart oder auch Temperament.

Um eine entsprechende Haltung zu ermöglichen, die mit dem unternehmerischen Denk- und Handlungsansatz von Entrepreneurship verbunden wird, benötigt es ein Umfeld und eine innere Disposition, welche Fehler nicht nur nicht ahndet und zu verhindern versucht, sondern eine gewisse Fehlerquote geradezu als positiv betrachtet. Die amerikanische Wirtschaftswissenschaftlerin Rita McGrath (1999) hat dazu den Begriff „Falling Forward" geprägt. Man solle nicht Gelegenheiten opfern, um Scheitern zu verhindern. Entrepreneurship wird assoziiert mit einer derartigen aktiven Haltung und Begriffen wie kreativ, innovativ, schöpferisch, engagiert und dynamisch. Unternehmerisches Handeln bedeutet dann ein aktives, selbstgesteuertes Agieren entlang eines Gründungsprozesses, der Gelegenheiten wahrnimmt und umsetzt. Weitergeführt wurde dies von Maxwell (2000), der „Failing-Forward"-Wege beschrieb, mit Scheitern (Failure) und Angst produktiv umzugehen. Scheitern wird bei Gründungsvorhaben oft zur Realität und so wagen es auch in Deutschland viele nicht, sich selbstständig zu machen und ein Unternehmen zu gründen. Wenn die Idee der unternehmerischen Selbstständigkeit konkreter wird, springen viele auch wieder ab, vor allem Frauen scheuten letztlich das Risiko (DIHK 2018).

Der Entrepreneurship-Diskurs wird auch durchaus kritisch gesehen. Die Übernahme von Risiken, die Unsicherheit von Arbeitsbedingungen, das Investment von eigenen Ressourcen für Fähigkeitsaufbau und Arbeit und die ständig präsente Drohung des Scheiterns erschweren in der Realität Gründungsvorhaben. Das trifft auch auf die Lebensbedingungen vieler Kreativen zu (Abschn. 5.2). Aus der Managementperspektive ist aber festzustellen: Nicht alle Künstler oder Kreativen können gute Entrepreneure und Unternehmer ihrer selbst sein. Sichtweisen, die in diesem Buch präsentiert werden, schildern deshalb Management und Führung als kreative Gruppenarbeit und Prozesse des Möglichmachens und Anleitens.

Wenn man die verschiedenen Phasen von Gründungsprojekten betrachtet, so ließe sich argumentieren, dass in der Vorgründungsphase vor allem künstlerische und kreative Fähigkeiten zum Tragen kommen im Sinne von Gestaltung und ohne genau zu wissen, was herauskommt. In der Gründungs- und Nachgründungsphase wird dann besonders Management im Sinne von Planen, Organisieren wichtig. Entrepreneurship-Methoden und Ansätze finden wir auch in Managementbereichen der Kreativwirtschaft. Beispielsweise werden kreative Ansätze in vielen Kontexten eingesetzt und das Artist Management benutzt Methoden aus dem Start-up-Bereich (Abschn. 7.1.2).

Phasen von Gründungsvorhaben und Wissen über Existenzgründungen
Spezielle Literatur zur Existenzgründung in der Kultur- und Kreativwirtschaft erläutert die Besonderheiten von Gründungen und stellt Maßnahmen und Lösungsansätze im Hinblick auf Finanzierung, Förderung, Marketing und Netzwerkmanagement vor (Hausmann und Heinze 2017). Verschiedene Kurse, Module im Kontext von Studiengängen, Coachings und Trainings sowie Publikationen beschäftigen sich detailliert mit kreativen Gründungsvorhaben, deren Elemente sich nach den folgenden Phasen sortieren lassen:

1. Vorgründungsphase: Zusammenstellung des Gründerteams (multidisziplinäre Teams), Ideenfindung und Konzeptionierung (Innovationsmanagement), Entwicklung von Geschäftsmodellen (kundenzentrierte Methoden wie Design Thinking), Businessplan (mit seinen Bestandteilen als Leitfaden zur Vorbereitung einer Unternehmensgründung).
2. Gründungsphase: Gewerbeanmeldung und Wahl der Rechtsform, Möglichkeiten der Finanzierung, Liquiditätsplan, Entrepreneurial Marketing.
3. Nachgründungsphase: Start-up mit parallel laufenden Projekten, Projektabläufe systematisch planen und organisieren, Arbeitsabläufe optimieren, etwa durch agiles Arbeiten, strategische Kommunikation und Netzwerkaufbau.

Eine andere Kritik am Diskurs ist, dass man auf den Gedanken kommen könnte, dass „psychische Grundkonstellationen" oder „Haltungen" fix sind und es damit schon feststeht, wer Gründerin werden kann -und wer nicht. Allerdings müssen Individuen neben bloßen Rollenmodellen („Ich als Gründer") auch Themen für sich klären wie „meine Idee und meine Firma", „mein Team und meine Organisation", „meine Strategie und Wachstum". Dazu gehört eine Fach- und Methodenkompetenz. So beschäftigt sich die Wissenschaft mit der **Entrepreneurship-Ausbildung** an Hochschulen und für Praktiker. Gründen kann man lernen, Haltungen kann man entwickeln und Motivation kann man fördern – was sich auch in Entrepreneurship-Studiengängen und sogenannten Start-up-Labs oder Gründerzentren als Begegnungs- und Experimentierzentrum zeigt, die viele Hochschulen für sich neu gegründet und eingerichtet haben.

Entrepreneurship-Training fördert das Verständnis und die Motivation und ermöglicht damit leistungsfähigere Gründungsvorhaben (Gielnik et al. 2017). Das liegt vor allem an den Auswirkungen auf das Selbstvertrauen der Akteure im Prozess, die das Gefühl haben, das Thema zu beherrschen, die Werkzeuge von Entrepreneurship einsetzen und mit Methoden und Theorie wirklich umgehen zu können. Dies wiederum führt zu gesteigerter Begeisterung nach den Schulungsprozessen („Je mehr ich weiß, desto größer wird die Leidenschaft."). Im weiteren Verlauf begünstigt dieser Enthusiasmus, dass Geschäftsgründungen tatsächlich in die Hand genommen und umgesetzt werden. Gerade eine solche Leidenschaft passt zur Kreativwirtschaft und zu künstlerischen Haltungen bei der Arbeit, denn Kunst hat viel mit Leidenschaft zu tun. Dies zeigt sich in vielen Bereichen der Kulturproduktion, beispielsweise auch dem Künstlermanagement, und eben bei Gründungen im Kreativbereich.

> **Kreativpiloten als politische Initiative zur Förderung von Entrepreneurship**
>
> Politische Initiativen wie die Auszeichnung „Kultur- und Kreativpiloten Deutschland" (BMWi 2016) würdigen „einzigartige Unternehmerpersönlichkeiten und ihre besonderen Geschäftsideen" und sagen: „Wir suchen Menschen, die Mut beweisen, Engagement zeigen und sich immer fragen: Was kann ich noch besser machen?" Bewerben können sich Unternehmen, Selbstständige, Gründer und Projekte aus der Kultur- und Kreativwirtschaft und deren Schnittstellen zu anderen Branchen. Ausgezeichnete Beispiele von früheren Jahren beinhalten beispielsweise digitales Holzspielzeug, politische Geobloggingplattformen, interaktives Storytelling in Form von Augmented Reality „für die Ohren", einen Creative Hub und Coworkingspace auf dem Land, wo sich Arbeit und Natur verbinden, und ein Vorhaben aus dem Bereiche Social Business: Menschen mit und ohne Behinderungen nutzen eine App und Webseite zum gemeinsamen Erleben von Events.

3.3 Produktion in der Kreativwirtschaft

3.3.1 Kennzeichen der Produktion

Management in der Kreativwirtschaft bezieht sich auf die Entstehungsprozesse in Zusammenarbeit mit den kreativen Köpfen und auch auf das anschließende Vermarkten. Deshalb wird hier im Folgenden zunächst die Produktion in der Kreativwirtschaft erläutert mit ihren besonderen Kennzeichen.

Produktive Arbeit bringt fassbare physische oder immaterielle Produkte hervor, die Menschen mit ihren Sinnen wahrnehmen, hören, sehen oder gar schmecken können. Am Ende eines Arbeitsprozesses soll also bestenfalls etwas da sein, das vorher nicht da war. Das kann der kreative Ausdruck einer einzelnen Person sein oder eine komplexe, langwierige Zusammenarbeit oder ein Erlebnis oder eine kreative Dienstleitung. Aber wie werden Ideen in der Kreativwirtschaft zu Produkten, welche Schritte im Entstehungsprozess sind nötig? In jeder Branche sind die Abläufe sehr speziell und unterscheiden sich von anderen Branchen. Dennoch lässt sich zunächst eine grobe Gliederung in die Teile Research, Entwicklung und Produktion mit einigen übereinstimmenden Merkmalen für die Kreativwirtschaft finden (Davies und Sigthorsson 2013, S. 138–146).

- **Research and Development** (Forschung und Entwicklung): maßgeblicher Schritt im Produktionsprozess, der auch länger als die Produktion selbst dauern kann. Hoher Zeitaufwand, um an der Idee zu arbeiten und Kooperationspartner zu finden. Beispiel: Suche nach Produktionsstätte für einen Modeartikel, Überarbeitung des Designs anhand der Möglichkeiten der Fabrik, Verhandlungen über Menge und Qualität, Aufbau einer belastbaren Verbindung zu Herstellern und Zulieferern.
- **Produktion**: Umsetzung der Ideen, Pläne, Zeit-, Ressourcen- und Arbeitsplanung in das eigentliche Handeln und die Herstellung. Beispiel: „Pre-production" als Planung und Organisation eines Films mit Ablaufplänen an den jeweiligen Drehorten, „Production" mit der Aufnahme des Filmmaterials, „Post-production" mit Schneiden, Arrangieren, Ton und weiteren Arbeiten am Filmmaterial.

Die **Produktion** in der Kreativwirtschaft unterscheidet sich von anderen Branchen wie der Automobilbranche, der Schwerindustrie oder etwa dem Finanzbereich und zeichnet sich nach Richard E. Caves (2000, S. 5–9) durch besondere Eigenheiten aus. Diese lauten: „Nobody knows" (Unsicherheit), „Infinite Variety" (unendliche Vielfalt), „Time flies" (die Zeit rennt), „Ars longa" (fortwährende Kunst), „Motley Crew" (der bunte Haufen), „A-list/B-list" (vertikale Differenzierung), und „Art for Art's Sake" (die Kunst um der Kunst willen).

Diese Besonderheiten lassen sich folgendermaßen erklären:

1. **Unsicherheit (Nobody knows)**: Keiner weiß genau, wie Konsumenten auf neue Kultur- und Kreativgüter reagieren werden. Aufgrund der ästhetischen und symbolischen Natur der Produkte sowie ihres Erlebniswerts hängen Kaufentscheidungen vom Geschmack der individuellen Konsumenten ab – trotz ausführlicher Informationen und anderer Beschreibungen wie Rezensionen von neu erschienenen Filmen, Büchern oder Musikalben. Zukünftige Erfolge lassen sich hier schlecht mit Blick auf vergangene Erfolge kalkulieren. Die Unsicherheit der Nachfrage ist in der Kreativwirtschaft höher als in anderen Branchen.

2. **Unendliche Vielfalt (Infinite Variety)**: Künstlerinnen steht eine unbeschränkte Vielfalt künstlerischer Ausdrucksmöglichkeiten zur Verfügung. Die kreativen Produkte sind vielfältig und erfahren selbst bei ähnlicher Qualität (horizontale Differenzierung) unterschiedliche und subjektive Wertschätzung. Während auch viele Gebrauchsgüter wie Autos, Kleidung und Luxusgüter ästhetische Qualitäten besitzen, also die sinnliche Wahrnehmung ansprechen (Abschn. 6.2), so steht der ästhetische Wert im Zentrum kreativer Produkte und zwei ebenbürtige Filme können völlig unterschiedlich wahrgenommen werden. In der Kreativwirtschaft ist die Produktvielfalt unendlich (Caves 2000, S. 6). Es gibt eine breite Auwahl an Variationen von Musik und an Remixen oder Neuinterpretationen, an Filmen und Neuverfilmungen und Weiterführungen von Geschichten, an Werken bestimmter Genres mit unterschiedlichsten Neukombinationen von Schauspielern, Regisseurinnen, Soundtracks und so weiter. Die Bereiche der Kreativindustrie sind hyper-fragmentiert, sowohl was Angebot als auch was Nachfrage angeht. Man kann sagen, dass die Kreativindustrie deshalb eine hohe strukturelle Misserfolgsquote besitzt („Structural Failure"). Beispielsweise geht man davon aus, dass rund 70 Prozent der Bücher floppen und genauso viele neue Musikalben nicht mal ihre Produktionskosten wieder hereinholen. Die wenigen Hits und Topseller bezahlen für die vielen, die scheitern, etwa bei Plattenlabels und Verlagen. Das Marktversagen vieler Produkte ist zurückzuführen auf die besondere Natur der Konsum- und Produktionsprozesse und der Hyperfragmentierung der Angebote. Durch dieses Überhandnehmen von verschiedensten Produkten müssten zwangsläufig viele scheitern, denn die Konsumenten können gar nicht alle Produkte aufmerksam wahrnehmen.
3. **Zeit rennt (Time flies)**: Die zeitliche Koordinierung komplexer Projekte ist oft ausschlaggebend für den Erfolg, es besteht Verzugsgefahr. So muss ein Event zu einem bestimmten Zeitpunkt „stehen" sowie jede andere Aufführung, bei der der „Vorhang hochgehen" muss – während sich die Auslieferung eines anderen Produkts auch mal verzögern kann.
4. **Ars longa – fortwährender Bestand und Ertrag der Kunst (Ars longa, durable products and rents)**: Viele kulturelle und kreative Güter halten sich lange und sind wiederverwertbar, und die Produzierenden können sie noch lange nach dem Entstehungszeitpunkt ökonomisch ausschlachten (Patent, Copyright, Lizenzen etc.). Das setzt den Schutz des geistigen Eigentums voraus. Beispiel sind Songrechte, wie etwa von den Beatles und anderen, an denen noch heute prächtig verdient wird.
5. **Der bunte Haufen (Motley Crew)**: Kreative Produktion entsteht durch die Zusammenarbeit spezialisierter Fachkräfte mit unterschiedlichen kreativen Qualifikationen. Film-, Musik- und Theaterproduktionen benötigen nicht nur ein künstlerisches Genie (wie etwa in der Malerei oder Literatur), sondern diverse Spezialisten. Während Produktionsfaktoren in anderen Gewerben oft schnell ersetzt werden können, lassen sich kreative Köpfe nicht einfach austauschen, denn jeder Input ist personenabhängig und benötigt ein gewisses Niveau, sonst leidet das Endprodukt. Die zeitlich begrenzte Zusammenarbeit bei Projekten sowie die subjektiven Wertvorstellungen der Beteiligten erschweren harmonische Abläufe zusätzlich.

6. **Vertikale Differenzierung (A-list/B-list)**: Kreative Beiträge sind vertikal differenziert, sie unterscheiden sich also nicht nur geschmacklich (horizontale Differenzierung), sondern hinsichtlich ihrer Qualität als hoch (A) oder niedriger (B). Die Qualität der Inputs der Beschäftigten hängt ab von ihrer fachlichen Kompetenz, Erfahrung und Originalität. Bewertet wird deren Leistung von den Konsumenten und auch von der fachlichen Bezugsgruppe. So wird die Performance von Musikern vom Publikum und Kritikerinnen beurteilt, und schon bei den Proben vom ganzen Team beobachtet. So werden alle Inputs permanent bewertet, wodurch eine Art Personenrangliste der Beteiligten entsteht.
7. **Kunst um der Kunst willen (Art for Art's Sake)**: Den Kreativen ist die Qualität und Integrität ihrer Arbeit wichtig, auch wenn Konsumenten diese oft nicht zu schätzen wissen, und auch, wenn ihre Mühen zulasten von Effizienz und Einkommen gehen können. Diese Haltung der Beschäftigten zu ihrer Arbeit entspricht traditionellen Vorstellungen von Künstlern als Selbstausbeutern und Arbeitern aus Leidenschaft und nicht den Vorstellungen der rationalen Arbeitsmarkttheorie, die angemessene Löhne und Arbeitsbedingungen für einen bestimmten Einsatz vorsieht. Die Arbeit dient der Liebe zur Kunst und der Selbstverwirklichung, auch wenn die finanzielle Entlohnung niedrig ist, was zu Spannungen führt (Autonomie versus Kundenorientierung, künstlerischer Ausdruck versus Verwertung am Markt, Zeitaufwand versus Wirtschaftlichkeit).

Theater: Besonderheiten kreativer Produktion

Diese Eigenheiten kreativer Produktion lassen sich beispielsweise auf das Theater folgendermaßen anwenden (Haunschild 2003, S. 902): Wie bei anderen kreativen Produkten ist beim Theater nicht sicher, wie das Publikum auf die neue Produktion reagieren wird (Nobody knows); es gibt eine Vielzahl von Dramen und Interpretationen, somit müssen Spezialisten wie Kritiker diese für die Öffentlichkeit analysieren (Infinite Variety). Theateraufführungen werden nur in Ausnahmefällen im TV gezeigt oder als Aufzeichnungen vermarktet (Ars longa property/durable products and rents), anders als in der Film- oder Musikindustrie. Produktion und Konsum sind in der kopräsenten Aufführungssituation von Theaterstücken besonders deutlich verknüpft, womit auch keine weitere Industrie als Vermittler zwischen Künstlern und Konsumenten notwendig ist. Den meisten Schauspielern ist das Produkt sehr wichtig (Art for Art's Sake), was auch dazu führt, dass sie oft Arbeitssituationen annehmen, die „normale" Angestellte als prekär bezeichnen würden. In Bezug auf die Unterscheidung zwischen einfachen und komplexen kreativen Gütern fällt das Theater in die komplexe Kategorie (Motley Crew). Es gibt ein Team mit verschiedensten Aufgaben, einem Regisseur, Hauptdarstellern sowie technischen und handwerklichen Fachleuten. Die Inputs der Theaterkünstler innen unterscheiden sich bezüglich der „technischen" Fähigkeiten, des Talents und der Originalität und werden in der Berufsgruppe und in der Öffentlichkeit während der Proben und Aufführungen beurteilt (A-list/B-list). Der Termindruck im Theater („Der Vorhang muss hochgehen") (Time flies) erfordert eine strikte zeitliche Koordination und macht aus dem Theater eine „extreme Form der Projektorganisation" (Haunschild 2003, S. 903), bei der jede Einzelne aus den verschiedenen Berufsständen (Schauspieler, Freie, Bühnenbildnerinnen) sich an die strikten Zeitvorgaben halten muss.

3.3.2 Auswirkungen der Digitalisierung

Die Digitalisierung hat jeden Wirtschaftsbereich verändert und auch die Kreativwirtschaft einerseits beflügelt, andererseits aber auch vor Herausforderungen gestellt. Häufig genannt werden folgende **Konsequenzen der Digitalisierung** (Acker und Gröne 2015):

- Neue Arten der Arbeit und Zusammenarbeit (digitale Produktion global verteilt, beispielsweise bei der Filmproduktion; Beitrag der Konsumenten zum eigentlichen Angebot wie bei Airbnb).
- Veränderung der Wertschöpfung in der Produktionskette (Intermediäre wie Plattenläden oder Videotheken fallen weg, dafür entstehen andere; Produktionskosten wie Plattenpressung oder Buchdruck können entfallen).
- Niedrigere Barrieren für kreative Produktion (digitale Technologien zur Produktion öffnen das Tätigkeitsfeld für Menschen ohne die nötigen materiellen Ressourcen oder auch ohne spezielle Ausbildung – beispielsweise im Filmbereich oder in der Musik: Dort lassen sich zur elektronischen Musikproduktion spezielle Programme anstelle von Synthesizern und Studio nutzen, zu denen meist nur Profis Zutritt haben).
- Forderung nach Schutz geistigen Eigentums, besonders bei digitalisierten Formaten (unerlaubte Vervielfältigung).
- Neue Möglichkeiten für das Marketing (viral, soziale Netzwerke).
- Neue Formen der Marktforschung mit Data-Mining und der Nutzbarmachung von digitalen Konsumentenprofilen (Colleoni 2013), wobei Konsumenten oft mehr oder weniger bereitwillig ökonomisch äußerst wertvolle Daten produzieren.

Die Digitalisierung hat dazu beigetragen, dass Konsumenten **besseren Zugang** zu kreativen Produkten und Services haben und sie **einfacher konsumieren** können (Acker und Gröne 2015, S. 7). Bei den Konsumenten ist unzweifelhaft die Bereitschaft zum Erwerb von digitalen Produkten zu erkennen, die Menschen sind also trotz der digitalen Schlupflöcher wie illegalen Downloads und anderen Methoden bereit, für Angebote zu zahlen. Für Anbieter stellt sich dann die Frage nach der richtigen digitalen Contentstrategie, wie viel noch frei zugänglich sein sollte und wo das richtige wirtschaftliche Maß liegt (Halbheer et al. 2014). Andere überlegen sich ganz neue Konzepte, wie Entertainment digital konsumiert werden kann, beispielsweise wurde Netflix trotz aller Skepsis mit seinem Angebot erfolgreich (Randolph 2019). Durch die Digitalisierung ist es möglich, eine größere Vielzahl von Angeboten nutzbar zu machen. Neben Mainstream-Hits wie beispielsweise Staffelblockbustern bei Streamingdiensten sorgen noch viele andere Titel bei Bezahlplattformen und anderen Online-Anbietern für Umsätze.

Das Geschäft mit den Nischenprodukten

Diese Vielfalt an zur Verfügung stehenden Produkten wurde mit dem Konzept des **„Long Tail – der lange Schwanz"** beschrieben (Anderson 2009). Die lang gestreckte konkave Kurve des „Long Tail" skizziert, dass eine praktisch unbegrenzte Zahl von Produkten und Dienstleistungen für alle verfügbar sind und oft nur einen Mausklick entfernt im Internet angeboten werden. Dabei liegt der Wert dieser Millionen von Nischenprodukten über dem der klassischen Topseller. Der einstige Massenmarkt beispielsweise der Blockbuster wandelt sich damit in Millionen Nischenmärkte. Wo es früher ein Hitalbum gab, das überall erhältlich war und das viele kauften, gibt es heute auch Kaufangebote für Musiktitel in jedem noch so kleinen Subgenre, welches sich früher selbst in hochspezialisierten Läden nicht auftreiben ließ. Die durch die Marktstruktur erzwungene Monokultur splittert sich auf. Der lange Schwanz an Produkten, die sich vielleicht nur wenige Male im Jahr verkauften, wird für manche Unternehmen zum Umsatzbringer, da sie sich zu minimalen Kosten bereithalten lassen.

Wie beeinflusst die Digitalisierung die geschilderten Eigenheiten kreativer Produktion? Manche der Eigenarten der kreativen Produktion in den Creative Industries nach Caves (2000, S. 5–9) werden mit der Digitalisierung noch verstärkt, andere abgemildert. Der „Long Tail" spricht besonders für das Prinzip **„Infinite Variety"** (unendliche Vielfalt), wobei effizientes Marketing und gutes Risikomanagement nicht mehr die Hauptherausforderungen darstellen, sondern eher die Nischen, damit sich selbst die niedrigen Kosten und niedrigen Markteintrittsschwellen für Produkte noch rechnen. **„Ars longa"/ durable products and rents** (fortwährender Bestand und Ertrag) findet sich ebenfalls verstärkt im Modell, denn de facto lassen sich Produkte lange zu niedrigen Kosten bereithalten und bestenfalls verkaufen. **Time flies** (die Zeit rennt) ist in diesem Beispiel nicht relevant, wenn es sich um aufgezeichnete Produkte handelt. Das Prinzip **„A-list/B-list"** (vertikale Differenzierung) mit dem großen Graben zwischen den wenigen Umsatzbringern und dem langen Schwanz an anderen Produkten besteht auch hier, aber wenig erfolgreiche Produkte sind nicht vom Konsumenten abgeschnitten (z. B. Einstellung einer Auflage und das Buch ist „vergriffen"), sondern befinden sich in elektronischer Form unter vielen anderen auf dem Markt. Die unsichere Nachfrage (**„Nobody knows"**) wird abgemildert, denn Produkte werden lange bereitgehalten (selbst wenn ein Kinofilm zum Start wenig Zuschauer anzieht, können zeitlich versetzt noch Erträge generiert werden). **„Art for Art's Sake"** (die Kunst um der Kunst willen) wird sich als Prinzip halten, gerade wenn niedrige Produktionskosten anfallen und niedriges wirtschaftliches Risiko für einzelne Künstler besteht. Aber die Sorge um das eigene Produkt kann dazu führen, dass Künstlerinnen weniger mit der asymmetrischen Machtverteilung einverstanden sind und den Hauptprofit nicht einem mächtigen Anbieter überlassen wollen (beispielsweise Streamingdienste im Musikbereich). Onlinehandel bildet den Input der **Motley Crew** (der bunte Haufen) ab, und ist auch durch Arbeit über Disziplinen und Bereiche hinweg entstanden.

Diese große Vielfalt an zur Verfügung stehenden Produkten („Long Tail") wird besonders von Onlinehändlern bedient, und sie tragen zu einer Veränderung der Märkte bei. Die Märkte in der Kreativindustrie ändern sich durch Digitalisierung ständig wie andere Märkte auch. Eine dieser Entwicklungen ist die Art, wie Digitalisierung **Wertschöpfungs-**

ketten beeinflusst. Ein Phänomen, das sich hier beobachten lässt, ist das Auftauchen neuer Intermediäre und die Disintermediation, der Wegfall einzelner Stufen in der Wertschöpfungskette, also das Verschwinden von Vermittlern. Im Einzelhandel, dem sichtbaren Vermittler zwischen Produzenten und Konsumenten, verschwinden viele der vormals wichtigen Vermittler, die redundant geworden sind oder umschifft werden. Beispiele sind der Buchhandel, Plattenläden oder Videotheken, die sich im Wettbewerb mit Onlinehändlern wie Amazon, iTunes, Netflix und anderen befinden.

Der Abbau einer Mittlerrolle liegt an digitalen Angeboten und illegalen Downloads, und geht oft mit der Bequemlichkeit der Konsumenten einher. In Bezug auf Videotheken gibt es bei den Onlinehändlern keine Anfahrtswege, keine Verlängerungsgebühren und kein beschränktes Angebot. Dann zeigt sich oft noch die Ironie, dass unpersönliche Algorithmen Empfehlungen für die Nutzer generieren, die viele dankbar als persönlichen Service annehmen und nach diesem ihre Kaufentscheidungen ausrichten. Dabei kann aber das algorithmisch hochgezüchtete Angebot auf Kosten des kulturellen gehen und langfristig der gelebten Filmkultur schaden. Die Überlebensstrategie von konventionellen Videotheken liegt höchstens noch in der Spezialisierung auf bestimmte Genres und Filme, besonderem Service und in der Atmosphäre mit Zusatzangeboten und speziellen Veranstaltungen. Viele Plattenläden halten sich, weil sie sich eine Reputation erarbeitet haben und eben Platten verkaufen, die in ihrer physischen Form für DJs und Vinyl-Liebhaber einen Wert besitzen und im Shop in einer gut zusammengestellten Vorauswahl mit sonst nicht erhältlichen Alben und EPs in einem szenigen oder ansprechenden Ambiente präsentiert werden (Hardwax in Berlin, Smallville in Hamburg, Optimal in München, Rush Hour in Amsterdam, Clone in Rotterdam).

In anderen Bereichen verschiebt sich durch Digitalisierung auch die Macht in der Beziehung zwischen Kulturproduzierenden und Kulturmanagern: Im Bereich Künstlermanagement in der Musik beispielsweise haben Streamingplattformen und neue Produktionsmöglichkeiten den Einfluss von großen Musikhäusern und ihren Managerinnen verändert und verschiedene Auswirkungen auf Künstler und deren Management in Hinblick auf Produktion, Copyright und Herausgeberschaft gehabt (Morrow 2018).

Die Rollen von Produzenten und Konsumenten verändern sich mit der Digitalisierung und der **Medienkonvergenz**. Der Prozess des Storytellings, die Bedeutungszuschreibung und Gestaltung des Erlebnisses werden partizipativer und gemeinschaftlicher. Das Erstellen von Inhalten ist nicht nur etwas für junge Menschen oder Teenager, sondern Bestandteil einer digitalen Kultur. Beispiele sind Multiplayer Games, das Diskussionsforum einer Onlinezeitung, der Austausch in sozialen Medien oder Formen des viralen Marketings. Wer Musikproduktionsprogramme anwendet, kann ohne Orchester oder Tonstudio eigene Produktionen schaffen und diese bereitstellen. Ähnliches gilt für Film, Fotografie und andere Medien.

▶ **Veränderung der Rollen von Produzenten und Konsumenten** Die Rollen von Produzenten und Konsumenten werden in dieser „Kultur der Konvergenz in der Kreativwirtschaft" (Deuze 2007) zu einem gewissen Grad austauschbar und interdependent, also voneinander abhängig.

Dies wirkt sich auch auf die Identität der Kreativschaffenden in diesen Bereichen aus, etwa im Journalismus. Sie sehen sich zunehmend als Storyteller, Geschichtenerzähler, die die kreative Produktion mit jenen teilen, die früher lediglich das Publikum oder die Leser waren. Nutzer produzieren selbst viele Arten von Inhalten, die früher traditionellen Medien vorbehalten waren und stehen in Konkurrenz mit diesen. Hierarchien verflachen sich, an ihrer Stelle entstehen Heterarchien, die Rollen von Produzenten und Konsumenten wechseln, es entsteht ein verknüpfter Individualismus. Es geht hier um eine Ko-Kreation, einen ständigen und fortlaufenden Dialog mit den Konsumenten dieser Dienstleistungen in einem hoch umkämpften Markt. Beispielsweise haben Journalistinnen ihre eigenen Social Media Accounts angelegt und kommunizieren auf neuen Wegen mit ihren Lesern. So schafft diese Kultur der Konvergenz neuen Raum für kreative Organisation, für Produktentwicklung und Beziehungen zu den Konsumenten.

Verständnisfragen und Aufgaben

1. Wie haben Sie die Entstehung der kreativen Klasse (Creative Class) in Ihrem Umfeld und in den Medien erlebt?
2. Können Sie das Konzept der doppelten Subjektivierung von Arbeit auf Ihre eigenen Erfahrungen anwenden?
3. Ordnen Sie Ihre bisherige Arbeitserfahrung in Bezug auf die „Creative Class" (Florida) ein! Verändern die Konzepte „Super Creative Core" und „Creative Professionals" Ihre Sicht auf die eigene Tätigkeit?
4. Beziehen Sie das Konzept der „Motley Crew" auf ein Beispiel Ihrer Wahl aus eigener Erfahrung.
5. Beschreiben Sie den Arbeitsmarkt in der Kreativwirtschaft und erklären Sie, wie die Arbeitsverhältnisse sich von anderen Branchen unterscheiden. Was bedeutet das für Ihre Karriere?
6. Wo würden Sie sich im Diskurs von Entrepreneurship wiederfinden? Wie beurteilen Sie vor diesem Hintergrund eine einschlägige Ausbildung und Gründertrainings?
7. Nennen Sie die sieben Kennzeichen kreativer Produktion und wenden Sie diese – auch mit Bezug auf Veränderungen durch Digitalisierung – auf ein Beispiel in einem bestimmten Bereich der Kreativwirtschaft Ihrer Wahl an oder auf etwas, das Sie selbst digital produziert haben.

Literatur

Acker, O., & Gröne, F. (2015). *The digital future of creative Europe & The impact of digitization and the Internet on the creative industries in Europe*. Berlin: Strategy& PwC.

Amabile, T. M., Conti, R., Coon, H., Lazenby, J., & Herron, M. (1996). Assessing the work environment for creativity. *Academy of Management Journal, 39*, 1154–1184.

Anderson, C. (2009). *The long tail. Nischenprodukte statt Massenmarkt: das Geschäft der Zukunft*. München: Carl Hanser.

Arthur, M., Hall, D., & Lawrence, B. (Hrsg.). (1989). *Handbook of career theory*. Cambridge: Cambridge University Press.

Asendorpf, J. (2015). *Persönlichkeitspsychologie für Bachelor* (3., ak. Aufl.). Berlin/Heidelberg: Springer.

Bell, D. (1976). *The coming of post-industrial society. A venture in social forecasting*. New York: Basic Books.

Berglund, K. (2006). Discursive diversity in fashioning entrepreneurial identity. In D. Hjorth & C. Steyaert (Hrsg.), *Entrepreneurship as social change – A third movements in entrepreneurship book* (S. 231–250). Cheltenham: Edward Elgar.

Bergmann, F., & Schumacher, S. (2005). *Neue Arbeit, neue Kultur*. Freiburg: Arbor.

Biehl, B. (2017). A tale of the creative life. Analysing Chinese viral advertising films from a critical marketing perspective. In U. Wünsch, M. Welker & M. Kleiner (Hrsg.), *Atmosphären des Populären III. Perspektiven, Projekte, Protokolle, Performances, Personen, Posen* (S. 33–54). Berlin: Gizeh.

Biehl, B. (2019). Women ‚in motion': The kinaesthetic viewing experience in Chinese viral advertising films. *Consumption, Markets & Culture*. https://doi.org/10.1080/10253866.2019.1586680.

Bilton, C. (2011). The management of the creative industries. In M. Deuze (Hrsg.), *Managing media work* (S. 31–42). Los Angeles: Sage.

BMWi (Bundesministerium für Wirtschaft und Energie). (Hrsg.). (2016). Kultur- und Kreativpiloten Deutschland. https://www.bmwi.de/Redaktion/DE/Publikationen/Wirtschaft/kultur-und-kreativpiloten-titeltraeger-2016.pdf?__blob=publicationFile&v=11#. Zugegriffen am 20.11.2018.

BMWi (Bundesministerium für Wirtschaft und Energie). (Hrsg.). (2017). Monitoringbericht Kultur- und Kreativwirtschaft 2017. https://www.bmwi.de/Redaktion/DE/Publikationen/Wirtschaft/monitoring-wirtschaftliche-eckdaten-kuk-2017.pdf?__blob=publicationFile&v=6. Zugegriffen am 20.11.2018.

BMWi (Bundesministerium für Wirtschaft und Energie). (Hrsg.). (2019). Monitoringbericht Kultur- und Kreativwirtschaft 2019. https://www.kultur-kreativ-wirtschaft.de/KUK/Redaktion/DE/Publikationen/2019/monitoring-wirtschaftliche-eckdaten-kuk.pdf?__blob=publicationFile&v=5. Zugegriffen am 14.11.201.

Bujor, A., & Avasilcai, S. (2016). The creative entrepreneur: A framework of analysis. *Procedia-Social and Behavioral Sciences, 221*, 21–28.

Buzan, T. (1996). *The mind map book. how to use radiant thinking to maximize your brain's untapped potential*. New York: Plume Book.

Caves, R. (2000). *Creative industries. Contracts between art and commerce*. Cambridge, MA: Harvard University Press.

Colleoni, E. (2013). New forms of digital marketing research. In R. W. Belk & R. Llamas (Hrsg.), *The Routledge companion to digital consumption (routledge companions in business, management and accounting)* (S. 124–134). Hoboken: Taylor and Francis.

Csikszentmihalyi, M. (1997). *Creativity: Flow and the psychology of discovery and invention*. New York: Harper Perennial.

Davies, R., & Sigthorsson, G. (2013). *Introducing the creative industries. From theory to practice*. Los Angeles: Sage.

Davis, H., & Scase, R. (2000). *Managing creativity. The dynamics of work and organization (managing work and organizations)*. Buckingham: Open University Press.

Deuze, M. (2007). Convergence culture in the creative industries. *International Journal of Cultural Studies, 10*, 243–263.

Deuze, M. (Hrsg.). (2011). *Managing media work*. Los Angeles: Sage.

DIHK (Deutscher Industrie- und Handelskammertag). (2018). *Gründerreport*. Brüssel: DIHK.

Drucker, P. (1969). *The age of discontinuity. Guidelines to our changing society*. Burlington: Elsevier Science.

Drucker, P. (2014). *Innovation and entrepreneurship. Practice and principles*. New York: HarperBusiness.

Elbow, P. (1998). *Writing without teachers (25th anniversary edition)*. New York: Oxford University Press.

Evers, F., & Lempa, F. (2017). Forced Participation. Seminarschauspiel in der Personalentwicklung. In M. Warstat, F. Evers, K. Flade, F. Lempa & L. Seuberling (Hrsg.), *Applied Theatre. Rahmen und Positionen* (S. 236–250). Berlin: Theater der Zeit.

EY. (2016). *Cultural times. The first global map of cultural and creative industries* (Hrsg. M. Lhermitte, B. Perrin & S. Blanc). https://en.unesco.org/creativity/sites/creativity/files/cultural_times._the_first_global_map_of_cultural_and_creative_industries.pdf. Zugegriffen am 20.10.2019.

Florida, R. L. (2012). *The rise of the creative cass*. New York: Basic Books.

Gielnik, M., Uy, M., Funken, R., & Bischoff, K. (2017). Boosting and sustaining passion: A long-term perspective on the effects of entrepreneurship training. *Journal of Business Venturing, 32*(3), 334–353.

Girgensohn, K., & Sennewald, N. (2012). *Schreiben lehren, Schreiben lernen. Eine Einführung*. Darmstadt: Wissenschaftliche Buchgesellschaft.

Guilford, J. P. (1968). *Intelligence, creativity and their educational implications*. San Diego: Robert R. Knapp.

Hadida, A. (2015). Performance in the creative industries. In C. Jones, M. Lorenzen & J. Sapsed (Hrsg.), *The Oxford handbook of creative industries* (S. 219–248). Oxford: Oxford University Press.

Halbheer, D., Stahl, F., Koenigsberg, O., & Lehmann, D. R. (2014). Choosing a digital content strategy: How much should be free? *International Journal of Research in Marketing, 31*(2), 192–206.

Haunschild, A. (2003). Managing employment relationships in flexible labour markets: The case of German repertory theatres. *Human Relations, 56*, 899–929.

Hausmann, A. (Hrsg.). (2014). *Handbuch Kunstmarkt: Akteure, Management und Vermittlung (Schriften zum Kultur- und Museumsmanagement)*. Bielefeld: Transcript.

Hausmann, A., & Heinze, A. (Hrsg.). (2017). *Cultural Entrepreneurship. Gründen in der Kultur- und Kreativwirtschaft*. Wiesbaden: Springer VS.

Holden, J. (2007). Publicly-funded culture and the creative industries. https://www.demos.co.uk/files/Publicly_Funded_Culture_and_the_Creative_Industries.pdf. Zugegriffen am 20.11.2018.

Holm-Hadulla, R. M. (2010). *Kreativität. Konzept und Lebensstil* (3. Aufl.). Göttingen: Vandenhoeck & Ruprecht.

Honneth, A. (2002). *Befreiung aus der Mündigkeit. Paradoxien des gegenwärtigen Kapitalismus* (Frankfurter Beiträge zur Soziologie und Sozialphilosophie, Bd. 1). Frankfurt: Campus.

Howkins, J. (2013). *The creative economy. How people make money from ideas* (2. Aufl.). London: Penguin Books.

Inkson, K., Gunz, H., Ganesh, S., & Roper, J. (2012). Boundaryless careers: Bringing back boundaries. *Organization Studies, 33*(3), 323–340.

Jones, C., Lorenzen, M., & Sapsed, J. (2015). Creative industries. A typology of change. In C. Jones, M. Lorenzen & J. Sapsed (Hrsg.), *The Oxford handbook of creative industries* (S. 3–30). Oxford: Oxford University Press.

Kao, R. (1993). Defining entrepreneurship: Past, present and? *Creativity and Innovation Management, 2*, 69–70.

Kelley, T. (2001). *The art of innovation*. New York: Currency Doubleday.

Kühl, S., & Laudenbach, P. (2019). Ich will mich einbringen. *Süddeutsche Zeitung, 133*(11. Juni), 9.

KuK (Kultur- und Kreativwirtschaft). (Hrsg.). (2017). Frauen in der Kultur- und Kreativwirtschaft. https://www.kultur-kreativ-wirtschaft.de/KUK/Redaktion/DE/Top-Themen/2017-09-14-topthema-frauen-in-der-kuk.html. Zugegriffen am 20.11.2018.

Künstlersozialkasse. (2019). KSK in Zahlen. https://www.kuenstlersozialkasse.de/service/ksk-in-zahlen.html. Zugegriffen am 20.11.2019.

Machlup, F. (1962). *The production and distribution of knowledge in the United States*. Princeton: Princeton University Press.

Mainemelis, C., Kark, R., & Epitropaki, O. (2015). Creative leadership: A multi-context conceptualization. *Academy of Management Annals, 9*(1), 393–482.

Manske, A. (2016). *Kapitalistische Geister in der Kultur- und Kreativwirtschaft. Kreative zwischen wirtschaftlichem Zwang und künstlerischem Drang*. Bielefeld: Transcript.

Marguin, S., & Losekandt, T. (2017). Studie zum Berliner Arbeitsmarkt der Kultur- und Kreativsektoren. https://www.bildungswerk-boell.de/sites/default/files/studie-web-pdf.pdf. Zugegriffen am 20.11.2018.

Maxwell, J. (2000). *Failing forward: Turning mistakes into stepping stones for success*. Nashville: Thomas Nelson.

McGrath, R. G. (1999). Falling forward: Real options reasoning and entrepreneurial failure. *Academy of Management Review, 24*, 13–30.

McRobbie, A. (2002). Clubs to companies: Notes on the decline of political culture in speeded up creative worlds. *Cultural Studies, 16*(4), 516–531.

Menger, P. (1999). Artistic labour markets and careers. *Annual Review of Sociology, 25*, 541–574.

Menger, P. (2006). Artistic labor markets: Contingent work, excess supply and occupational risk management. In V. Ginsburgh & D. Throsby (Hrsg.), *Handbook of the economics of art and culture* (S. 766–806). Amsterdam: Elsevier.

Merkel, J. (2009). *Kreativquartiere. Urbane Milieus zwischen Inspiration und Prekarität*. Berlin: edition sigma.

Merkel, J. (2015). Coworking in the city. *Ephemera: Theory & Politics in Organization, 15*(1), 121–139.

Merkel, J. (2019). ‚Freelance isn't free.' Co-working as a critical urban practice to cope with informality in creative labour markets. *Urban Studies, 56*(3), 526–547.

Merkel, J., & Manske, A. (2009). Prekäre Freiheit - Die Arbeit von Kreativen. *WSI-Mitteilungen, 62*(6), 295–301.

Mikl-Horke, G. (Hrsg.). (2011). *Historische Soziologie, Soziökonomie, Wirtschaftssoziologie*. Wiesbaden: VS.

Montgomery, J. (2017). *The new wealth of cities: City dynamics and the fifth wave*. London: Routledge.

Morrow, G. (2018). *Artist management. Agility in the creative and cultural industries*. New York: Routledge.

Neff, G., Wissinger, E., & Zukin, S. (2005). Entrepreneurial labor among cultural producers: „Cool" jobs in „hot" industries. *Social Semiotics, 15*, 307–334.

O'Mahony, S., & Bechky, B. A. (2006). Stretchwork: Managing the career progression paradox in external labor markets. *Academy of Management Journal, 49*(5), 918–941.

Raffo, C., O'Connor, J., Lovatt, A., & Banks, M. (2000). Attitudes to formal business training and learning amongst entrepreneurs in the cultural industries: Situated business learning through ‚doing with others'. *Journal of Education and Work, 13*, 215–230.

Randolph, M. (2019). *That will never work: The birth of Netflix and the amazing life of an idea*. London: Endeavour.

Reckwitz, A. (2013). *Die Erfindung der Kreativität*. Frankfurt: Suhrkamp.

Reich, R. B. (1992). *The work of nations. Preparing ourselves for 21st century capitalism*. New York: Vintage Books.

Rico, G. (1998). *Garantiert schreiben lernen. Sprachliche Kreativität methodisch entwickeln – ein Intensivkurs*. Reinbek bei Hamburg: Rowohlt.

Roodhouse, S. (2010). *Cultural quarters: Principles and practice*. Bristol: Intellect Books.

Rosen, S. (1981). The economics of superstars. *American Economic Review, 75*, 845–858.

Scherübl, I. (2016). Die Klostersimulation Schreibaschram. Ein Zauberzirkel für Produktivität. In A. Hirsch-Weber & S. Scherer (Hrsg.), *Wissenschaftliches Schreiben in Natur-und Technikwissenschaften. Neue Herausforderungen der Schreibforschung* (S. 307–319). Wiesbaden: Springer Spektrum.

Schumpeter, J. A. [1942] (1994). *Capitalism, socialism, and democracy*. New York: Psychology Press.

Senatsverwaltung für Wirtschaft, Technologie und Forschung. (2014). Dritter Kreativwirtschaftsbericht. Entwicklung und Potenziale. https://www.berlin.de/sen/kultur/kulturpolitik/kulturwirtschaft/dritter_kreativwirtschaftsbericht.pdf. Zugegriffen am 20.11.2018.

Svejenova, S. (2005). ‚The path with the heart': Creating the authentic career. *Journal of Management Studies, 42*(5), 947–974.

Tams, S., & Arthur, M. (2010). New directions for boundaryless careers: Agency and interdependence in a changing world. *Journal of Organizational Behavior, 31*(5), 629–646.

Tams, S., & Marshall, J. (2011). Responsible careers: Systemic reflexivity in shifting landscapes. *Human Relations, 64*(1), 109–131.

Thomson, P., Keehn, E., & Gumpel, T. (2009). Generators and interpretors in a performing arts population. *Creativity Research Journal, 21*, 72–91.

Townley, B., Beech, N., & McKinlay, A. (2009). Managing in the creative industries: Managing the motley crew. *Human Relations, 62*, 939–962.

Troilo, G. (2015). *Marketing in creative industries. Value, experience and creativity*. Basingstoke: Palgrave Macmillan.

Uhl-Bien, M., Marion, R., & McKelvey, B. (2007). Complexity leadership theory: Shifting leadership from the industrial age to the knowledge era. *The Leadership Quarterly, 18*(4), 298–318.

UNESCO. (2013). *Creative economy report 2013. Special edition. Widening local development pathways (Creative economy report)*. New York: UNDP.

Wallas, G. (1926). *The art of thought*. New York: Harcourt, Brace and Company.

Zwaan, K., ter Bogt, T., & Raaijmakers, Q. (2010). Career trajectories of Dutch pop musicians: A longitudinal study. *Journal of Vocational Behavior, 77*(1), 10–20.

Teil III

Perspektiven auf Management

Management und Führung 4

> **Zusammenfassung**
>
> Dieses Kapitel soll Ihnen helfen, Perspektiven auf Management in der Kreativwirtschaft zu verstehen und wesentliche Ansätze einzuordnen. Sie erfahren, wie Managementperformance in der Kreativwirtschaft sich von Managementleistung in anderen Wirtschaftsbereichen abhebt, indem zur ökonomischen Leistung Faktoren wie künstlerischer Wert und soziale Auswirkungen hinzukommen. Die Unterschiede zwischen industrieller Ökonomie und Kreativwirtschaft werden verdeutlicht und daraus Anforderungen an Führung im Kreativbereich abgeleitet. Anstelle von Kontrolle wie in hierarchisch organisierten Firmen werden gerade im Kreativbereich eher versteckte Formen von weicher und symbolischer Kontrolle angewandt. Da alle Organisationen bürokratisch und strukturiert sind, um effizient sein zu können, geht man von „komplexer" Führung aus, die mit und gegen Verwaltungsstrukturen arbeitet, um Zusammenarbeit effektiv zu ermöglichen. Das Konzept „Creative Leadership" beschreibt drei Arten von Führung wie das Fördern und Ermöglichen (Facilitating), Anleiten (Directing) und Integrieren (Integrating). Diese Ansätze sind nicht frei wählbar, sondern hängen vom Kontext ab. Führung (Leadership) ist dabei keine Position („die Führungsperson"), sondern ein von Mitarbeitenden und Führungspersonen gemeinsam gestalteter, relationaler Prozess, der dann auch noch instabil ist und permanent verhandelt wird. Über die Fallstricke und Möglichkeiten solcher Interaktionen lässt sich auch aus populärer Kultur lernen: Produkte der Kreativwirtschaft wie TV-Serien führen uns vor, wie schnell man scheitert, wenn man nicht auf die anderen achtet.

4.1 Performance in der Kreativwirtschaft

Management in der Kreativwirtschaft ist breiter gefasst als andere Managementtätigkeiten, die sich traditionell betriebswirtschaftlich auf wirtschaftliche Effizienz konzentrieren beziehungsweise an ihr ausrichten müssen. Dass effizient ausgerichtete Arbeitsprozesse, Planung, Steuerung, Zielkennzahlen und Kontrolle jedoch mit dem Wunsch nach Kreativität oder Innovation oft kollidieren, ist nicht erst heutzutage in der Praxis, Forschung und im Mediendiskurs bekannt. In einem straff geführten Unternehmen können sich Mitarbeiter oft schlecht kreativ entfalten, während der Kulturbereich und Kreativbereich andere Freiräume und Ansätze bieten muss. Statt Profit geht es, einfach gesagt, auch mal um Gewinn. Künstlerisch, gesellschaftlich, sozial.

Die wirtschaftliche Dimension ist nur einer von vielen Beiträgen der Kreativwirtschaft zur Gesellschaft. Der Wert kreativer und kultureller Güter bemisst sich jenseits von Marktpreisen und Einkommensströmen. Sie werden nicht nur privat konsumiert (wie eine Eintrittskarte für das Kino), sondern werden zum Teil des öffentlichen Konsums als kollektive Güter. Insbesondere Kunst ist keine Ware, sondern abstrakt, subjektiv, nicht utilitaristisch und einzigartig. Die Qualität kultureller Güter bezieht sich auf Ideen, Werte, Wahrheiten, Träume – und ist somit schwierig zu bestimmen (Hadida 2015).

Um diese vielfältigen Dimensionen einmal zu strukturieren, bieten sich die Performancedimensionen in der Kreativwirtschaft nach Hadida (2015) an. Die Taxonomie greift zurück auf Bourdieu (1983), der Kapitalsorten in ökonomisches Kapital, kulturelles Kapital, soziales Kapital und symbolisches Kapital aufteilt (Kap. 8). Symbolisches Kapital ist eine Dachkategorie, die auf die Kreativwirtschaft mit ihren „symbolischen" und nicht utilitaristischen Produkten als Ganzes zutrifft. Die anderen Kapitalsorten lassen sich auf die zentralen Dimensionen der Leistung in der Kreativwirtschaft übertragen, wobei Hadida (2015, S. 232) als letztes die Managerperformance als bisher übersehene Kategorie hinzufügt. Die **Taxonomie der Performancedimensionen in der Kreativwirtschaft** gliedert sich in folgende Punkte:

1. wirtschaftliche Leistung (Commercial Performance)
2. künstlerischer Verdienst (Artistic Merit)
3. soziale Auswirkungen (Social Impact)
4. Managerperformance (Managerial Performance)

Wirtschaftliche Leistung: Die offensichtlichste und am meisten benutzte Kategorie der Wertung, meist liegt der Fokus am Ende der Wertschöpfungskette auf der Distribution und dem Konsum kreativer Güter (Kaufpreise von Produkten, Anzahl der verkauften Werke, Anzahl der Zuschauer, Marktanteil, Rendite).

Die Kulturpolitik betont auch die wirtschaftlichen Auswirkungen in der produzierenden Region, beispielsweise durch die Präsenz von Kreativen (Florida 2012). Das Bundesministerium für Wirtschaft (BMWi 2017) hebt hervor, dass Kultur- und Künstlerförderung zugleich auch Wirtschaftsförderung ist. Längst gilt das kulturelle Umfeld einer Region oder Kommune als entscheidender Standortfaktor bei der Ansiedlung von Unternehmen. Länder und Kommunen erfassen zunehmend die Bedeutung der Kultur- und Kreativwirtschaft und richten Anlaufstellen für die Förderung von Kultur- und Kreativwirtschaffenden ein. Die Netzwerke von Organisationen stellen die aggregierte Dimension wirtschaftlicher Performance von Festivals über politische Lobbys, regionale Distrikte und Cluster bis hin zu Industrien.

Künstlerischer Verdienst: Diese Kategorie wird seltener betrachtet als die wirtschaftliche Leistung, hängt aber oft mit ihr zusammen. Künstlerischer Merit entsteht durch institutionalisierte Beurteilungen (Nominierungen und Auszeichnungen der Branche) und Experten (Kritikern) sowie auch durch die Meinung des Publikums (Besucherzahlen). Das betrifft nicht nur den Kulturbereich, sondern mehr oder minder alle Bereiche der Kreativwirtschaft. Scheinbar objektiv, ist diese Kategorie trotzdem subjektiv, politisch und sozial beeinflusst. Diese Dimension ist auch langfristig angelegt, etwa durch Aufnahme des kreativen Werks in Langzeitrankings (Best of all Times) und Reproduktion, beispielsweise in Anthologien, Büchern und Compilations. Zur künstlerischen Leistung einer Organisation gehören aggregierte Faktoren (z. B. Qualität der Theateraufführung, Programmqualität, Qualität des Produktionsprozesses, Erfolg bei Kritikern). Daraus entsteht die Forderung nach einem Management, das nicht nur wirtschaftlich, sondern auch mit künstlerischer Zielsetzung vorgeht.

Soziale Wirkung: Die soziale Dimension der Auswirkungen der Kultur- und Kreativwirtschaft legitimiert maßgeblich die öffentliche Förderung. Kulturpolitik findet stets unter spezifischen historischen, juristischen und finanziellen Rahmenbedingungen statt, und diese geben ihr eine spezifische Ausprägung. Die Akteure der Kulturpolitik handeln auf den verschiedensten Ebenen: auf der europäischen, auf der Ebene des Bundes und der Länder und schließlich auf der kommunalen Ebene. Da ein Überblick hier den Rahmen sprengen würde, lässt sich auf einschlägige Bücher verweisen (Klein 2009), wie auch das Jahrbuch für Kulturpolitik (Blumenreich et al. 2018).

Mit Kunst zusammenzutreffen hat einen zivilisierenden Effekt auf Menschen und die Gesellschaft (Hesmondhalgh und Pratt 2005). Eine besondere Erfahrung mit Kunst und Kultur berührt die Menschen und ändert das Zusammenleben. So kann Musik Selbstheilungskräfte der Menschen aktivieren, Architekturen und ansprechende Bauten können Interessierte anziehen, und Festivals können das Lebensgefühl der Gemeinschaft beeinflussen, den Stolz und Zusammenhalt (Hadida 2015, S. 231), und sind zugleich auch Standortförderung (BMWi 2017). Damit ist die soziale Wirkung nicht einfach zu bestimmen, in Zahlen auszudrücken oder zu messen. Auch oder deshalb hat diese Kategorie am wenigsten wissenschaftliche Aufmerksamkeit erfahren.

> **Die Sicht der UNESCO auf Kultur und Gesellschaft**
>
> Auf den Bereich der sozialen Wirkung zielen die Tätigkeiten der UNESCO (2013), die Welterbestätten, Biosphärenreservate, Geoparks, Formen des immateriellen Kulturerbes und das Weltdokumentenerbe als Zeugnisse der Geschichte und als Basis für die Gestaltung einer friedvollen Zukunft erhalten und für einen interkulturellen Dialog nutzen

will. Sie verbindet die Bewahrung von bedeutendem Kultur- und Naturerbe und der globalen Gemeingüter mit nachhaltiger Entwicklung und zeitgenössischen künstlerischen und kulturellen Ausdrucksformen und setzt sich weltweit auch für die Vielfalt kultureller Ausdrucksformen ein, für den besonderen Charakter von kulturellen Aktivitäten, Gütern und Dienstleistungen als Träger von Identitäten und Werten. Sie fördert tragfähige Politikansätze für Kunst, Kreativität und Kultur.

So sieht die UNESCO (2013, S. 47) beispielsweise die städtische Landschaft als wichtiges Kennzeichen einer Stadt mit sozialen Auswirkungen, die eine aufmerksame Politik und öffentliche Partizipation brauchen. Es geht hier um die Erhaltung von Erinnerung, das Bewahren von künstlerischen und architektonischen Leistungen, die Bedeutung von Orten und die gesellschaftliche Bedeutung (Wer sind wir? Wer wollen wir sein?).

Zu den Creative Cities gehört eine kulturelle Infrastruktur, und dafür werden oft Stararchitekten für sogenannte Flaggschiffbauten angeheuert. Beispiele sind das Guggenheim-Museum in Bilbao (Frank Gehry) (Plaza et al. 2009) und das Museo nazionale delle arti del XXI secolo oder MAXXI (deutsch: „Nationales Museum der Künste des XXI. Jahrhunderts", Zaha Hadid). Die UNESCO (2013, S. 12) weist aber darauf hin, dass diese Prestigebauten oft eher mit regionalem Ehrgeiz nach einem besseren Image zu tun hätten als mit dem, was die lokale Kreativwirtschaft benötigt. Es geht nicht nur um das Bereitstellen von Raum, sondern das Kuratieren und das Bilden von Synergien mit der ansässigen Gesellschaft – dies verweist auf die Kategorie der Managementperformance, in der alle Aspekte zusammenfließen.

Die aufgezählten Performancekategorien ergänzen sich, stehen aber bisweilen auch im **Widerstreit** und vertragen sich nicht (Hadida 2015, S. 234–238). Einige Beispiele:

- Künstlerischer Verdienst und wirtschaftliche Leistung vertragen sich im gesellschaftlichen Denken oft nicht, Stichworte: Kunst-versus-Kommerz-Debatte, die „Kulturindustrie" (Abschn. 5.2.1). Es werden Abstriche beim Künstlerischen zugunsten der kommerziellen Massentauglichkeit gemacht oder praktische Überlegungen gewinnen („bessere Ausstattung/Instrumente/Materialien können wir uns nicht leisten").
- Künstlerischer Verdienst und wirtschaftliche Leistung können sich auch verstärken, wenn etwa gute Filmkritiken oder Award-Nominierungen das Publikum auf das Werk aufmerksam machen oder bei Kinofilmen „in die Säle lockt".
- Wirtschaftlicher Erfolg, künstlerischer Merit und soziale Wirkung sind auch gegeneinander austauschbar (wenn finanzielle Mittel in Kunstprojekte fließen, die nicht profitabel sind, aber künstlerisch wie Lyrik oder klassische Musik, oder sozial auf Amateurlevel, wie Kinderballett).
- Wirtschaftlicher Erfolg, künstlerischer Merit und soziale Wirkung ergänzen sich, wenn etwa kulturelles Erbe geehrt und damit verbreitet wird, und Einnahmen über Tourismus bringt.

- Auch diese Faktoren vertragen sich nicht immer, wenn etwa übermäßiger Tourismus die Lebensqualität von Menschen in Städten wie Barcelona zerstört, oder Menschenmassen aus Kreuzfahrtschiffen Venedig oder Dubrovnik überrennen, die Umwelt schädigen und ökonomische Profite nicht vor Ort, sondern vorrangig für die oft in Steuerparadiesen registrierte Reederei bringen (Schlamp 2019).

Diese Vielfalt an Zielen, die erstens nicht einfach messbar sind und bisweilen auch im Widerspruch stehen, führt zur letzten Kategorie der Managerperformance.

Managerperformance: Gutes Management ist Voraussetzung der anderen drei Leistungsarten wirtschaftlich, künstlerisch und sozial und wird deshalb meist nicht als eigene Kategorie betrachtet (Hadida 2015, S. 232). Die Zuteilung einer eigenen Kategorie ist ein Signal an die Forschung, Praxis und Ausbildung, das Management in diesen Bereichen weiter zu professionalisieren.

Die Managerperformance bezieht sich auch auf interne Arbeit. Organisationen können nur erfolgreich sein, wenn die Mitarbeiter ihre Aufgaben erfüllen und Führungspersonen sich diesen verpflichtet fühlen und als gutes Vorbild agieren. Es wird vorgeschlagen, dass Manager die Leistung der Organisation ständig im Auge haben und gute Arbeit fördern und belohnen sowie passende Führung (Kap. 4) einsetzen.

Wenn Managerperformance als eigene Kategorie in die Betrachtung der Kreativwirtschaft aufgenommen wird, ist dies ebenso ein Signal an die Praxis, Handlungen und Richtlinien der Managementpraxis in diesem Bereich zu reflektieren, diskutieren und zu erweitern. Daraus entsteht die Forderung, nicht nur wirtschaftlich, sondern auch künstlerisch und sozial aufmerksam zu handeln. Wenn man hier von einem Handeln „mit allen Sinnen" ausgeht, kann man von ästhetischer Kompetenz sprechen. Eine solche ästhetische Kompetenz verbindet künstlerisches, soziales und wirtschaftliches Verständnis (Abschn. 7.2.1). Zu diesem erweiterten Rahmen können kritische Perspektiven auf Management zählen und ethische Fragestellungen (Kap. 5).

4.2 Führung im Kreativbereich

We're in a knowledge economy, but our managerial and governance systems are stuck in the industrial era. It's time for a whole new model. (Manville und Ober 2003)

Die breit gefächerte Taxonomie der Managementleistung in der Kreativwirtschaft mit den Dimensionen künstlerisch, sozial und wirtschaftlich führt dazu, dass Management wie auch Führung (Leadership) breiter und umfassender als in rein effizienzorientierten Organisationen und in traditionellen Industriezweigen verstanden werden muss. In der Kreativwirtschaft werden an Führung andere Ansprüche gestellt als in produzierenden Unternehmen und anderen Bereichen. So wird beispielsweise von „kreativer" Führung oder auch „komplexer" Führung gesprochen. Gerade in Bereichen jenseits der produzierenden Unternehmen, wo mit wissensbasierten Gütern und Dienstleistungen, Technologien, global und dereguliert gearbeitet wird und schnelles Lernen die Voraussetzung für Wettbewerbserfolg ist (Uhl-Bien et al. 2007), unterscheidet sich Führung von „Management".

Management in der Kreativwirtschaft umfasst aber nicht nur wie in traditionellen Modellen eine effiziente Planung, Organisation, Personaleinsatz, Führung und Kontrolle, denn die kreativen Industrien unterscheiden sich in ihrer Organisationsform von den hierarchischen und funktional differenzierten Organisationen. Management in Organisationen bedeutet oft Führung in formalen Rollen mit entsprechender Weisungsbefugnis, und gelernte und anerkannte Methoden auf bereits da gewesene und wiederkehrende Herausforderungen anzuwenden. Dazu gehört das Durchführen und Überwachen von Abläufen, Sicherstellung des laufenden Betriebs. In der Kreativwirtschaft wird Arbeit oft in Projektform und von Teams geleistet. Die Dispositionen der Kreativen sind dabei anders als die Vorstellungen von klassischen Arbeitnehmern in industrieller Produktion, die stärker von Geld motiviert sind, oder von Angestellten, die in einem großen und mehr oder minder hierarchisch organisierten Unternehmen arbeiten. Die kreativen Köpfe wurden beschrieben als Creative Workers (Florida 2012) und als selbst in nicht künstlerischen Funktionen in gewissem Sinne „künstlerisch". Top-down-Führungsmodelle mit bürokratischen Sichtweisen sind in Wirtschaftsbereichen mit physischer Produktion effizient, aber nicht besonders gut passend für Bereiche, die mit Wissen arbeiten.

Vorstellungen über Führung, die auf einen rein rationalen, also kognitiven Zugang setzen, kommen mit veränderten Umweltbedingungen an ihre Grenzen. **Führung** in der postindustriellen Ära muss neuartige und unbekannte Herausforderungen angehen, mit Neuem und Unvorhergesehenem umgehen. Dazu müssen Führungspersonen Bereitschaft für Veränderungen schaffen, auch oft Überzeugungsarbeit leisten. Führung wird generell als eine Art Beeinflussung der Mitarbeitenden verstanden, die die Wertschöpfung einer Organisation erhöhen soll. Die Führungspersonen bewegen die Mitarbeiter, Unternehmensziele zu erreichen. Sie üben auf verschiedenste Arten Einfluss aus, die sowohl von den Strukturen (Aufgabenbeschreibungen, Verantwortlichkeiten, Personalinstrumente) als auch von den Personen selbst (Verhalten, Interaktion, Zusammenarbeit) abhängen.

Ist Führung für kreative Köpfe überhaupt notwendig? Kreative Köpfe werden als autonom, leistungsorientiert, selbstbewusst und zielstrebig beschrieben, also könnte man meinen, Führung wird nicht gebraucht. Es gibt auch viele bekannte kreative Projekte, die ohne Führung auskommen, vom sich selbst koordinierenden Orchester (Orpheus Chamber Orchestra) bis hin zum Kollektiv aus Theaterschaffenden und unabhängig organisierten künstlerischen und sozialen Projekten. Wenn es um die wirtschaftliche Verwertung kreativer Projekte geht, wird Führung jedoch als unerlässlich gesehen (Mumford et al. 2008).

▶ **Führung spielt eine signifikante Rolle im Kreativbereich** Führung im Kreativbereich übernimmt beispielsweise Informationsbeschaffung, Planung, Strategieentwicklung, Prozessmanagement einschließlich der Organisation von Ressourcen und das Bereitstellen von Technologie und Arbeitsmitteln, hilft der Ideenentwicklung und schafft ein produktives und motivierendes Arbeitsklima für die Beteiligten. Führungspersonen spielen damit eine „signifikante Rolle" in Innovationsprozessen und kreativen Entwicklungsvorhaben (Mumford et al. 2008, S. 264).

4.2 Führung im Kreativbereich

Tab. 4.1 Unterschiede zwischen industrieller Ökonomie und Kreativwirtschaft

	Industrielle Ökonomie	Kreativwirtschaft, postindustrielle Ära, Wissensökonomie
Führungsmodell	Top-down, hierarchisch, bürokratisch	Adaptive und ermöglichende Führung, dynamische Netzwerke von informell interagierenden Akteuren, Creative Leadership, relationale Führung
Management von …	physischen Assets, materiellen Produktionsfaktoren	sozialen Assets, Lernfähigkeit der Organisation
Wissen verteilt auf	wenige Köpfe	viele Köpfe
Ziel	Optimierung der Produktion, Optimierung Güterlogistik	Umfeld schaffen, in dem Wissen erzeugt und geteilt werden kann mit niedrigen Kosten; Knowledge Assets kultivieren, schützen und nutzen
	Effizienz und Kontrolle	Schnelligkeit, Anpassungsfähigkeit, Wissen, Lernen

Eigene Darstellung, nach Uhl-Bien et al. 2007, S. 300–301

Es gibt keine einheitliche Definition von Führung. In den letzten Jahrzehnten hat nicht nur das Management wissenschaftliche Beachtung erfahren, sondern aufgrund der Veränderungen (Tab. 4.1) gerade die Führung. Es wurde eine große Bandbreite an Führungsmodellen identifiziert und untersucht. Bekannte Begriffe, die immer wieder auftauchen, sind beispielsweise: Scientific Management, bürokratische Führung, autoritärer Führungsstil, charismatische Führung, kooperativer Führungsstil, situative Führung, transformale Führung, Followership-Theorien und andere (Uhl-Bien et al. 2007, S. 85). Heute wird bereits kritisiert, dass Leadership an jeder Ecke und in Bezug auf alles erwähnt wird und allgegenwärtig ist (Learmonth und Morrell 2017). Zumindest spiegelt dies die Entwicklung von Arbeit und Gesellschaft, die nicht nur verwaltendes Management, sondern Führung benötigt.

Aktuelle Definitionen von Führung haben folgende Elemente gemeinsam (Walenta 2012, S. 496): Führung ist

1. ein Prozess,
2. beinhaltet Beeinflussung anderer,
3. geschieht im Kontext einer Gruppe,
4. beinhaltet das Erreichen von Zielen,
5. wobei diese Ziele von Führenden und Geführten geteilt werden.

Diese Ideen treffen auf viele Modelle von Führung heute in der Wissensökonomie zu, so auch in der Kreativwirtschaft. Führung in der Kreativwirtschaft unterscheidet sich jedoch noch einmal von Führung in Organisationen in anderen Bereichen. Führung in der Kreativwirtschaft kann verschiedene Züge bekannter Führungsmodelle aus Organisationen tragen, sie kann beispielsweise „charismatisch" sein oder auch mal „autoritär" (man denke an Klischees von Theaterintendanten, Regisseuren und anderen, die von oben herab Anweisungen geben und deren Erfüllung erwarten) oder sich in bürokratischen Strukturen entfalten.

Die kreative Führungspraxis ist eine komplexe Angelegenheit und bezieht sich auf die Führungsforschung und -praxis in anderen Bereichen, muss aber zudem versuchen, auf spezielle Charakteristika der Creative Class und der kreativen Produktion und der Wissensarbeit einzugehen.

Auf Eigenheiten der Kreativwirtschaft gehen Sichtweisen wie „Creative Leadership" (Mainemelis et al. 2015), komplexe (Uhl-Bien et al. 2007) und relationale Führung (Uhl-Bien et al. 2014) ein. Diese Ansätze heben das gemeinschaftliche Arbeiten hervor. Im Gegensatz zu vielen herkömmlichen Sichtweisen auf Management und Führung, gerade im strukturierten und hierarchischen Umfeld einer Organisation, wird Führung in der Kreativwirtschaft als komplexe und gemeinschaftliche Arbeit gesehen, auch mal als „Group Creative Activity" (Morrow 2018, S. 50).

▶ Bei Wissensarbeitern wie in Agenturen, in Projekten, Designfirmen, Hochschulen oder bei virtuellen Teams, hängt Expertise nicht alleine an einer Führungsperson. So wechselt sich Führung ab, verschiedene Personen bringen sich mit ihrem Wissen ein, gehen mal in Führung oder folgen auch mal. Führung ist auch Beziehungssache und wird permanent zwischen den Akteuren verhandelt.

4.2.1 Weiche Kontrolle

Traditionelle Vorstellungen von Management sind mit dem Begriff der Kontrolle eng verbunden – was jedoch zunehmend nicht mehr so gesagt wird. Im Bereich der industriellen Warenproduktion und in der Theorie des Scientific Management werden Manager als Kontrolleure beschrieben, was sich auf Arbeitsprozesse in der Kreativwirtschaft und auf viele andere zeitgemäße Kontexte nicht mehr so anwenden lässt. Mit der Veränderung von Arbeit haben bereits gegen Ende des 20. Jahrhunderts verschiedene Denkschulen Formen von Kontrolle und Machtausübung durch Management in Organisationen kritisch hinterfragt, bespielsweise Labour Process Theory, humanistische und feministische sowie postmoderne Ansätze, und nicht zuletzt die sogenannte „kritische" Managementforschung (Spicer et al. 2009, S. 538).

Die Managementtheorie hat sich mit der Arbeit in der Kreativwirtschaft auseinandergesetzt und wendet beispielsweise das Konzept der „weichen" Kontrolle an. Diese Vorstellung geht zurück auf die Beobachtung, dass in der Kreativwirtschaft sogenannte **unvollständige Verträge** (Incomplete Contracts) bestehen. Ein unvollständiger Vertrag, auch relationaler Vertrag, ist ein Vertrag zwischen zwei Parteien, bei dem nicht alle Handlungen und Eventualitäten ex ante vertraglich festgelegt werden können und nicht ex post gemessen werden können (Caves 2000, S. 13). Meist handelt es sich um Vereinbarungen, die auf einen längeren Zeitraum abzielen und Lücken für zukünftige Kontingenzen enthalten, gerade da kreative Prozesse nicht vollständig planbar sind und auch die Nachfrage von Unsicherheit gekennzeichnet ist.

Die Konsequenz dieser unvollständigen Verträge für das Management ist die **weiche Kontrolle** (Soft Control). Kreative Organisationen sind damit durch drei Elemente gekennzeichnet (Davis und Scase 2000, S. 19–21):

- **Autonomie**: Individuen können sich innerhalb ihrer Rolle ausprobieren und eigene Entscheidungen treffen, um die Ziele zu erreichen.
- **Nonkonformität**: keine detaillierten Beschreibungen von Arbeitsprozessen, denn sie laufen oft nicht standardisiert ab; ohne Dresscode, mit informeller Kommunikation und Flexibilität in der eigenen Arbeitsgestaltung.
- **Unbestimmtheit/Nichtfestlegung**: Festlegung lediglich der Rahmenbedingungen mit zeitlicher Deadline und Budget, kein Management der Arbeit Top-down, sondern organische Prozesse gestaltet von relativ autonomen Mitarbeitenden und Teams.

In Bezug auf die Kreativwirtschaft wird also nicht binär argumentiert, dass anders als in anderen Bereichen „keine" Kontrolle ausgeübt wird. Trotz des Diskurses von Ermöglichung (Uhl-Bien et al. 2007, S. 302), Autonomie und Unbestimmtheit sind diese Handlungsweisen lediglich keine offene Form der Kontrolle mehr, sondern bestehen in Formen von nicht direkt sichtbarer und **schwer fassbarer Kontrolle**. Wenn im Diskurs von „Ermöglichen" und „Autonomie" die Rede ist, kann dies ebenso mit Formen von Kontrolle verbunden sein, die sich nicht offen, sondern sozial oder symbolisch vollziehen. Viele Formen dieser Kontrolle sind auch von den Akteurinnen in der Kreativbranche **internalisiert**, die unter anderem denken, „wie Künstler" oder Unternehmer arbeiten und Risiken alleine tragen zu müssen (Abschn. 3.2.3) und Formen der Ausbeutung machtlos und nicht kritisch (Kap. 5) gegenüberstehen.

Symbolische Kontrolle

Managementinstrumente werden bisweilen nicht mit normativer Kontrolle oder Zwang eingeführt und angewendet, sondern mit symbolischer Gewalt. Symbolische Gewalt über soziale Akteure setzt voraus, dass diese sie akzeptieren und dadurch quasi mit drinhängen. In einem Beispiel aus einem Unternehmen der Wissensökonomie will die Unternehmensführung ein Knowledge-Management-System einführen und setzt folgende Elemente ein, um es mit symbolischer Gewalt durchzusetzen (Kamoche et al. 2014, S. 990):

1. Erziehung: Neue Sprachregelungen, wie über die Maßnahme gesprochen wird.
2. Andere Darstellung: Die Teilnahme wurde als „freiwillig" dargestellt, obwohl sie es nur in der ersten Stufe war, damit sich die Mitarbeiter nicht kontrolliert fühlen.
3. Andere Ziele verkaufen: Die eigentlichen Ziele verdecken, aber hintenherum umsetzen, indem die Funktion des neuen Systems zum „Wissensaustausch"

hervorgehoben wird, während die eigentlich erwünschte Wirkung auf das Finanzergebnis verschwiegen wurde.

Ähnliche Beispiele strategischer Kommunikation und der gesteuerten Darstellung von Maßnahmen kennen wir aus den verschiedensten Organisationen und Arbeitszusammenhängen.

4.2.2 Komplexe Führung

Als neues Paradigma für die Wissensära lässt sich anstelle von Top-down-Kontrolle „Complexity Leadership" vorschlagen (Uhl-Bien et al. 2007). Komplexe Führung setzt sich aus mehreren Bestandteilen zusammen und arbeitet mit und gegen starre Verwaltungsstrukturen. Da alle Organisationen in gewisser Weise bürokratisch und strukturiert sind, um effizient sein zu können (man spricht besser nicht von postbürokratischen Unternehmen), müssen „adaptive" Führung und „ermöglichende" Führung permanent mit und gegen administrative Führung handeln. Hierbei spielen drei Formen von Führung komplex zusammen:

1. **Administrative Führung** beinhaltet formale Managementrollen, Planung, Koordination und Kontrolle von Aktivitäten der Mitarbeitenden.
2. **Adaptive Führung** ist nicht an eine Führungsperson gebunden, sondern eine emergente und interaktive Dynamik. Diese entsteht nicht linear, sondern ungeplant zwischen interagierenden Personen, aus Konflikten, aus dem Zusammentreffen von unterschiedlichsten Ideen und Technologien, führt zu Aha-Momenten und neuen Allianzen und lässt signifikante Ideen entstehen – die dann noch als solche erkannt und umgesetzt werden müssen.
3. **Ermöglichende Führung** soll diese adaptive Dynamik arrangieren, zulassen und unterstützen und quasi als Scharnier zwischen dem Administrativen und Adaptiven fungieren, also als Katalysator zwischen Organisation und Innovation. Dazu gehört, (1) Mitarbeitende zusammenzubringen, auch mit anderen Gruppen und der Umwelt, (2) ihnen Unabhängigkeit, Raum und Möglichkeiten zu geben (passende Büros, selbst gewählte Arbeitsgruppen, adäquate technologische Infrastruktur), und (3) ein wenig Spannung zu injizieren – auch mal einen Funken zu schlagen (Abschn. 7.2) – um die kreative Dynamik in die Wege zu leiten.

Dieses Ermöglichen hängt nicht immer an einer Führungsperson, sondern an allen, die bei einem Projekt in der Kreativindustrie zusammenarbeiten. Management und Führung ist somit verteilt und passiert mit und zwischen den Menschen. Die Individuen können bestimmte Handlungsstrategien nutzen, um ihre ermöglichende Rolle möglichst gut zu erfüllen (Uhl-Bien et al. 2007, S. 310):

- Persönliche Netzwerke ausbauen, um Zugangsmöglichkeiten und Ressourcen für das Vorhaben zu erschließen (Stichwort „soziales Kapital", Abschn. 8.4),

- sich selbst auf dem Laufenden halten über Trends und Entwicklungen. Die Umwelt mit einem strukturierten Vorgehen beobachten (beispielsweise PEST-Analyse).

PEST-Analyse
Das Managementtool der PEST-Analyse ist ein Monitoring der Umwelt mit den Dimensionen der Entwicklungen in den politischen, ökonomischen (economic), sozialen (national, international) und technologischen Bereichen. Als Erweiterung wird auch von einer PESTLE-Analyse gesprochen, die noch die legale und ökologische (ecological) Dimensionen beinhaltet. Diese strukturierte Form der Umweltanalyse soll helfen, Entwicklungen besser zu erkennen und das Handeln danach auszurichten. Dieses Werkzeug wird im Managementbereich oft in Kombination mit der SWOT-Analyse (Strengths, Weaknesses, Opportunities, Threats) der Stärken und Schwächen, Möglichkeiten und Risiken angewendet.

Diese Sicht auf Führung als komplexe Angelegenheit passt zur Kreativwirtschaft, denn sie räumt zusätzliche Freiräume ein, die für kreative Köpfe nötig sind. Historisch gesehen besteht Führung oft darin, Probleme zu lösen, zu intervenieren, wenn Schwierigkeiten auftauchen oder Zusammenarbeit schwierig wird. Nach der Complexity Leadership-Theorie muss man hier zurücktreten und nicht alle Probleme selber lösen wollen, sondern die Gruppe erst einmal machen lassen, Freiräume schaffen und Regeln vorgeben, die Koordination verlangen (Uhl-Bien et al. 2007, S. 310). Ein Beispiel sind feste Deadlines für Zwischenschritte, Fristen für Informationsaustausch und Zeitpunkte, wo individuelle Arbeit im Sinne der Interdependenz wieder an die Gruppenarbeit angedockt und angepasst werden muss.

Zum Ermöglichen gehört auch, formale administrative Strukturen und Adaptabilität zusammenzubringen. Dazu gehört auch mal der Einsatz von Autorität und hierarchischer Anweisung (wenn nötig), den Zugang zu Ressourcen zu nutzen, und Einfluss auszuüben, um formale und informelle Systeme im Tandem und nicht gegeneinander arbeiten zu lassen. Führungspersonen müssen hierbei

- administrative Funktionen davon abhalten, die interaktive Dynamik zu bremsen oder zu ersticken durch zu viel Top-down, sondern adaptive Dynamik so in die Wege leiten, dass sie mit der Strategie oder dem Ziel übereinstimmt (administrative-adaptive interface),
- die kreativen Ideen in das formale System so integrieren, dass sie genutzt und weiterverarbeitet werden können (innovation-to-organization interface).

Diese Sichtweise unterscheidet sich von der herkömmlichen Planungsaufgabe im Management in Organisationen. Die Richtung, in die kreative Dynamik sich entwickelt, lässt sich kaum vorhersagen oder planen. Die beiden Seiten der Medaille: Zu viel Einschränkung lässt keine kreative Leistung entstehen, aber nicht fokussiertes Vorgehen kann teuer in der Umsetzung sein und passt im Endeffekt nicht unbedingt zum wirtschaftlichen Ziel. Der kreative Prozess muss von der Struktur unabhängig sein, aber dennoch in eine geplante Struktur eingebettet werden und Führungspersonen als Möglichmacher planen die grobe Stoßrichtung mit einer Langzeitperspektive (Uhl-Bien et al. 2007, S. 312).

> **Modell für das Planen kreativer Prozesse**
>
> Kreative Prozesse in Forschung und Entwicklung sowie Innovationsprozesse in Organisationen sind kaum vorhersehbar und so schlagen Mumford und Kollegen (2008) ein fünfstufiges Modell für die Planung vor:
>
> 1. Scannen (Scanning): Entwicklung der Idee, Informationen sammeln in der Breite, über die Umwelt, die Organisation, die Zusammenarbeit; Fähigkeiten entwickeln; Expertise reinholen.
> 2. Entwickeln der Vorlage (Template Planning): Verbinden der Informationen, Ansatzpunkt für neue Ideen; Technologien bereitstellen; Ressourcen zuweisen; Zeitplan; Hindernisse.
> 3. Planentwicklung (Plan Development): Projektplan mit Agenda; Technologie und Finanzierung bereitstellen.
> 4. Vorhersage (Forecasting): sich die Umsetzung des Planes vorstellen, sich in Probleme hineinversetzen, Blockierungen und emotionale Reaktionen antizipieren; Bereitmachen für Produktlaunch; Marktreaktionen einschätzen; Positionierung durchdenken.
> 5. Ausführen des Plans (Plan Execution): Umgang mit oft umfassenden Problemen beim Produktlaunch; aktives Monitoring, wie der Markt reagiert, und Anpassen des Plans.

Die Führungsperson muss flexibel sein und Änderungen umsetzen, während Projekte diese Stufen durchlaufen – zwar nicht tagtäglich, aber langfristig. Das bedeutet: Sie arbeitet nicht nur mit einem Innovationsprozess, sondern mit Menschen, die ihn gestalten, inspiriert sie, schafft ein stimulierendes und produktives Umfeld. Dabei wird über die Stufen hinweg mit immer neuen Personen und sogenannten multifunktionalen Teams zusammengearbeitet (Mitglieder verschiedener Fachrichtungen: Schreiber, IT, Buchhaltung etc.), die üblicherweise weniger gut zusammenarbeiten und kommunizieren. Führungspersonen müssen glaubhaft rüberkommen, persönliches Commitment zeigen, Zusammenhalt und bessere Kommunikation aufbauen, dabei Rückhalt von der Führungsebene haben und ihre Netzwerke in der Organisation nutzen, um sich abzusichern und benötigte Ressourcen zu erhalten.

Führungspersonen benötigen demnach Training in Recherche und Sammeln von Informationen, wie man Ziele setzt und entwickelt, Voraussagen trifft und wie Projektmanagement funktioniert. Empfohlen wird ein umfassender und generalistischer Ansatz, der Führungspersonen auch trainiert, originelle Ideen zu erkennen und einzuschätzen, und andere anzuleiten, Probleme zu lösen. Trainingsprogramme werden meist als unzulänglich in Bezug auf die Entwicklung solcher Fähigkeiten (Mumford et al. 2008, S. 265) eingeschätzt. So wird auch in diesem Buch immer wieder betont, dass das Management in der Kreativwirtschaft als eine breit angelegte Tätigkeit zu verstehen ist (einschließlich

Recherche, Strategie, Projektmanagement, Kommunikation mit Menschen etc.), und dass Manager und Führungspersonen auch von Kreativen lernen können, um mit „allen Sinnen" bei ihrer Tätigkeit zu sein zu (Abschn. 7.2).

4.2.3 Creative Leadership

In traditionellen Managementansätzen war Kreativität ein optionaler Pluspunkt, um sich von „den anderen" abzugrenzen. Heute jedoch ist Kreativität für die meisten Bereiche unerlässlich. So wird auch in traditionellen Branchen postuliert, dass Führungspersonen ohne kreatives und sogar künstlerisches Denken keine Chance im dynamischen, globalen Markt haben (Adler 2006).

Gerade für die Kreativwirtschaft ist diese Forderung logisch. Die Beziehung zwischen Kreativität und Führung wurde vielfach untersucht und mit verschiedenen Labels versehen, beispielsweise als „kreative Führung" benannt, „Führung für Kreativität und Innovation", und „Management kreativer Köpfe". Das Modell „Creative Leadership" (Mainemelis et al. 2015) bringt diese Ansätze zusammen und beschreibt Führung von anderen Personen mit dem Ziel, eine kreative Leistung zu erbringen.

▶ **Creative Leadership** Dieser Begriff beschreibt Führung von Mitarbeitenden zum Erreichen eines gemeinsam geschaffenen kreativen Ergebnisses. Die verschiedenen Arten, dies zu tun, werden mit den folgenden drei Ansätzen beschrieben: 1) Fördern und Ermöglichen (Facilitating), 2) Anleiten (Directing), 3) Integrieren (Integrating). Diese Ansätze sind nicht frei wählbar, sondern hängen vom Kontext und Projekt ab.

Creative Leadership bezieht sich nicht auf die kreative Leistung einer Einzelperson, sondern auf Zusammenarbeit, bei der Führungspersonen und Mitarbeitende im kreativen Prozess interagieren (Mainemelis et al. 2015, S. 400). Eine Gruppe von Menschen erreicht ein kreatives Ergebnis. Es gibt jedoch unterschiedliche Wege in unterschiedlichen Situationen, andere zu kreativer Leistung anzuleiten.

Diese Methoden der kreativen Zusammenarbeit hängen vom **Kontext** ab und der Frage: Ist die Zusammenarbeit „schwach" oder „stark" strukturiert. Im „schwachen" Kontext können Führungspersonen freier entscheiden, ob Führung fördernd, anleitend oder integrierend sein soll. Im „stark" strukturieren Kontext sind Möglichkeiten für kreative Beiträge schon oft lange im Voraus festgelegt, bevor die gemeinsame Arbeit beginnt. So wird weder im Orchester noch am Filmset für alle erst einmal demokratisch gebrainstormt, wie die künstlerische Vision aussehen könnte. Dirigenten und Regisseurinnen haben ihre Interpretation und Ausgestaltung schon festgelegt. Daraus können dann im Nachhinein immer noch heftige Differenzen entstehen, und das wäre nichts Neues.

Folgende fünf Elemente im Kontext bestimmen die Zusammenarbeit (Mainemelis et al. 2015, S. 455):

1. Soziale Struktur (Rollenverteilung, Erwartungen, Institutionalisierung)
2. Art der Arbeit (Rekombination von Beiträgen wie bei einem Gamesprojekt benötigt Integration anstelle von Ermöglichen)
3. Art der Kreativität (wer leistet hohe/niedrige kreative Beiträge; bleiben diese unterscheidbar und lassen sich Einzelnen zuordnen)
4. Charakteristika der Organisation/Unternehmen (zeitlich begrenzte Projektarbeit: eher Integration; bestehende Firma: eher Fördern)
5. Wesen der Mitarbeitenden (Orchestermusiker erreichen Höchstleistung bei Direktion, Jazzmusiker nur bei Integration)

Diese Faktoren werden unterschiedlich stark gewichtet und in den folgenden drei Ansätzen berücksichtigt, die ihren Schwerpunkt auf Fördern und Ermöglichen, Anleiten und Integrieren mit unterschiedlichen Vorgehensweisen und Überlegungen legen. Generell kann man grob unterscheiden zwischen einer hohen oder niedrigen Beteiligung der Führungsperson an der kreativen Arbeit und einer hohen oder niedrigen kreativen Beteiligung der Mitarbeitenden (Tab. 4.2).

Fördern und ermöglichen

Führungspersonen beeinflussen die Kreativität der Mitarbeitenden, womit die Führungsperson (Creative Leader) die kreative Arbeitsleistung fördert und ermöglicht (Facilitating). Dies trifft auf viele Wissensorganisationen zu und beispielsweise auch auf Hochschulen mit Forschenden und Lehrenden, die selbstverantwortlich Themen setzen und diese angehen. Auch kann man diese Form des Ermöglichens im Artist Management (Abschn. 7.1) finden.

▶ Diese Perspektive sieht die Mitarbeitenden als primäre Schöpfer von kreativen Ideen, wobei der kreative Input der Führungsperson eine kleinere Rolle spielt. Während Mitglieder des Teams die vorrangigen Erzeuger sind, hängt das Ergebnis aber von der Unterstützung der Führung ab. Je mehr Unterstützung, desto besser die Beiträge.

Die Aufgabe der Führungsperson ist, kreatives Arbeiten zu fördern. Dazu gehören folgende **Handlungsweisen** (Mainemelis et al. 2015, S. 406–419):

Tab. 4.2 Kreative Führung (eigene Darstellung nach Mainemelis et al. 2015, S. 401)

kreativer Beitrag der Führungsperson: hoch	**Anleiten (Directing)**	**Integrieren (Integrating)**
… niedrig	**nicht-kreative Führung**	**Fördern und ermöglichen (Facilitating)**
	kreative Beiträge der Mitarbeitenden: niedrig	… hoch

4.2 Führung im Kreativbereich

- Von Anfang an: Idee strukturieren und voranbringen
- Richtung geben in der Vorbereitungsphase
- Kreative Umwege auch mal belohnen und nicht bestrafen
- Balance zwischen Autonomie und Struktur finden
- Zielsetzung vorgeben, ohne die intrinsische Motivation und Autonomie zu zerstören
- Regelmäßiger Kontakt anstelle von dichter Überprüfung oder Micromanaging
- Überblick behalten, aber nicht kontrollierend überwachen
- Empowerment: gewisse Autonomie bei Entscheidungen gewährleisten
- Feedback: informierend statt kontrollierend
- Spielerische Kultur ermöglichen, Spielelemente einbauen (wie etwa künstlerische Interventionen (Abschn. 7.2.2))
- Die Atmosphären innerhalb des Team im Blick haben, auch auf die Stimmung achten
- Netzwerke und Überzeugungsfähigkeit einsetzen, um interne Unterstützung (Topmanagement, andere Abteilungen) und externen Support zu bekommen (Kunden, Politik, Stakeholder)

Eine innovative Führungsperson ist in dieser Sicht nicht selbst mittendrin in der Innovationsarbeit mit Scannen, Planen, Vorausberechnen, Testen und Ausführen. Vielmehr arbeitet sie mit Menschen in einem Innovationsprozess und schafft ein Umfeld, das Innovation anregt, und hilft den Einzelnen, produktiv zusammenzuarbeiten.

Anleiten

Während fördernde Führung (Facilitative Leadership) auch in Kontexten eingesetzt wird, in denen es nicht primär nur um Kreativität geht (Wissensarbeiter, andere Unternehmen), finden wir anleitende Führung (Directive Leadership) bei Arbeit, die sich vorrangig um Kreativität dreht. Dieses Modell des Anleitens (Directing) wurde vor allem in den Bereichen Innovationsmanagement in Organisationen, bei Dirigenten von Musikorchestern und bei Kochprofis im Bereich Haute Cuisine untersucht.

▶ Beim Anleiten (Facilitative Leadership) im Kontext von Creative Leadership fungieren die Führungspersonen als primäre Schöpferin (Dirigentin), als kreative Unternehmer oder Meister (Spitzenkoch), wobei die Leistung von der Unterstützung der Mitarbeitenden abhängt.

Die Führungsperson ist die primäre kreative Urheberin und materialisiert die eigene kreative und künstlerische Idee durch und mithilfe der Arbeit der anderen. Oder andersherum: Ohne die Beiträge der anderen nimmt die kreative Vision keine Gestalt an. Ohne die Beiträge der anderen käme die Leistung überhaupt nicht zustande – anders als beispielsweise bei einzelnen Schöpfern wie Dichtern, Bildhauerinnen oder Mathematikerinnen. Was wäre aber ein Dirigent ohne Orchester? Im Theater kann eine einzelne Autorin ein Stück schreiben, die Umsetzung mit Regie benötigt aber stets die Leistung des kompletten Teams als Aufführung der Inszenierung.

Gerade Orchester sind mit ihrer klaren Instrumentenaufteilung, Spezialisierung und Hierarchie so aufgestellt, dass sie der kreativen Vision der Dirigenten folgen und diese umsetzen müssen. Dort arbeitende Musiker sind traditionell bestimmte Dinge gewöhnt und erwarten bisweilen Autorität, Anweisungen, Selbstbewusstsein, einen bestimmten Stil und technische Fähigkeiten mit dem Taktstock. Das Ergebnis hängt jedoch direkt von den Fähigkeiten der einzelnen Musiker ab.

Anleiten (Directing) bedeutet nicht, alleine etwas zu schaffen, sondern mit anderen gemeinsam, wobei diese kreativen Beiträge der Mitarbeitenden unerlässlich, aber weniger relevant sind. Das Ausmaß der Beiträge der anderen hängt von der jeweiligen Arbeitssituation ab. In großen Unternehmen der Kreativwirtschaft helfen niedriger gestellte Mitarbeiter eher in der Umsetzung, während in Architekturbüros, in Sternerestaurants und in Orchestern besondere kreative Beiträge der Beteiligten erwartet werden, beispielsweise von Musiksolisten auf dem höchsten künstlerischen Niveau. In Bereichen wie Haute Cuisine experimentieren die Küchenchefs mit neuen Rezepten und Techniken und vermitteln den anderen die Zusammensetzung („Codification", „Teachability"), um die serielle und hochwertige Reproduktion dieser Ideen in Restaurants mit Souschefs und dem Team umzusetzen. Hier wird nicht bloße Pflichterfüllung erwartet, sondern hochqualitative Leistung.

Die Aufgabe der Führungsperson ist, kreatives Arbeiten zu dirigieren. Dazu gehören folgende **Handlungsweisen** (Mainemelis et al. 2015, S. 426–437):

- Kreative Vision
- zentrales Thema für alle Beteiligten schaffen, persönlich expressiv und aktive Kommunikation
- klare Richtung und deutliche Anweisungen vorgeben, nicht ständig ändern (Dirigent)
- Autoritär-charismatische Führung kann bisweilen kollektive Virtuosität schaffen, hohe Leistung und geteilte ästhetische Vorstellung
- Bekannte kreative Identität haben (Sternekoch: bestimmte Zutaten und Techniken)
- Unabhängige Berufsidentität, etwas Besonderes („der Dirigent/die Dirigentin") im Vergleich zu den anderen Statusgruppen. Kann aber auch anerkannt und eine Person unter Kollegen sein, „a musicians' musician", „a dancer's dancer", „a DJ's DJ"
- Wirkliche Kenntnis auf dem Gebiet besitzen (Dirigenten sind Ziel skeptischer Bewertungen und können bei Zweifeln auf Widerstand stoßen)
- Unterstützung für die eigene kreative Vision schaffen (Sterneküche: als kreativer Kopf nicht nur am Herd stehen, sondern kulinarische Version in den Medien kommunizieren)
- Mitarbeitende richtig einschätzen
- Verschiedene Formen von Kapital einsetzen (Kap. 8), wie soziales Kapital (Netzwerke), symbolisches Kapital (Reputation) und technisches Kapital im Sinne von Können
- Soziale Fähigkeiten einsetzen
- Breites Repertoire an Verhaltensweisen, mit verschiedensten Menschen sprechen können und Verhalten mit den Stufen des Schaffensprozesses ändern können

- Kreative Probleme lösen, die unübersichtlich, neu und vielschichtig sind
- Gutes Gespür für den Markt und die Trends

Von diesem Führungsmodell haben sich auch Unternehmen in anderen Branchen ein Scheibchen abgeschnitten beziehungsweise haben sich davon inspirieren lassen. Manche großen Medienunternehmen haben beispielsweise einen Kult um ihre Chief Executive Officer geschaffen, sodass jene Künstlern in der Kreativbranche wie Stardirigenten oder Spitzenköchen und anderen ähneln. Konformität, Commitment und Zielsetzungen werden damit auf alle ausgedehnt, Mitarbeiterkreativität eher unterdrückt, aber die kreative Idee der Führungsperson oder Innovationen werden Top-down besser umsetzbar. Das hilft, wenn es um zeitlich schnelle Umsetzung, also den Vorteil des ersten Zuges geht.

> **Kreative Prozesse und Innovation bei Sterneköchen**
>
> Große forschungsintensive Unternehmen, etwa in der Pharma- oder IT-Industrie, sowie auch Unternehmen in kleineren Branchen versuchen, Einflüsse und Wissen von außen zu verarbeiten und strategisch für Innovationen zu nutzen („Open Innovation"). So wurden auch Spitzenköche untersucht: Wie entwickeln Spitzenköche kulinarische Innovationen? Woher beziehen Spitzenköche ihre Inspiration? Welche Rolle spielen Gäste und Kritiker? Antworten von rund 25 internationalen Chefköchinnen und -köchen in Deutschland, Frankreich, Spanien, Italien, Großbritannien und Schweden erlauben einen Einblick in die Welt der Spitzengastronomie und ihre Innovationskraft (Braun und Bockelmann 2016):
>
> - Spitzenköche vertrauen in den frühen Phasen kulinarischer Innovationsprozesse ihrem eigenen Können, etwa ihrer Kombinationsfähigkeit und ihrem Geschmacksmuster.
> - Die Meinungen der Gäste und Kritiker wirken nicht stark auf den Innovationsprozess, obwohl man dies gerade im Bereich der Sternerestaurants erwarten würde.
> - Spitzenköche beziehen den Input aus anderen Quellen wie Mitarbeitenden, Zulieferern und Gästen erst in den späteren Phasen des Innovationsprozesses ein.
> - Sie lassen sich durch andere Restaurants inspirieren, folgen aber einem Ehrenkodex: Adaptieren ist erlaubt, kopieren nicht.
> - Sie geben ihr Wissen gerne nach außen weiter, etwa durch Kochbücher, Radio- und Fernsehauftritte und andere Medien.
> - Sie müssen die eigene Schaffenskraft und die Erwartungshaltung der Gäste ausbalancieren. Weder zu fad noch zu überraschend. Lebende, mit Zitronengras gefütterte Ameisen – die Kreation eines skandinavischen Kochs – haben nach Übereinstimmung der Befragten auf einem Teller nichts zu suchen.

Integrieren

Beim Integrieren (Integrative Leadership) im Kontext von Creative Leadership sind die Führungspersonen (wie beim Anleiten/Dirigieren) primäre Erzeuger mit einer persönlichen kreativen Vision, die nur durch die Beiträge anderer ihre Form finden kann. Während bei einem Streichorchester die Stimme einer einzelnen Violine unter einer Vielzahl an Instrumenten nicht zu hören ist, bleiben die Leistungen von einzelnen Schauspielern, Kamerapersonen oder Musikern in einer kleineren Band wie etwa einer Jazzband immer deutlich. Hier erhalten einzelne Menschen eine individuelle Wertschätzung für den persönlichen Beitrag. Beispiele sind Namensnennung im Film, Theater und künstlerischen Produktionen für Elemente wie: Konzept und Regie, Performance, Bühne, Videodesign, Kostüme, Technische Leitung, Dramaturgie, Produktionsleitung, Regieassistenz.

▶ Beim Integrieren (Integrative Leadership) sind die kreativen Beiträge von professionellen Akteuren essenziell und heterogen. Der Unterschied zu anderen Ansätzen: Sie verschwinden nicht, sobald sie in einem finalen Produkt aufgehen, sondern bleiben unterscheidbar und werden normalerweise entsprechend gewürdigt.

Anders als beim Modell eines Dirigierenden beispielsweise ist die künstlerische oder kreative Natur eines Werks keine Einzelentscheidung, sondern gemeinsam geschaffen und oftmals stark diskutiert. Es gibt dann nicht eine einzelne kreative Führungsperson, sondern Führung ist unter mehreren Akteuren verteilt, verhandelt und gemeinsam gestaltet. Es geht hier mehr um eine Synthese einer kreativen Vision unter vielfältigen Sichtweisen und Beiträgen.

Zum Führungsansatz des Integrierens gibt es **drei verschiedene Modelle:**

1. **Regisseure** in Theater, Film und Performance, die intensiv und eng mit einem Team arbeiten.
2. **„Creative Broker"**, die kreative Impulse aus verschiedenen Orten und zeitlich versetzt zusammenführen.
3. **Geteilte Formen von Führung** („Collective Leadership") anstelle einer Einzelperson.

Für die jeweiligen Situationen sind unterschiedliche Elemente wichtig, die im Folgenden detailliert aufgeführt werden. Für alle Ansätze gilt, dass gegenseitige Unterstützung und Synergien die kreative Leistung beeinflussen. Je besser die Synergien, desto besser der gemeinsame Beitrag, der aus vielfältigen und unterschiedlichen Teilen zusammengesetzt ist. Hier sind Verantwortungen, Machtpositionen und soziale Rollen zwischen den Handelnden am wenigsten scharf abgegrenzt und fließen oft ineinander.

Für Leitende in **Regie** im Theater, Film und Performance, die intensiv und eng mit einem Team arbeiten, gelten folgende Punkte (Mainemelis et al. 2015, S. 437–450):

- Großer Einfluss, müssen aber hohe Leistung inspirieren und motivieren (künstlerische Leistung bei Schauspielern)
- Ermöglichen von Experimentieren und Improvisieren für herausragende künstlerische Leistung

- Innerhalb der sozialen Struktur des Projekts agieren und auf Hierarchien achten (Wichtigkeiten von Rollenträgern und Produzenten im Filmgeschäft)
- Wichtige kreative Beiträge in der Anfangsphase leisten (Interpretation des Skripts, Rollenbesetzung, Produktionsplanung)
- Auswahl und Mobilisierung von Talenten (Cast beim Film)
- Aktive Synthese von kreativem Input über die verschiedenen Phasen eines Projekts hinweg (Pre-Production, Production, Post-Production)
- Aktive Synthese von kreativem Input von verschiedenen Einzelpersonen, Gruppen und auch innerhalb einer Organisation
- Soziales, symbolisches und technisches Kapital nutzen („symbiotische Karrieren" mit Vertrauten/Freunden, die eine dauerhafte Unterstützung bieten für hohe künstlerische Herausforderungen)
- Soziale, politische und emotionale Fähigkeiten

Extreme Zusammenarbeit: Schauspieler mit Gewehr bedroht
Ein bekannter historischer Extremfall von kreativer Führung ist die Zusammenarbeit von Regisseur Werner Herzog und dem exzentrischen Star Klaus Kinski. Herzog soll den komplizierten Schauspieler bei den Dreharbeiten zu dem Film *Aguirre, der Zorn Gottes*, mit einem Gewehr bedroht haben. Kinski (1926–1991) zählte zu den gefragtesten Schauspielern psychopathischer und getriebener Figuren und galt selbst als problematisch, cholerisch und zuletzt auch als Kinderschänder. Herzog berichtet, dass er von Kinski bei Dreharbeiten gedemütigt und ungehemmt beschimpft wurde, wie andere Mitarbeiter am Set auch https://youtu.be/75ADI9p2wHY. Hier wurden kreative Differenzen mit großem Geschrei vor allen ausgetragen, während Kinski dann im Nachhinein die Vorfälle herunterspielte und versessen seinen Text büffelte und sich vorbereitete. Die Zusammenarbeit wird als künstlerisch herausragend beschrieben. Herzog sagt in einem Interview: „Man musste Kinski zähmen. Er wollte eines Tages das Set verlassen, weil er sich über das Essen ärgerte. Das konnte ich nicht durchgehen lassen. Ich habe ihm gedroht, aber das Gewehr war nicht geladen." (Relotius 2018).

„**Creative Broker**" können Individuen, Organisationen und Netzwerke sein, die auswählen oder koproduzieren. Beispielsweise gehören Produzenten einer Plattenfirma zu diesen kreativen Brokern, die Lieder nicht schreiben oder singen, aber mit der Produktion eines digitalen Tracks oder Albums befasst sind. Die Produzenten entwickeln eine kreative Vision, suchen, selektieren und verbinden kreative Beiträge wie Komponisten, Autoren und Musiker, und treiben die kreative Zusammenarbeit zwischen verschiedenen Mitwirkenden voran.

Kuratoren im Kunstbetrieb sind verantwortlich für das Verwalten von Kunstsammlungen, ihre Form und ihre Aufrechterhaltung sowie mögliche Erweiterungen und thematische Ausstellungen, Leihgaben und Verwertungen. Sie schaffen nicht die einzelnen Kunstwerke, sondern die Synthese, die zu einer Ausstellung oder im Großen und Ganzen zu „einer Sammlung" wird. Es ist ihre kreative Vision, ihr ästhetisches Urteil und die Fähigkeit, verschiedene Kunstwerke in eine neue, kohärente und überzeugende Form zu bringen. Dafür entscheiden sie, welche Werke einbezogen werden und welche nicht, welche an welchem Ort gezeigt und wie sie im Raum inszeniert werden. Sie setzen ihr soziales

Kapital ein, um Ressourcen zu nutzen, Museen, Künstler, Sammlungen und die Öffentlichkeit zusammenzubringen.

Geteilte Formen von Führung („Collective Leadership") sind auch wieder komplexe und interaktive Formen von Führung mit dynamischen Einflussprozessen zwischen Individuen, die gemeinsam Ziele erreichen wollen (Abschn. 4.2.4). Es gibt mehrere Anführer, verschiedene Führungsrollen und Führung ist ein dynamischer, interaktiv über die Zeit verhandelter Prozess.

Im Modell der integrierenden Führung müssen Führungspersonen eigene kreative Ideen haben und ins Spiel bringen, um andere zu motivieren – was bei fördernder Führung nicht unbedingt nötig ist. Anleitung wie bei Sterneköchen für die serielle Produktion ist auch nicht möglich. Zudem müssen sie die Urheberschaft in größerem Ausmaß als in den anderen Modellen teilen. Das Integrieren von vielfältigen kreativen Ideen unterscheidet sich vom Umsetzen einer kreativen Idee. Somit ist integrierende Führung von der Qualität her etwas anderes als die beiden Modelle Fördern und Anleiten.

Diese drei Formen verstehen sich nicht als verschiedene Führungsstile, sondern als drei mögliche Kontexte von Zusammenarbeit, die beeinflusst werden vom wirtschaftlichen Umfeld, der Organisation, professionellen und persönlichen Eigenschaften und Zielen.

Eine Jazzband führt geteilte Führung vor
An einer Jazzband zeigt sich, wie Führung gemeinsam verhandelt und gestaltet wird. Als sogenannte künstlerische Intervention (Abschn. 7.2.2) bieten Musiker solche Aufführungen auch für Mitarbeiter von Wissensorganisationen an. Ein entsprechend moderierter Jazzabend ist ein Beispiel, bei dem Führungspersonen und Mitarbeiter Inspiration aus der Welt der Kunst gewinnen und ihre Zusammenarbeit anders wahrnehmen können. Ein solcher Auftritt kann beispielsweise folgendermaßen aussehen: Die Band spielt verschiedene Variationen eines Tunes wie beispielsweise „Bye Bye Blackbird" und diskutiert mit einer Moderatorin und dem Publikum (Enning 2019, Abb. 4.1). Einmal spielen alle „Standard" und keiner übernimmt die Führung – der Tune klingt schön, aber uninspiriert. Im nächsten Anlauf will jeder führen – Disharmonie, bis sich zwei an eine Idee anschließen. Schließlich stören einzelne Musiker – den anderen gelingt es, sich auf die Vorgaben einzuschwingen und die Musik kann weiterlaufen, wo ein Orchester hätte abbrechen müssen. Wenn es im Jazz mal disharmonisch wird, wird man noch stärker aufeinander achten und sich gegenseitig zuhören. Man möchte gemeinsam den Takt und die Harmonie wiederfinden, ohne dabei das Stück abbrechen zu lassen. Wenn die Musiker zuletzt ihre Philosophie und Ansprüche vor dem Musizieren mündlich austauschen, können sie neben der nonverbalen Abstimmung noch ganz neue Interpretationen entstehen lassen. Jazz ist intensive Kommunikation – einerseits verbal und nonverbal zwischen den Musikern, andererseits treten auch Publikum und Band in eine Wechselbeziehung. Führung ist gemeinsam gestaltet.

4.2.4 Kollektive und relationale Führung

Je besser die Zusammenarbeit zwischen Führungsperson und Mitarbeitenden läuft, desto überzeugender ist das gemeinschaftliche Ergebnis. Das Konzept von Creative Leadership (Abschn. 4.2.3) bietet drei verschiedene Ansätze der gemeinschaftlichen Arbeit an. Im Folgenden wird diskutiert, inwiefern gerade kreative Führungsansätze Raum bieten, die Zusammenarbeit gemeinschaftlich zu gestalten.

4.2 Führung im Kreativbereich

Abb. 4.1 Eine Jazzband führt Prozesse der Zusammenarbeit in Organisationen für ein Publikum vor. Band: Claus-Dieter Bandorf (Klavier), Andreas Henze (Bass), Rainer Winch (Schlagzeug) und Moderatorin Brigitte Biehl (IWK Institut für Weiterbildung in der Kreativwirtschaft). Foto: Aariya Talcherkar

Die neuesten Entwicklungen in der Leadership-Forschung verstehen Führung weniger als singuläre denn als kollektive Aktivität („Collective Leadership") (Denis et al. 2012) oder als relationale Interaktion (Uhl-Bien et al. 2014). Führung wird also als gemeinsame Aktivität gesehen, wobei es nicht darum geht, dass Führung einem Einzelnen gehört, und andere sich quasi unter dieser Person koordinieren. Alle in diesem Prozess beteiligten Agenten – Leader (Führungspersonen) und Follower (Mitarbeitende) – gestalten gemeinsam. Das ist auch in den drei Formen kreativer Führung (Mainemelis et al. 2015) – direktiv, ermöglichend, integrativ – angelegt, wobei gerade die integrative Herangehensweise Machtpositionen und soziale Rollen zwischen den Handelnden verschwimmen lassen.

Führung (Leadership) ist keine Position („die Führungsperson"), sondern ein von Mitarbeitenden und Führungspersonen gemeinsam gestalteter und permanent verhandelter Prozess.

Die Forschung zu Führung legt zunehmend Gewicht auf die Rolle der Mitarbeitenden und den kollektiven Prozess und spricht nicht mehr nur der Führungsperson Macht und Einfluss zu. Die Entwicklung der Leadership-Forschung (Uhl-Bien et al. 2014) lässt sich grob in drei Schritten skizzieren, wobei die kollektive Arbeit seit einigen Jahren auch als „relational", also als Beziehungssache bezeichnet wird:

1. **Leaderzentrierte Modelle**: Die sogenannten Follower (Mitarbeitende, Teammitglieder, Angestellte) sind Empfänger des Einflusses der Führungsperson (Leader) und produzieren die gewünschten Ergebnisse. Entweder auf Grundlage von rationalen Anweisungen (Scientific Management) oder hierarchischen Strukturen (autoritäre Ansätze) oder aufgrund des besonderen Charismas der Führungsperson (charismatische Führung).
2. **Followerzentrierte Modelle:** Follower konstruieren Führungspersonen und Führung. Sie können einen Anführer küren, besonders in Krisensituationen (Romantisierung von Führung), oder entscheiden sich, einem „geborenen Anführer" zu folgen, der die Werte der Gruppe verkörpert und geben dieser Person Macht („Great Man Theory", Soziale Identitätstheorie der Führung).
3. **Relationale Ansätze**: Follower interagieren mit Führungspersonen in einem gegenseitigen Beeinflussungsprozess. Follower werden Ko-Kreatoren von Führung. Diese Idee ist schon im Konzept des „Power-with" (anstelle von „Power-over") von Mary Parker Follett als gemeinschaftlicher Einfluss angelegt.

▶ **Relationale Führung** Der relationale Ansatz begreift Follower mit den Führungspersonen als gemeinsame Produzenten von Führung. Leadership gehört also nicht der einen oder anderen Seite, sondern entsteht zwischen den Akteuren in einer gemeinsam geschaffenen Aktion oder in einem sozialen Prozess. Follower interagieren mit Führungspersonen in einem gegenseitigen Beeinflussungsprozess. Alle Beteiligten werden Ko-Kreatoren von Führung (Uhl-Bien et al. 2014). Führung ist eine verkörperte Praxis (Bathurst und Ladkin 2012), die performativ ist (Biehl 2019) und in der Interaktion von Menschen entsteht. Dabei ist Führung nicht stabil, sondern wird permanent ausgehandelt und verhandelt. Für Management in der Kreativwirtschaft folgt daraus, Führung nicht als Position zu begreifen („Chef sein") und sich darauf zu verlassen, dass andere folgen. Führung ist vielmehr Teilhabe an einem interaktiven Prozess, dessen Dynamik sich mit dem „relationalen" Begriff besser beschreiben und verstehen lässt.

Wie dieser Prozess gemeinsamer Führung funktioniert, erklären Ansätze zu „Relational Leadership". Die Beziehungsdimension von Führung wird besonders hervorgehoben (Uhl-Bien et al. 2014) und muss vor allem in der Kreativwirtschaft berücksichtigt werden, wo kurze Wege, direkter Kontakt zu den kreativen Köpfen und Austausch meist die tägliche Arbeit bestimmen.

Führung kann man als sogenannte reflexive Praxis verstehen. **Reflexive Praxis** geschieht nicht nur im Kopf, sondern auch durch die körperliche Wahrnehmung. Durch einen selbstreflexiven Prozess können wir uns in andere einfühlen und erkennen, dass unsere Handlungen und Interaktion unsere soziale Realität und die Beziehung zwischen uns selbst und anderen permanent beeinflussen. Zwischen uns selbst und anderen schwingen immer Machtfragen in der Luft. Gegebene Machtverhältnisse lassen sich so in Frage stellen. Führung als Prozess entfaltet sich demnach auch über Führungshandlungen in Sprache und verkörpertem Handeln als ästhetische Arbeit (Abschn. 6.3), die von anderen akzeptiert werden oder nicht, und auf der Beziehungsebene verhandelt werden. Es hilft also, sich in die anderen Personen hineinzuversetzen, sich in dem anderen zu sehen und den anderen in sich selbst. Dieses Einfühlen ist nicht nur rational, sondern ein über die sinnliche Wahrnehmung gesteuerter Vorgang. Kritische Reflexivität innerhalb einer kreativen Gruppe ist wichtig, damit sie funktioniert, sei es im Bereich Tanz oder Sport (Ryömä und Satama 2019). Ebenso lässt sich diese reflexive Praxis an anderen Situationen festmachen, in denen Menschen direkt interagieren und relational Führung verhandeln.

Die Kultur- und Kreativwirtschaft mit ihren Arbeitsprozessen gilt auch oft als Grundlage, um diese Managementsichtweisen abzuleiten. Diese Erkenntnisse werden für das Management in der Kreativwirtschaft verwendet und auch wiederum für Führung in anderen Organisationen, wenn es um dynamische, interaktive und wissensbasierte Arbeit geht.

Musikalische Koordination ohne Dirigenten

Musikensembles mit und ohne Dirigenten wurden beispielsweise von Bathurst und Ladkin (2012) in Bezug auf Führung untersucht. Sie erkennen, dass Führung ein emergenter sozialer Prozess ist, der also aus der Gruppe in einem geteilten Handlungsprozess entsteht. Dies entspricht nicht einer herkömmlichen Sicht auf lineare Managementprozesse, sondern zeigt Formen geteilter Führung und beschreibt Leadership als einen Prozess, der aus verschiedenen Einflüssen erwächst. Auch dazu gehört, Bereitschaft zu zeigen, vorbereitet zu sein und ständig auf unerwartete Probleme einzugehen. Diese flexible Reaktion auf Unvorhergesehenes ist ein durchgehendes Prinzip, vor allem für die Kreativwirtschaft.

Menschen in Bewegung bringen: Was Führungspersonen von DJs lernen können

Viele gemeinschaftliche Führungssituationen kann man wie gesagt in der Kreativindustrie auch konkret beobachten – man muss nur hinsehen und sie erkennen und entsprechend analysieren können. Die Managementforschung hat sich der Welt der Kultur und Kunst zugewandt, um zu lernen, wie gerade in Situationen der Kopräsenz (Face to Face) kommuniziert wird und wie Menschen motiviert und „bewegt" werden. So lassen sich interdisziplinär Techno-DJs untersuchen, denn Führungspersonen können von ihnen lernen (Biehl 2019). In Zeiten der Selbstinszenierung erscheinen DJs zwar wie charismatische Leader, denen die Crowd ohne Weiteres folgt (leaderzentriertes Modell), aber diese Sicht täuscht. DJs nutzen ihre sinnliche, **ästhetische Wahrnehmung**, um das Publikum zu verstehen und von Moment zu Moment gemeinsam mit den Tanzenden die Situation zu gestalten (relationales Modell). Dabei sind vier Motive wichtig.

- Physische Nähe: DJs ziehen ein Pult nah der Tanzfläche anstelle von hohen Bühnen vor, um die Stimmung besser wahrnehmen zu können (Abb. 4.2).
- Einsatz kinästhetischer Empathie (körperliche Wahrnehmung von Bewegung): DJs reagieren auf Energie und Bewegung, die nicht nur mit dem Blick auf die Tanzfläche sichtbar, sondern spürbar ist, und adjustieren ständig die Musikauswahl. Man spricht von einer **Feedbackschlaufe** zwischen DJ-Pult und Publikum – beim Theater und in

Abb. 4.2. Gemeinsam geschaffene Interaktion anstelle von hierarchischer Führung. (GENAU pres. Norman Nodge (Berghain), Azimut Club, Turin. Foto: Davide Dusnasco from Sinestesia, mit freundlicher Genehmigung von Cristina Baù und Matteo Brigatti, GENAU)

allen Vortragssituationen mit Zuschauern beispielsweise gibt es auch eine solche Feedbackschlaufe zwischen Bühne und Publikum.
- Einsatz körperlicher Bewegung: Ein Sprichwort sagt „Never trust a DJ who doesn't dance", und tatsächlich beobachten Tänzer, ob DJs engagiert und „committed" herüberkommen. Auch sie nehmen sinnlich war, ob die Person hinter den Decks mitgeht.
- Das Publikum herausfordern: Profi-DJs überraschen das Publikum mit Tracks, die es nicht erwartet hätte. So spielt ein Berghain-Resident auch mal mitten im Technoset einen Marilyn-Manson-Remix. Die Bewegung der Crowd ändert sich, die Energie und die Situation wird eine neue. Kein internationaler Profi-DJ nimmt Musikwünsche an, sondern verlässt sich auf seine „Antennen" oder ästhetische Einschätzung der Situation.

Eine solche Untersuchung zeigt, dass Führen und Folgen viel mit ästhetischer, sinnlicher Wahrnehmung zu tun hat und zwischen den Akteuren gemeinsam gestaltet wird. So gilt für jede Führungsperson, die sinnliche Wahrnehmung von Personen und Situationen einzusetzen und die Antennen immer auszufahren. Darüber hinaus wird deutlich, dass Menschen nicht nur folgen, sondern Leadership (Führung) in stetiger Beziehung zu den Followern (hier: Tänzern) steht, sich ständig ändert, andauernd verhandelt und somit gemeinsam geschaffen wird. Die Forschung spricht hier von „Relational

Leadership", bei der Führung nicht wie ein Objekt zu einem Leader gehört, sondern sich in einem Raum zwischen mehreren Parteien befindet und dynamisch ist, also ständig verhandelt wird. Diese dynamische, nonverbale und sinnlich wahrnehmbare Leadership-Interaktion aus der Welt der Musik bringt ein erweitertes Verständnis für Leadership im wirtschaftlichen Leben. Gerade die Arbeit in der Kreativbranche macht nicht nur rationales Vorgehen, sondern ästhetische Wahrnehmung für Akteure notwendig.

Eine Konstante kreativer Arbeit ist: Sie wird meist in einem gemeinschaftlichen Prozess erfolgreich. Hier soll verdeutlicht werden, dass der gemeinschaftliche Prozess sich auf verschiedene Arten ausgestalten lässt, damit kreative Köpfe ihren Input leisten können.
Als Ausgangspunkt lässt sich die kreative Klasse in zwei Kategorien von künstlerisch Tätigen unterteilen (Thomson et al. 2009):

1. **Generatoren** (Schriftsteller, Komponistinnen, Designer): Sie erdenken und erschaffen künstlerische Werke, sie formulieren und strukturieren sie grundsätzlich durch Text, Noten oder Entwürfe.
2. **Interpretierende** (Regisseurinnen, Schauspieler, Sängerinnen, Tänzer): Sie arbeiten mit diesem Material und legen es aus, deuten es und setzen es performativ um, etwa durch Bildsprache, Gesang, Körperbewegungen oder schauspielerische Darstellung.

Diese Trennung jedoch ist fließend, denn Produktion in der Kreativwirtschaft wird tendenziell als **Gruppenkreativität** gesehen (Morrow 2018, S. 50; Mainemelis et al. 2015). Das zeigt sich beispielsweise, wenn man kreative Schaffensprozesse im Bereich Tanz betrachtet. Trotz des Celebrity-Kults um berühmte Choreografen (die als „Generatoren" gelten können) geht es eher um verschiedene Stufen der Zusammenarbeit und Kreativität in der Gruppe, also eine Zusammenarbeit mit den Tänzern, die mehr sind als nur die „Interpretierenden".

Die Kooperation in der Tanzpraxis zwischen Choreografinnen und Tänzern kann auf verschiedene Arten gestaltet werden. Butterworth (2004, S. 55) hat ein Kontinuum mit fünf Stufen entwickelt, das die Möglichkeiten der Zusammenarbeit zeigt (Tab. 4.3).

Das **Choreografiemodell** wurde auch schon in der Managementforschung aufgegriffen (Biehl 2017, S. 143), um flexible Formen der Kooperation von Mitarbeitenden in einer Organisation zu illustrieren sowie auch Management und Führung. Im Tanzbereich denkt man bei Prozess 1 an autoritäre Führung in klassischen Tanzformen wie traditionellen Ballettaufführungen, bei Prozess 5 an postmoderne Performances und zeitgenössischen Tanz. Diese Ansätze lassen sich auf das Management in der Kreativwirtschaft übertragen und auch auf traditionelle und moderne Formen von Management in Organisationen im Allgemeinen. Dieses Modell lässt sich auch auf spezielle Fälle wie etwa das Artist Management (Kap. 7) anwenden: Dort wäre eine Managerin nicht auf Stufe 1 oder 2 als Expertin oder Autorin zu sehen, sondern höchstens als Pilotin, Unterstützerin oder Mitarbeiterin. Bei einem Projekt in einer Werbeagentur oder bei einer Theaterproduktion kann die

Tab. 4.3 Modelle der Zusammenarbeit bei Tanzperformances auf dem Spektrum von didaktisch zu kollektiv (Butterworth 2004, S. 55). Reprinted by permission of the publisher. (Taylor & Francis Ltd, http://www.tandfonline.com) (eigene Übersetzung)

Prozess 1	Prozess 2	Prozess 3	Prozess 4	Prozess 5
Choreografin als				
Expertin	Autorin	Pilotin	Unterstützerin	Mitarbeiterin
Tänzerin als				
Instrument	Interpretierende und Übersetzerin	Mitwirkende	Schaffende	Miteigentümerin
Fähigkeiten der Choreografen				
Kontrolle des Konzepts, Stils, Inhalts, Struktur und Interpretation	Kontrolle des Konzepts, Stils, Inhalts, Struktur und Interpretation angepasst an die Fähigkeiten der Tänzer	Initiation des Konzepts, Material wird in Form gebracht durch angeleitete Improvisation und Bildentwürfe	Führung bieten; Prozess, Intention und Konzept verhandeln; stimulieren; Methoden liefern, um Inhalt und Gesamtstruktur zu generieren	Teilen von Recherche und Entscheidung über Konzept, Stil, Inhalt und Struktur; gemeinsam entwickeln, teilen, anpassen
Fähigkeiten der Tänzer				
Konvergent: imitieren, replizieren	Konvergent: imitieren, replizieren, interpretieren	Divergent: replizieren, Inhalt entwickeln und schaffen, improvisieren	Divergent: Inhalt entwickeln und schaffen, improvisieren	Divergent: Inhalt entwickeln, improvisieren, kollektive Entscheidung über Intention und Struktur
Soziale Interaktion				
Passiv, aber empfänglich, kann unpersönlich sein	Separate Aktivitäten, aber empfänglich, Rücksicht auf die individuelle Leistungsfähigkeit	Aktive Partizipation von beiden Seiten, zwischenmenschliche Beziehung	Interaktiv	Interaktiv
Lehr- und Lernansatz				
Autoritär; Anweisungen geben	Anleitend (Directing); Anweisungen geben und eigene Erfahrung einfließen lassen	Führend und fördernd (Facilitating), Entdeckungsreise anleiten	Integrieren, unterstützend („Mentoring"), beratend, problemlösend, aktiv mitmachen	Geteilte Autorschaft (Ko-Kreation), voller Beitrag zu Konzept, Inhalt, Form, Stil, Prozess, Entwicklung

Führungsperson auf Stufe 4 oder 5 sein. Obwohl sich diese Grafik nicht eins zu eins übertragen lässt, kann das Konzept Managern in verschiedenen Bereichen helfen, ihren eigenen Stil im Kontext von kollektivem Schaffen mit etwas Distanz zu reflektieren und mithilfe der Metapher der Tanzwelt zu erweitern.

Eine Perspektive, die zwischen Generatoren und Interpretierenden trennt, ist also jenseits hierarchischer Modelle nicht beliebig anzuwenden. Sie betrachtet auch nur zwei Rollen im künstlerischen Bereich, und beinhaltet beileibe nicht alle Menschen, die kreativ im engeren oder weiteren Sinne arbeiten. Auch geht ein solcher Ansatz im Allgemeinen in die Richtung der Trennung zwischen „Kreativen" und „Normalen". Das ist nicht wirklich zielführend, denn kreative Produktion benötigt nun mal eine Vielzahl von Individuen: kreative Künstlerinnen (Musiker, Autorinnen, Schauspieler, Filmer), Booker, die Künstler vertreten (Agentinnen, Promoter, Künstlermanager), Techniker (Tontechnikerinnen, Kameraleute), Produzenten (Verleger, Studios, Plattenlabels), Geschäftsführerinnen und Führungspersonen, Distributoren und Medien (Fernsehen, Rundfunk). Man sieht, dass immaterielle kreative Güter auch eine dinghafte Form finden müssen und eine Trennung zwischen „Kreativen" und „Nichtkreativen" zu vereinfachend wäre. Das würde auch zu einem nicht haltbaren Gegensatz zwischen „Kreativen" und „Managern" führen, wo doch diese beiden Welten zusammenspielen, sich beeinflussen und ineinander übergehen.

4.3 Von populärer Kultur für Führung lernen

Produkte der Kultur- und Kreativwirtschaft können als **Quelle von Wissen über Management** dienen – auch wenn sie nicht explizit dafür gemacht wurden. Wie bereits definiert, sind die Produkte auf Grundlage geistigen Eigentums geschaffen durch den Einsatz menschlicher Kreativität, wobei ihr Wert besonders im kreativen Inhalt liegt, sie sind von symbolischer Natur und Träger von Bedeutung. Dazu zählen TV-Serien ebenso wie Filme, Bücher, Videos, Theateraufführungen, Musikstücke, Spiele und viele weitere. Dieser Bereich nennt sich populäre Kultur, wobei man nicht trennt zwischen „hoher" Kultur wie klassischer Musik und anderen Formen in der Alltagspraxis, sondern alle Medien gleichrangig betrachtet.

▶ **Populäre Kultur** Populärkultur (Popkultur) bezeichnet gesamtgesellschaftliche Phänomene, die nahezu alle kulturellen Sparten umfassen. Hierzu zählen kulturelle Erzeugnisse und Alltagspraktiken, die auch medial verbreitet werden (Fernsehen, Film, YouTube, Soziale Medien). In der populären Kultur manifestieren sich gesellschaftliche Themen, Konflikte und Veränderungen, es kann sich auch politischer Widerstand und Subversion ausdrücken. Populäre Kultur ist dabei immer eine Quelle von Wissen über die Welt. Insofern ist es auch für Managerinnen in der Kreativwirtschaft wichtig, diese Produkte nicht nur in Bezug auf Trends zu kennen, sondern zu verstehen und in vielerlei Hinsicht zu deuten.

Populäre Kultur lässt sich als performative Praxis (Kleiner und Wilke 2013) verstehen, die den Menschen Sinn vermittelt und Verständnis unserer Welt ermöglicht. Dazu gehören auch zwischenmenschliche Interaktion und uns alle betreffende Kämpfe um Einfluss, Führung und Macht. Über die Themen wie Leadership im Besonderen erfährt die Gesellschaft somit nicht nur durch ein Managementstudium, Veröffentlichungen in wissenschaftlichen Journalen und Fachzeitschriften, Fortbildungen oder aus eigenen Erfahrungen im täglichen Arbeitsleben. Vielmehr erschließen sich die Menschen Themen, denen sich die Wissenschaft bisweilen zuerst beschreibend widmet, auch durch die populäre Kultur. So können sie etwa von TV-Serien lernen, wie gute Zusammenarbeit funktioniert. Towers (2018) schlägt vor, Polizeifernsehserien zu schauen, um über die lebendige Illustration ein besseres Verständnis von Führungsrollen und Managementmodellen zu bekommen. Tatsächlich zeigen gerade diese Formate deutlich Anweisungsbefugnis, Aufgabenerledigung und die ständigen Reibereien in diesem Prozess.

Manager, gerade in der Kreativwirtschaft, sollen von populärer Kultur lernen können. Das ist natürlich mit einem althergebrachten Bildungsgedanken nicht auf den ersten Blick vereinbar: Kommt Wissen nicht aus dem Buch oder von Professorinnen und Wissenschaftlern? Tatsächlich jedoch hat die Managementausbildung schon lange erkannt, dass Inspiration in dynamischen Arbeitssituationen dringend gebraucht wird und sich von TV-Serien ebenso lernen lässt wie aus populärer und auch klassischer Literatur – so zeigt die Lektüre von Shakespeare sehr anschaulich das Ringen um Macht und menschliche Schwächen (Badaracco 2006), und Führungskräfte lesen solche Werke in künstlerischen Fortbildungsprogrammen (Abschn. 7.2.2). Trockene Lehrbücher mit Modellen und Diagrammen bieten keinen solchen Zugang zur emotionalen Dimension von Management, und helfen nicht, mit persönlichen und zwischenmenschlichen Problemen und Herausforderungen umzugehen (Biehl-Missal 2011, S. 136). Kultur ist anerkannt als wichtige Quelle von Wissen, das uns hilft, auch Management und Organisationen zu verstehen. Sie ermöglicht eine intensive und produktive Auseinandersetzung mit verschiedensten Sichtweisen auf Arbeit.

Populäre Kultur kann Fiktion, Fantasy, Unterhaltung und Amüsement sein, aber ist dabei immer eine Quelle von Wissen über die Welt. Die Inhalte sind anders gestrickt als wissenschaftliche Texte, die Themen abgrenzen, parzellieren und tief graben und Wissen als kompakte und schwer verdauliche Päckchen produzieren. In Bezug auf die Branche Film und TV lassen sich etwa Serienkulturen untersuchen. Dieses Vorgehen bringt uns in einen Raum zwischen der bewussten Analyse und den unbewussten populären Vorstellungen unserer Gesellschaft. Populäre Serien lassen sich als Spiegel unserer Zeit annehmen und nutzen, um neuen Sichtweisen, die in diesem filmischen Ausdruck geronnen sind, nachzugehen.

> **Relationale Führung in Game of Thrones**
>
> Fiktionale Geschichten führen die Zuschauer durch eine Erzählung mit verschiedenen Einflussfaktoren und davon abhängigen Ergebnissen und werden damit als „implizite Theorien" in der Managementforschung (Bell 2008) verstanden. Daraus stellt sich für

Zuschauer die Frage: Welche Theorie wird hier vorgestellt? Während manche Vergleiche direkt sind und Führung in der Kreativwirtschaft offen thematisieren (*Mad Man; 30 Rock; BoJack Horseman*), lässt sich auch die Serie *Game of Thrones* (Biehl 2020) als kritische Auseinandersetzung mit Führung untersuchen und als Postulat für relationale Führung interpretieren: Der Kampf um die Macht in Westeros ist zwar blutiger als in jedem heutigen Arbeitsalltag, aber genauso berechnend mit Intrigen, Fallen und Demütigungen. Auch wenn das Fantasydrama nicht als Leadership-Parabel geschaffen wurde, so sind doch diese Themen heute virulent und zeigen sich in dem Medienprodukt, das sich im psychoanalytischen Vokabular als „sozialer Traum", als Produkt vielstimmiger und kreativer Zusammenarbeit bezeichnen ließe und damit als eine Reflexion unserer heutigen Gesellschaft. Strategien von Führung (Leadership) lassen sich am Beispiel der beliebten Fernsehserie mit der Managementforschung verbinden und auseinandernehmen. Das populäre Phänomen spielt in einer mittelalterlichen Fantasywelt, führt uns aber um so überzeichneter vielfältige Leadership-Archetypen in einem unsicheren Zeitalter vor: charismatische (Daenerys Targaryen), authentische (Eddard Stark), machtbewusste (Cersei Lannister), behinderte (Tyrion Lannister), und mütterliche Führungspersonen (Catelyn Stark) werden konstruiert und wieder demontiert. Hände, Penisse und Köpfe werden abgetrennt. Am Schluss bleibt übrig, wen man nicht erwartet hätte (Abb. 4.3). So zelebriert die Serie auch die Macht derjenigen, die folgen oder es auch nicht tun müssen, und ihre Leader beeinflussen können. Führung hält sie nie lange, ein Herrscher wird schnell durch die nächste Königin ersetzt. Die Anhänger

Abb. 4.3 Serien als Produkte der Kreativwirtschaft zeigen Diversity im Management: Nachdem autoritäre Anführer gescheitert sind, teilen sich eine Frau (Sansa) und ein gehbehinderter Mann (Bran) die Königreiche auf, eine Frau (Arya) hat genug von Machtspielen und wandert aus. (Game of Thrones, USA, Staffel 8, Episode 6, HBO, 2019 YouTube)

verhandeln permanent, wem sie treu sind, und ändern ihre Meinung oft schnell. Die Serie erzählt uns nicht nur von dem Thema, sondern kann uns helfen, bestimmte Aspekte von Führung und menschlichen Machtkämpfen anders und deutlicher zu sehen. Das gilt nicht nur für die Wissenschaft, sondern auch für die einzelnen Zuschauer.

Verständnisfragen und Aufgaben

1. Benennen Sie verschiedene Kategorien von Wert und Leistung in der Kreativwirtschaft. Finden Sie Beispiele, wie diese Werte einander verstärken können oder auch gegensätzlich sind.
2. Argumentieren Sie für die Notwendigkeit, auch die Managementperformance als eigene Kategorie zu betrachten.
3. Erklären Sie, warum neue Führungsansätze notwendig geworden sind und beziehen Sie sich dabei auch auf die Unterschiede zwischen industrieller Ökonomie und Wissensorganisationen.
4. Erklären Sie, warum „weiche Kontrolle" bei Arbeit in Form von Projektorganisation sinnvoll ist.
5. Erklären Sie, wie im Modell von komplexer Führung die „adaptive" Führung und „ermöglichende (enabling)" Führung mit administrativer Führung zusammenspielen sollen.
6. Nehmen Sie Bezug auf das Modell Creative Leadership und diskutieren Sie einen Ansatz von fördernder Führung (Facilitative Leadership), den Sie selbst erlebt haben. Wie würden Sie einen solchen Ansatz beispielsweise auf eine Hochschule übertragen?
7. Könnten Sie sich vorstellen, anleitende Führung (Directive Leadership) zu leisten? Was müssten Sie mitbringen und in welchem Kontext wäre dies sinnvoll?
8. In welchem Umfeld könnten Sie sich vorstellen, den Ansatz des Integrierens (Integrative Leadership) auszufüllen? Welche Herausforderungen können dabei auftauchen?
9. Stellen Sie sich vor, Sie machen mit Ihren Freunden ein Performanceprojekt, das Sie aufführen wollen. Welchen Ansatz nach Butterworth würden Sie wählen? Von welchen Faktoren hinge dies ab? Würden Sie den Ansatz auch wählen, wenn Sie mit Ihrer Gruppe ein Event organisieren müssten, oder warum nicht?
10. Stellen Sie sich eine Präsenzsituation (Face-to-Face-Situation) aus Ihrer Arbeitserfahrung vor, in der Sie eine Art Führungsrolle übernommen haben. Wie lassen sich Prinzipien von relationaler Führung hier übertragen? Welche Erkenntnisse würden Sie aus der Studie über DJs mitnehmen, um sie auf diese Situation anzuwenden?
11. Erklären Sie in Rückgriff auf die Managementforschung, warum Sie aus TV-Serien etwas über Führung lernen können. Lässt sich dies auf eine Serie anwenden, die Sie gerne schauen, auch wenn das Thema Führung dort nicht so offensichtlich

ist wie in Büro- oder Polizeiserien? (*Game of Thrones*, *Walking Dead*, *The Handmaid's Tale* oder andere)?

Literatur

Adler, N. (2006). The arts and leadership: Now that we can do anything, what will we do? *Academy of Management Learning & Education, 5*, 486–499.
Badaracco, J. (2006). *Questions of character: Illuminating the heart of leadership through literature*. Boston: Harvard Business School Press.
Bathurst, R., & Ladkin, D. (2012). Performing leadership: Observations from the world of music. *Administrative Sciences, 2*(1), 99–119.
Bell, E. (2008). *Reading management and organization in film*. London: Palgrave Macmillan.
Biehl, B. (2017). *Dance and organization. Integrating dance theory and methods into the study of management*. New York: Routledge.
Biehl, B. (2019). ‚In the mix': Relational leadership explored through an analysis of techno DJs and dancers. *Leadership, 15*(3), 339–359.
Biehl, B. (2020). *Leadership in Game of Thrones* (Serienkulturen: Analyse – Kritik – Bedeutung, v. Marcus S. Kleiner, Hrsg.). Wiesbaden: Springer VS.
Biehl-Missal, B. (2011). *Wirtschaftsästhetik. Wie Unternehmen die Kunst als Inspiration und Werkzeug nutzen*. Wiesbaden: Gabler.
Blumenreich, U., Dengel, S., Hippe, W., & Sievers, N. (Hrsg.). (2018). *Jahrbuch für Kulturpolitik 2017/18. Welt. Kultur. Politik. – Kulturpolitik in Zeiten der Globalisierung*. Bielefeld: transcript.
BMWi (Bundesministerium für Wirtschaft und Energie). (Hrsg.). (2017). Monitoringbericht Kultur- und Kreativwirtschaft 2017. https://www.bmwi.de/Redaktion/DE/Publikationen/Wirtschaft/monitoring-wirtschaftliche-eckdaten-kuk-2017.pdf?__blob=publicationFile&v=6. Zugegriffen am 20.11.2018.
Bourdieu, P. (1983). Ökonomisches Kapital, kulturelles Kapital, soziales Kapital. In R. Kreckel (Hrsg.), *Soziale Ungleichheiten* (Soziale Welt Sonderband, Bd. 2, S. 183–198). Göttingen: Schwartz.
Braun, A., & Bockelmann, L. (2016). An individual perspective on open innovation capabilities in the context of haute cuisine. *International Journal of Innovation Management, 20*(1), 1–24.
Butterworth, J. (2004). Teaching choreography in higher education: A process continuum model. *Research in Dance Education, 5*, 45–67.
Caves, R. (2000). *Creative industries. Contracts between art and commerce*. Cambridge, MA: Harvard University Press.
Davis, H., & Scase, R. (2000). *Managing creativity. The dynamics of work and organization* (Managing work and organizations). Buckingham: Open University Press.
Denis, J., Langley, A., & Sergi, V. (2012). Leadership in the plural. *Academy of Management Annals, 6*(1), 211–283.
Enning, N. (2019). Vom Jazz für das Management lernen. https://www.hdpk.de/de/news-detail/news/vom-jazz-fuer-das-management-lernen/. Zugegriffen am 20.10.2019.
Florida, R. L. (2012). *The rise of the creative cass*. New York: Basic Books.
Hadida, A. (2015). Performance in the creative industries. In C. Jones, M. Lorenzen & J. Sapsed (Hrsg.), *The Oxford handbook of creative industries* (S. 219–248). Oxford: Oxford University Press.

Hesmondhalgh, D., & Pratt, A. (2005). Cultural Industries and cultural policy. *International Journal of Cultural Policy, 11*, 1–13.

Kamoche, K., Kannan, S., & Siebers, L. Q. (2014). Knowledge-sharing, control, compliance and symbolic violence. *Organization Studies, 35*, 989–1012.

Klein, A. (2009). *Kulturpolitik. Eine Einführung* (3., ak. Aufl.). Wiesbaden: VS Verlag für Sozialwissenschaften/Springer Fachmedien.

Kleiner, M. S. & Wilke, T. (Hrsg.) (2013). Performativität und Medialität Populärer Kulturen. Wiesbaden: VS Verlag.

Learmonth, M., & Morrell, K. (2017). Is critical leadership studies ‚critical‘? *Leadership, 13*(3), 257–271.

Mainemelis, C., Kark, R., & Epitropaki, O. (2015). Creative leadership: A multi-context conceptualization. *Academy of Management Annals, 9*(1), 393–482.

Manville, B., & Ober, J. (2003). Beyond empowerment: Building a company of citizens. *Harvard Business Review, 81*(1), 48–53.

Morrow, G. (2018). *Artist management. Agility in the creative and cultural industries*. New York: Routledge.

Mumford, M., Bedell-Avers, K., & Hunter, S. (2008). Planning for innovation: A multi-level perspective. In F. Yammarino & F. Dansereau (Hrsg.), *Multi-level issues in creativity and innovation* (Research in multi-level issues: Bd. 7, S. 107–154). Oxford: Elsevier.

Plaza, B., Tironi, M., & Haarich, S. (2009). Bilbao's art scene and the „Guggenheim effect" revisited. *European Planning Studies, 17*, 1711–1729.

Relotius, C. (2018). Regisseur Werner Herzog: „Es gibt keine Formel für Wahrheit". *Tagesspiegel*. https://www.tagesspiegel.de/gesellschaft/regisseur-werner-herzog-ich-haette-bloss-nicken-muessen-und-kinski-waere-tot/14926382-2.html. Zugegriffen am 29.10.2019.

Ryömä, A., & Satama, S. (2019). Dancing with the D-man: Exploring reflexive practices of relational leadership in ballet and ice hockey. *Leadership, 15*(6), 696–721.

Schlamp, H. -J. (2019). Kampf gegen Kreuzfahrtschiffe. Zoff um Venedigs Lagune. *Der Spiegel*. https://www.spiegel.de/reise/europa/italien-massnahmen-gegen-kreuzfahrtschiffe-in-venedig-a-1281366.html. Zugegriffen am 20.10.2018.

Spicer, A., Alvesson, M., & Karreman, D. (2009). Critical performativity: The unfinished business of critical management studies. *Human Relations, 62*(4), 537–560.

Thomson, P., Keehn, E., & Gumpel, T. (2009). Generators and interpretors in a performing arts population. *Creativity Research Journal, 21*, 72–91.

Towers, I. (2018). Learning how to manage by watching TV. *International Journal of Organizational Analysis, 25*(2), 242–254.

Uhl-Bien, M., Marion, R., & McKelvey, B. (2007). Complexity leadership theory: Shifting leadership from the industrial age to the knowledge era. *The Leadership Quarterly, 18*(4), 298–318.

Uhl-Bien, M., Riggio, R., Lowe, K., & Carsten, M. (2014). Followership theory: A review and a research agenda. *The Leadership Quarterly, 25*(1), 83–104.

UNESCO. (2013). *Creative economy report 2013. Special edition. Widening local development pathways* (Creative economy report). New York: UNDP.

Walenta, C. (2012). Empirie der Führung. In P. Heimerl & R. Sichler (Hrsg.), *Strategie, Organisation, Personal, Führung* (S. 495–525). Wien: UTB.

Kritischer Ansatz

5

Zusammenfassung

Dieses Kapitel stellt einen kritischen Ansatz für Akteure in der Kreativwirtschaft vor. Ein solcher Blick lässt sich als zusätzliche Kompetenz von Managerinnen und kreativen Köpfen verstehen und beinhaltet im Anschluss an die kritische Managementlehre folgende Elemente: affirmative Haltung, Sorgetragen, Pragmatismus, Potenzialität und normative Haltung. Wie lässt sich dies umsetzen? Es werden zwei Beispiele im Kontext von Arbeitsbedingungen und Zusammenarbeit vorgestellt: Es gibt verschiedene Möglichkeiten, mit unbezahlten Praktika umzugehen und die Situation fairer zu gestalten, und auch in anderen Bereichen wie im Artist Management lassen sich transparente Vereinbarungen mit einer ethischen Haltung treffen. Eine kritische Haltung betrifft auch die kulturelle Produktion, also wie die geschaffenen Produkte der Kreativindustrie in der Gesellschaft zirkulieren. Hier wird zunächst das Konzept der Kulturindustrie vorgestellt, das die massenhafte Verwertung von künstlerischen Produkten als problematisch für eine demokratische Gesellschaft sieht. Dieser Sicht wird heute widersprochen, da Menschen sich mit populärer Kultur aktiv auseinandersetzen. Das beinhaltet jedoch nach wie vor, dass Produkte für eine bessere Vermarktung frauenfeindlich, rassistisch und diskriminierend sein können.

5.1 Kritische und performative Haltung

Wie kreative Arbeit im wirtschaftlichen Verwertungszusammenhang und in der Kultur- und Kreativwirtschaft genutzt wird, hat auch stets Kritik erfahren. Traditionell verachten viele Künstler den Kommerz, und die „Kulturindustrie" wurde von Horkheimer und Adorno als Massenbetrug bezeichnet (Abschn. 5.3). Management in der Kreativwirtschaft ist mit besonderen Arbeitsbedingungen (Kap. 3) konfrontiert, mit unsicheren und prekären

Beschäftigungsverhältnissen. Managerperformance wurde verstanden als Führungsleistung (Kap. 4), die Gruppen anleitet, den Überblick über verschiedene kreative Köpfe behält, gute Arbeit möglich macht und fördert. Wenn Management wirtschaftliche Leistung, künstlerischen Verdienst und soziale Auswirkungen (Hadida 2015) erreichen soll, muss mehr Aufmerksamkeit darauf gelegt werden, was Manager eigentlich tun und tun könnten. Dieses Vorgehen sollte idealerweise auf einer möglichst breiten, reflektierten und kritischen Grundlage stehen und eine ethische und kritische Haltung erkennen lassen.

Als Bezugspunkt kann man sich hier auf die sogenannte **kritische Managementforschung** (Critical Management Studies) (Spicer et al. 2009, S. 540) stützen, die vielerlei offensichtliche Bezüge an die Kreativwirtschaft besitzt. Anschlusspunkte für eine solche Haltung könnte man schon bei Mintzberg (1989, S. 22) finden, der ermahnte, Dinge nicht nur oberflächlich, sondern in der Tiefe zu betrachten und ernsthafte Aufmerksamkeit auf Probleme zu lenken und einen Schritt zurückzutreten. Seit den letzten fünfzehn Jahren wird immer deutlicher gefordert, nicht nur auf ökonomischen Profit zu achten, sondern auf gesellschaftlichen Gewinn und nachhaltige Arbeitsbeziehungen (Adler 2006).

Eine kritische Haltung lässt sich zu den Kompetenzen oder Schlüsselqualifikation zählen, die in jedem Arbeitsprozess wichtig sind.

Schlüsselqualifikationen
Eine Reihe von Schlüsselqualifikationen beschreibt sowohl im Personalwesen in der Wirtschaft als auch in der Hochschulbildung und dem lebenslangen Lernen (Kultusministerkonferenz 2017) die Eigenschaften, die eine Person benötigt, um Änderungen der Umweltzustände zu bewältigen. Üblicherweise sind die Kompetenzen die folgenden:

- **Fachkompetenz**: theoretische Kenntnisse und praktisch anwendbares Handlungswissen, erlernte und ausgebildete intellektuelle und handwerkliche Fähigkeiten; fachliche Fertigkeiten, Kenntnisse
- **Methodenkompetenz**: Problemlösendes Denken, abstraktes und vernetztes Denken; Analyse-, Transfer- und Planungsfähigkeit; Entscheidungen treffen; Informationen beschaffen
- **Sozialkompetenz**: Kommunikationsfähigkeit; Meinungen verhandeln, Kritik äußern und annehmen; fair interagieren, Kooperationsbereitschaft und Einfühlungsvermögen, soziale Verantwortung und Eigenverantwortung
- **Selbstkompetenz**: Persönlichkeitskompetenz, individuelle Haltung zur Arbeit wie Initiative und Engagement, Lern- und Leistungsbereitschaft, Flexibilität, Kritikfähigkeit, realistisches Selbstbild. Eigenverantwortlich handeln und zur sozialen Verantwortung bereit sein, Anforderungen und Erwartungen selbst realisieren, sich weiterbilden und ein positives Arbeitsklima mitgestalten.

Diese Kategorien lassen sich nicht scharf trennen, sondern gehen auch ineinander über. Die **kritische Haltung** lässt sich vor allem als Selbstkompetenz sehen und auch als Sozialkompetenz im Umgang mit anderen, beinhaltet aber auch fachliches Wissen (etwa über Arbeitsbedingungen) und Methoden (etwa Formen der Zusammenarbeit verbessern). Kompetenzen lassen sich auch erweitern, beispielsweise kann man gerade für Management die Kreativwirtschaft sowohl an der kritischen Haltung als auch an der eigenen „ästhetischen Kompetenz" als geschärfter sinnlicher Wahrnehmung arbeiten (Abschn. 7.2.1).

Im kreativen und kulturellen Bereich geht es nicht nur um die Effizienz, sondern auch um kulturelle, künstlerische, soziale und menschliche Dimensionen. Daraus ergibt sich ein Anschluss an eine kritische Managementperspektive, die sich ebenfalls nicht nur an Performance im Sinne von wirtschaftlicher Effizienz orientiert, sondern ihr Vorgehen auch ständig hinterfragt. In einer kritischen Perspektive ist Management nicht nur eine Funktion zur Steigerung der Effizienz. Vielmehr geht es auch um den Kontext, um Kompetenz durch eine Auseinandersetzung mit kritischen Sichtweisen, beispielsweise in Rückgriff auf soziologische Ansätze und kritische Theorie.

Kritische Managementforschung: Teil des Problems, wie kann man es lösen?
Der kritische Ansatz richtet den Fokus auf die problematischen gesellschaftlichen Resultate (etwa in sozialstruktureller, moralischer und ökologischer Hinsicht) von Management- und Organisationspraktiken, wobei Management auch konkret als „Teil des Problems" anerkannt wird (Hartz 2011, S. 219). Eine kritische Managementhaltung bedeutet hier, auch selbst geschaffene Strukturen der Unterdrückung zu thematisieren und in Frage zu stellen sowie politisch zu handeln. Die Zielstellung ist „antiperformativ", will also nicht Wissen zur Steigerung der wirtschaftlichen Performance einsetzen. Vielmehr sollen Macht, Ungleichheit und Kontrolle in Organisationen thematisiert werden, und zugleich andere Formen der „Performanz" im Sinne von Handeln gesucht werden, um beispielsweise gesellschaftlichen Wandel anzutreiben (Hartz 2011, S. 216). Ein Trend in der internationalen Managementforschung geht dahin, nicht nur das Effizienzdenken von Managern für den Profit zu fördern, sondern auch deren kritische Haltung im Sinne eines gesellschaftlichen Gewinns auszubilden (Adler 2006; Beverungen et al. 2013).

Diese kritische Perspektive entwickelte sich als Reaktion auf dominante neoliberale Denk- und Gestaltungmuster, die auch in Vorstellungen widerhallen, eben freiwillig „wie ein (brotloser) Künstler" zu arbeiten. Andere Gründe sind die Vermarktung gesellschaftlicher Teilbereiche – was auch gerade die Kulturbranche betrifft, in der ständig um künstlerische Freiheiten gekämpft wird. Zur kritischen Managementforschung hat auch die gesellschaftliche Problematisierung ökologischer, sozialer und moralischer Folgen wirtschaftlichen Handelns und die begrenzte Perspektive von betriebswirtschaftlichen Managementausbildungen beigetragen (Hartz 2011, S. 213). Der herkömmlichen Managementausbildung wird eine Kurzsichtigkeit gegenüber ethischen und moralischen Fragen vorgeworfen sowie ein fehlender Blick auf den Menschen – der beispielsweise von einer Erziehung mit Kunst profitieren würde, um sozial und ökologisch nachhaltiger zu handeln (Adler 2006). Auch neueste Publikationen zu Artist Management beispielsweise wurden kritisiert, wenn sie zwar komplexe Geschäftsbeziehungen und ethische Probleme darstellen, aber Genderthemen nur streifen und „kritische, soziologische, anthropologische und philosophische Perspektiven […] neben einem US-amerikanisch geprägten Business- und Managementdiskurs [abhandeln], ohne den Mainstream des letzteren [zu] hinterfragen. Das Potenzial einer solchen Herangehensweise geht damit leider verloren" (Strauß 2019, S. 174).

Die kritische Managementlehre möchte nicht zwanghaft Effizienz steigern, versteht sich aber als **performativ** im Sinne von „handelnd". Sie möchte aktiv und subversiv in Managementdiskurse und Handlungsweisen eingreifen (Spicer et al. 2009, S. 546). Dazu gehören die folgenden fünf Elemente: affirmative Haltung, Sorgetragen, Pragmatismus, Potenzialität, normative Haltung.

1. **Affirmative Haltung** (Affirmative Stance): Das Objekt der Kritik aus der Nähe betrachten, nicht wie von außen untersuchen. Sprache und Metaphern im Diskurs hinterfragen („wie ein Künstler arbeiten" – sollen Menschen so arbeiten müssen?; „Selbstverwirklichung" – ist das wirklich so?)
2. **Sorgetragen** (Ethic of Care): „Caring" bedeutet, in einen kritischen Dialog zu treten und sich auch einmal selbst in Frage zu stellen (Spicer et al. 2009, S. 545). Dazu gehört, mit Menschen zu sprechen, Feedback einzuholen, zu hinterfragen, wie die bestehende Praxis ist, verschiedene Sichtweisen einzuholen und zu überlegen, was geändert werden könnte. Nicht für andere urteilen.
3. **Pragmatismus**: Kritischer Pragmatismus bedeutet, die eigene Wahrnehmung zu erweitern, die Art zu reden und zu denken in Frage zu stellen und auch das eigene Handeln, von dem man annehmen kann, dass es von sozialen Machtbeziehungen geprägt ist und diese reproduziert. Man nimmt nicht an, dass Dinge „schon immer so waren" und „richtig sind" und „nicht geändert werden können". Methode für angewandtes kommunikatives Handeln („Applied Communicative Action"): aktives Zuhören, Dialoge, Multistakeholder-Forum.
4. **Potenzialität** (Potentialities): Verständnis entwickeln für das, was (anders) sein könnte. Heterotopien erkunden: Gibt es Orte, an denen Arbeit und Management für alle positiv empfunden werden können, jenseits von Ausbeutung, Unterdrückung und Formen der Kontrolle?
5. **Normative Haltung**: Systematisch ethische Kriterien des Guten entwickeln, nicht vorgefertigt anwenden. Nicht nur „schlecht" und negativ urteilen, sondern überlegen, was gut für die Organisation beziehungsweise die Zusammenarbeit sein kann. Mikroemanzipation fördern, bei einzelnen Personen und in einzelnen kleinen Fällen, Räume der Autonomie schaffen von unten nach oben (Bottom-up).

Diese fünf Dimensionen passen recht gut auf Management in der Kreativwirtschaft. Sie passen nicht nur aufgrund der Nähe zu künstlerischer Kritik und öffentlicher Kritik an prekärer Arbeit mit der Forderung, Arbeitsbedingungen zu verbessern. Vielmehr bestehen einige Brücken zwischen diesen Dimensionen und der Kreativwirtschaft und ihren Formen von Arbeit. So zeichnet sich Führung in der Kreativwirtschaft eher nicht durch stringente Kontrolle aus, die auch in vielen zeitgemäßen Großkonzernen in verdeckter Form an der Tagesordnung ist (Zeiterfassung, Überwachung in Großraumbüros, Kleiderordnung etc.). Vielmehr sind die Formen von kreativer Arbeit und Wissensarbeit nicht so zu kontrollieren und benötigen viele Freiheitsgrade – an die sich ein kritischer Ansatz anschließen kann, etwa in Bezug auf Autonomie, Dialoge, Innovation und Potenzial für Neues und kritische Diskussionen.

5.2 Arbeitsbedingungen hinterfragen

Kreative Lebensentwürfe haben eine hohe Anziehungskraft, obwohl die kreativen Branchen bei genauer Untersuchung oft schwierige Arbeitsbedingungen offenbaren: unterdurchschnittliche Löhne, nicht ausreichende Kranken- und Altersvorsorge und entgrenzte Arbeitszeiten, die zu großer persönlicher Belastung führen können (Marguin und Losekandt 2017, Kap. 3). Das Thema Arbeitsbedingungen wird von der Wissenschaft im Bereich Kreativwirtschaft in Bezug auf Kapitalismus, Ausbeutung und Machtfragen untersucht (Hesmondhalgh 2010) und bietet sich damit als ein Beispiel für eine kritische Haltung in der Praxis an.

In Bezug auf die performative Haltung des kritischen Managementansatzes (Spicer et al. 2009) bedeutet eine „affirmative Haltung" (Affirmative Stance), solche Situationen zu hinterfragen. „Sorgetragen" (Ethic of Care) bedeutet, die Zwänge im Arbeits-und Lebenszusammenhang der Kreativschaffenden anzuerkennen und in einen produktiven Dialog zu treten. Dabei sollten auch stillschweigend akzeptierte Arbeitspraktiken in Organisationen oder in freiberuflichen Verhältnissen nicht nur instrumentell („unbezahlte Arbeit spart Geld"), sondern auch menschlich beleuchtet werden („was sind die Auswirkungen auf die Person, die für ihre Arbeit nicht angemessen vergütet wird"). Die „normative Haltung" könnte hier bedeuten, Menschen zu unterstützen, etwa mit angepassten Verträgen und Arbeitsbedingungen.

Die kritische Perspektive ist notwendig, denn die **subjektive Wahrnehmung** von Arbeit in der Kreativindustrie und die objektiven Arbeitsbedingungen liegen bisweilen weit auseinander (Abschn. 3.2) und werden damit nicht sofort realisiert. Verschärfend wirken sich folgende Umstände aus (Neff et al. 2005, S. 330):

- Kreativarbeiter übernehmen, was die Massenmedien über ihre Arbeit sagen.
- Kreativarbeiter setzen die historische Tradition fort, dass Künstler sich von „coolen" Feldern wie Werbung und TV, Medien und Mode angezogen fühlen.
- Die Flexibilität in diesen Branchen ist hoch, womit Flexibilität an sich Teil einer postmodernen Arbeitsethik wird, bei der die Einzelnen ein hohes Risiko auf sich nehmen und das Umfeld es auch so erwartet.
- Kreativarbeiter erachten es im gesellschaftlichen Diskurs als selbstverständlich, dass Risikoübernahme nötig ist, um Karriere zu machen. Sie internalisieren Risiko wie selbstständige Unternehmer.

Diese Gegebenheiten sind eher hinderlich für sozialen Aufstieg und meritokratische Prinzipien und bringen einige Folgen mit sich (Neff et al. 2005, S. 331):

- Die Kreativen machen bereitwillig Überstunden und arbeiten lange.
- Die Freizeit wird obligatorisch zum Networking genutzt (mit „wichtigen Leuten" abhängen, sich „sehen lassen").
- Die Einzelnen wollen sich selbst und ihre Fähigkeiten ständig verbessern.
- Einzelne tragen einen Großteil des unternehmerischen Risikos selbst, das sonst von der Firma getragen würde.

Die angesagten Jobs führen paradoxerweise zu niedriger wirtschaftlicher Stabilität. Branchen mit „coolen" Jobs, die „angesagt" und „trendy" sind, normalisieren und verherrlichen Risiko („no risk, no reward"). Das quasientrepreneurische Investment, das Individuen auf dem Weg in diese Jobs tätigen müssen, führt zu einer strukturellen Entmutigung, in schwierigen wirtschaftlichen Zeiten das Handtuch zu werfen (Neff et al. 2005, S. 331). Das bedeutet, die Akteure halten trotzdem durch und machen weiter, weil es „eben so ist".

▶ Als Zeitdokument der **glorifizierten Risikobereitschaft** und des Entrepreneurial Spirits lässt sich eine Reportage „The Gig Economy Celebrates Working Yourself to Death" über den Markt der Freelancer im weiteren Sinne im amerikanischen Magazin *The New Yorker* lesen: Die vermeintlichen „Macher" sind als Freelancer im neunten Monat schwanger und nehmen mit Wehen noch Taxitransportaufträge an, haben keine Krankenversicherung und Sicherheiten und tragen alle Risiken selbst (Tolentino 2017).

Aus einem kapitalismuskritischen Blickwinkel lässt sich sagen, dass Künstler und Kreative, die hier mitmachen, die prekäre Transformation der Arbeitsgesellschaft moralisch unterstützen (Rosa Luxemburg Stiftung 2014). Die Vorstellung, dass künstlerische Selbstaufopferung „cool" ist und Risiko wie ein Spaß und Lifestyle heute dazugehört, höhlt **gewerkschaftlichen Zusammenschluss** aus und ermutigt Menschen, noch mehr zu investieren und ohne Rücksicht auf sich selbst „Gas zu geben". Künstler und Kreative erscheinen als das perfekte Modell für „flexible Menschen", die sich nicht nur mit prekären Arbeits- und Lebensbedingungen arrangieren, sondern sich dabei auch noch selbst verwirklichen. Auch die Gewerkschaft ver.di diskutiert, dass „wenige Kreative in Gewerkschaften und Berufsverbänden organisiert [sind] und als Einzelkämpfer ihren eigenen Marktwert dem Versprechen der kreativen Selbstentfaltung unterordnen" würden (Hofmann 2016).

Vorstellungen von Selbstverwirklichung durch Arbeit, die gerade in der Kreativindustrie besonders wichtig sind, entsprechen unserer heutigen Zeit. Die Einzelnen müssen Einsatzwillen demonstrieren, und auf der anderen Seite werden von Angestellten und Selbstständigen lange Arbeitszeiten und ständige Verfügbarkeit verlangt. Die eigentliche Freiheit „zu arbeiten", die Freiheit, zeitlich und räumlich flexibel zu sein, wird oft durch wirtschaftliche Zwänge verdreht und schnell zu „**free work**" im Sinne von freier (kostenloser) und prekärer Arbeit, geforderter Mobilität und kurzfristiger Beschäftigung. Das betrifft verschiedenste Wirtschaftszweige, was etwa die kritische Managementzeitschrift *ephemera* in einem Sonderheft darstellt (Beverungen et al. 2013). Gerade in der Kreativwirtschaft, in der traditionell Menschen als Künstler und wie Künstler arbeiten, sind häufige Selbstausbeutung und unbezahlte Arbeit ein Problem.

In den heterogenen Kultur- und Kreativsektoren funktionieren Arbeitsrealitäten von künstlerischen Berufen komplett anders als von Angestellten in Unternehmen. Die

Böckler-Stiftung plädiert dafür, politische Handlungsempfehlungen, Förderprogramme und Finanzierungsmodelle an den speziellen Gruppen und nicht an der Kreativwirtschaft als solcher festzumachen (Marguin und Losekandt 2017, S. 92).

▶ Die Vereinte Dienstleistungsgewerkschaft (ver.di) sieht sich als mitgliederstärkste Vereinigung von Kultur- und Medienschaffenden in Europa und bietet Informationen auf ihrer Seite „Menschen machen Medien" https://mmm.verdi.de und der Fachgruppe Kunst und Kultur https://medien-kunst-industrie.verdi.de/bereiche-fachgruppen/kunst-und-kultur.

Bedingungsloses Grundeinkommen
Als andere Perspektive fordern beispielsweise Götz Werner und Adrienne Goehler (Werner und Goehler 2010) das bedingungslose Grundeinkommen. Werner ist Gründer und Aufsichtsratsmitglied des Unternehmens dm-drogerie markt. Goehler ist als ehemalige Kultursenatorin, Hochschulpräsidentin und Kuratorin eine Expertin im Kulturbereich und argumentiert, dass eine Gesellschaft, die hauptsächlich nur über die Ressource Kreativität verfügt, deren Potenzial nutzbar machen muss: Kreative Städte basieren auf den Möglichkeiten und Lebensentwürfen ihrer Bewohner, und die gegenwärtigen Krisen (Jobverlust durch Digitalisierung, Rohstoffknappheit) erfordern Anerkennungs- und Beteiligungsformen, die Menschen ermutigen, Alternativen zu erproben und zu gestalten. Ein Grundeinkommen würde den Menschen ohne Existenzangst ermöglichen, ihren Talenten und Neigungen nachzugehen, und könnte das kulturelle und kreative Dasein aller Menschen zum Wohle der Gesellschaft verbessern. Der Ansatz ist bisher umstritten und wird beispielsweise auch von Wissenschaftlerinnen im Hochschulbereich abgelehnt, da er dort Forderungen nach Entfristung und planungssicheren Arbeitsverhältnissen durch bereits vorhandene Grundsicherung entkräften würde.

5.2.1 Umgang mit Praktika

Der Einstieg in die Kreativbranche läuft meist informell über Netzwerke, Empfehlungen und eben Praktika. Interessengruppen zeigen Strategien auf und geben Hilfestellungen sowohl für Praktikanten und Neueinsteiger als auch für Manager, die die Arbeitssituation in ihren Bereichen für andere verbessern und fair gestalten können.

▶ **Leitfaden für das Praktikum** Lesenswert ist die kostenfreie und online erhältliche Broschüre *Surviving Internships. A Counter Guide to Free Labour in the Arts* des Carrot Workers Collective (2011), das sich das Bild des Esels und der vorgehaltenen Karotte zum Namen gemacht hat. Die aus London stammende Initiative nimmt sich den unbezahlten und unterbezahlten Arbeitsverhältnissen in der britischen Kreativindustrie an, wie auch die Precarious Workers Brigade (2017) und stellt Überlebensstrategien vor. Auf der Webseite finden sich Links zu unterschiedlichsten anderen Zusammenschlüssen wie ArtLeaks, Interns Anonymous und FairCompany in Deutschland.

Das Anwerben von neuen Mitarbeitenden in der Kreativindustrie geschieht oft durch informelle Kommunikation anstatt durch Stellenanzeigen, durch soziale Netzwerke und Empfehlungen, wobei altbekannte Karrierepfade oft nicht mehr gelten. Dabei finden Engagements auch aufgrund des letzten Projekts statt und nicht im Hinblick auf das Portfolio der Gesamtleistung. Im frühen Stadium einer Arbeitskarriere nehmen deshalb viele in diesen Branchen unbezahlte Arbeit und Praktikumsstellen an, um ihre Fähigkeiten und Qualifikationen zu verbessern. Dafür setzen sie ihre eigenen finanziellen Mittel ein. Viele dieser Stellen führen zu Dauerpraktika und münden nicht in die gewünschte Anstellung – auch aufgrund der Marktposition einzelner Unternehmen und des großen Angebots an interessierten Arbeitskräften.

Gerade im internationalen Kunstbereich wird oft Arbeit ohne Gegenleistung verlangt. Das ist für den Einzelnen schwierig, was die Finanzierung, den Selbstwert und die Perspektiven angeht, und es ist auch auf sozialer Ebene problematisch, wenn Prekarisierung strukturell gefördert wird oder ein Kulturbereich zunehmend nur für Privilegierte zugängig ist, die es sich leisten können, selbst Geld mitzubringen und längere Zeit ohne Entlohnung zu arbeiten.

„Und wenn ich nicht wie ein Künstler arbeiten will?" Widerstand auf der Theaterbühne
Künstler selbst erkennen sich in den heutigen Arbeitsbedingungen wieder und behandeln in ihren Werken kritisch diesen Trend. Ein Beispiel für diesen „künstlerischen Widerstand" (Biehl-Missal 2013) sind die Theaterstücke des Autors und Regisseurs René Pollesch. Die Arbeitsbedingungen in der Kreativwirtschaft nehmen verschiedene Stücke unter die Lupe. In der Inszenierung *Tod des Praktikanten* wird diskutiert, wie un(ter)bezahlte Praktikanten in ihren prekären Arbeitsverhältnissen auf den Traumjob hoffen, während sie für international bekannte Fotografen wie Wolfgang Tillmans und andere Stars der Kreativszene ohne angemessene Bezahlung arbeiten. In anderen Inszenierungen wie *Stadt als Beute 2* formulieren die Charaktere mit wachsender Verzweiflung Widerstand gegen den Zwang zu haltloser Selbstverwirklichung: „Und wenn ich versuche, nicht wie ein Künstler zu leben, wenn ich so nicht arbeiten will als BEUTE UND SELBSTAUSBEUTERISCH! Und nicht daran denke, mich selbstständig zu verwirklichen, WAS DANN?!" Die Helden spielen ihre Zweifel verunsichert aus und schreien Sätze wie: „Dieses organische Kapital HIER [Performer zeigt auf sich] IST BEUTE!", und wenig später: „Das hier ist Müll! Die SCHEISSE! [Performerin zeigt auf sich.]" Diese Darstellung bildet einen starken Kontrast zum positiven Ideal, „wie ein Künstler" zu arbeiten. Die negative Seite wird dargestellt, die Selbstausbeutung, die nicht zwangsläufig zum gewünschten materiellen und persönlichen Erfolg führen muss. In der ästhetischen Situation der Live-Aufführung übertragen sich die dargestellten Gefühle und Verzweiflung noch einmal viel direkter auf das Publikum als trockene Statistiken über die Risiken kreativer Arbeitsverhältnisse.

Es gibt international gesprochen Interns (Praktikanten), Volunteers (Hospitanten) und Angestellte, wobei Hospitanten wirklich freiwillig selbst gewählte Tätigkeiten bei freier Zeiteinteilung verrichten sollten und keine Arbeitsanweisungen annehmen. Wer eine dieser Tätigkeiten ausüben wird, sollte sich über die Einordnung im Klaren sein und Informationen einholen.

▶ Mit dem in Deutschland geltenden Mindestlohngesetz (MiLoG) sind viele Praktika nach wie vor unbezahlt. Hier gibt der **Leitfaden des Bundesministeriums**

für Arbeit und Soziales Hinweise, wie die jeweilige Tätigkeit einzuordnen ist. https://www.bmas.de/DE/Themen/Arbeitsrecht/Mindestlohn/mindestlohn-praktikum.html

Neben diesen objektiven Faktoren, wie Praktika rechtlich einzuordnen sind, gibt es auch die subjektive Sicht. Lohnt sich ein Praktikum, oder nicht? Bei der Entscheidungsfindung spielt nicht nur die Vergütung eine Rolle (in Bezug auf die verschiedenen Formen von Kapital in der Kreativwirtschaft (Kap. 8) würde man vom ökonomischen Kapital sprechen), sondern auch die Kompetenz- und Fähigkeitsvermittlung (intellektuelles Kapital), der Reputationsgewinn (symbolisches Kapital), Netzwerke und soziales Engagement (soziales Kapital). Um hinter der Entscheidung auch wirklich stehen zu können, werden beispielsweise Checklisten mit Fragen empfohlen, die man für sich selbst im Vorfeld beantworten kann.

Fragebogen: Lohnt sich das Praktikum (im Kunstbereich)?
Führt das Praktikum zu einem Job, einem Empfehlungsschreiben, oder kann ich „entdeckt werden"?
Ja/Nein
Gibt es Trainingskurse oder andere Tätigkeiten, die mir dieselben Fähigkeiten vermitteln, die ich mir vom Praktikum verspreche? Lohnt sich dann der finanzielle Aufwand für das Praktikum überhaupt?
Ja/Nein
Kann ich mehr Arbeitserfahrung in diesem Bereich sammeln, wenn ich selbstständig arbeite (z. B. mit Freunden eine Ausstellung organisiere)?
Ja/Nein
Möchte ich Kultur schaffen für wirtschaftliche oder soziale Zwecke? Habe ich dafür die richtige Organisation gefunden?
Ja/Nein
Lohnt es sich, in einem angesehenen Hause ein Praktikum zu absolvieren nur wegen des Namens – oder kann ich woanders gleichwertige oder gar bessere praktische Kenntnisse erwerben?
Ja/Nein
Ist es mein Ziel, mit einem unbezahlten Praktikum einen „Vorteil" gegenüber meiner Bezugsgruppe zu bekommen, und vielleicht gegenüber anderen, die weniger Privilegien haben als ich? Wie wirkt sich das auf mich und meine Kollegen aus? Gibt es andere, nicht von Konkurrenz getriebene Wege, im Kreativbereich voranzukommen?
Ja/Nein
Habe ich mir überlegt, wie meine Entscheidungen an einem frühen Punkt in meinem Arbeitsleben meine Haltung generell prägen? Wenn ich jetzt unter prekären Bedingungen und mit Menschen arbeite, die mich nicht respektieren, soll das später anders werden?
Ja/Nein
Ist meine freie Arbeit (free work) etwa nicht ein Gewinn nur für mich, sondern profitiert der jeweilige Kulturbereich von notwendiger, aber unbezahlter Zuarbeit, ohne die er nicht funktionieren könnte? Wenn ja, sollten wir nicht selbstbewusster für uns eintreten?
Ja/Nein
Dieser Fragebogen basiert auf den Ausarbeitungen des Carrot Workers Collective (2011, S. 10–11), und passt auf Praktika im Kunstmarkt, lässt sich aber an die Branche anpassen und erweitern.

Wer in solchen Umständen nicht die Person ist, die das Praktikum macht, sondern in einer dafür verantwortlichen Position (Managerin), sollte die ethische Dimension der Zusammenarbeit immer berücksichtigen. Sie können zudem folgende Dinge festsetzen:

- eine klare Arbeitsbeschreibung im Voraus vereinbaren;
- konstruktive Feedbackgespräche anbieten;
- Flexible Benefits, also andere Formen der Entlohnung ermöglichen (Nutzung von Räumen oder gar Materialien für eigene kreative Arbeit).

Eine **ethische Praktikumsvereinbarung** kann folgende Elemente enthalten (Carrot Workers Collective 2011, S. 33) und dann gemeinsam von Führungspersonen oder Verantwortlichen und Praktikanten unterzeichnet werden:

- Detaillierte Einführung am ersten Arbeitstag: Vorstellung der Kolleginnen, Sicherheit und Gesundheitsschutz am Arbeitsplatz, Arbeitsabläufe, Vertraulichkeit, Beschwerdemöglichkeiten
- Vorläufige Einschätzung der Fähigkeiten des Praktikanten und gemeinsam verhandelte Aufgabenzuteilung
- Zuweisung einer Mentorin oder Supervisor und Vertrag mit Lernzielen und Aufgaben. Möglichkeit, den Supervisor zu begleiten bei Arbeitsprozessen und Meetings
- Aufwendungen: Fahrtkosten und Verpflegung übernehmen, wenn es keine finanzielle Entlohnung gibt
- Abschlussgespräch: Diskussion der erreichten Lernziele, Dokumentation zur Verfügung stellen. Unterstützung bei anschließender Jobsuche, wenn kein Übernahmeangebot gemacht wird; kein unbezahlter Wiedereinsatz in derselben Institution
- Besondere Überlegungen: Soziale Öffnung mit Teilzeitpraktika für jene, die Vollzeitpraktika nicht selbst finanzieren können
- Anerkennung von Leistungen bei Projekten mit Namensnennung und Benennung des Beitrags

Diese Werkzeuge der kritischen Praxis sollen dazu dienen, Arbeitsbedingungen gemeinsam zu verbessern, was oft einfach ist und nichts kostet, um gegenseitigen Respekt zu zeigen, Menschen mit unterschiedlichen Hintergründen zu integrieren und nicht auszuschließen und der sozialen Verantwortung damit ein wenig besser gerecht zu werden.

5.2.2 Ethische Haltung im Künstlermanagement

Für Akteure und Verantwortliche im Bereich Künstlermanagement ist – wie auch in den anderen Bereichen – eine ethische Haltung wichtig. Herausforderungen für das Artist Management sind die Geschäftsstruktur und die Vereinbarungen, die mit den Künstlern getroffen werden. Gerade im Bereich Artist Management gelten folgende **Herausforderungen** (Morrow 2018, S. 92):

- Artist Manager haben **keine formale Qualifikation**, üben keine zugangsbeschränkte Tätigkeit aus und können somit keinen Stundensatz nach Vergütungsordnung nehmen wie zugelassene Anwälte oder Steuerberater.
- Würden sie **Stundensätze** abrechnen, könnten sich die meisten Künstler keine Managerin leisten.
- Daraus folgt, dass Manager bestimmte **Vereinbarungen** mit den Künstlern schließen, die bisweilen auch widersprüchlich sind und das sogenannte „Double Dipping" beinhalten. Double Dipping als mehrfache Berechnung von Leistungen lässt weitere Probleme entstehen. Beispielsweise, wenn Managerinnen zwei Einkommensströme erhalten und dabei widersprüchliche Interessen vorhanden sind, die zu einem Interessenkonflikt führen können (Morrow 2018, S. 93).

Die Struktur im internationalen Musikbereich beinhaltet mehrere komplexe Arrangements, die auch bisweilen **widersprüchlich** sind (Morrow 2018), zum Beispiel in Bezug auf folgende Punkte:

- In einem traditionellen Dienstleistungsvertrag (Service Provision Agreement) erhält der Manager 15 bis 20 Prozent des Nettoeinkommens der Künstlerin für die Dienstleistung des Artist Managements über alle fünf Haupteinkommensströme wie Plattenverkäufe, Live-Auftritte, Tantiemen, Merchandisewaren, Sponsoring und Förderung. Hieraus entstehen keine Eigentumsrechte am Copyright oder am geistigen Eigentum der Künstler.
- Wenn Artist Manager etwa auch zum Plattenlabel werden, erhalten sie Einkünfte aus den Plattenverkäufen und autorisieren die Tantiemen der Künstler, die aber auch zum Teil dem Artist Manager gehören. Hierbei kann die bestmögliche Vertretung des Künstlers gegenüber dem Label im Widerspruch zum effizienten Management des Labels stehen.
- Double Dipping kann auch entstehen, wenn Artist Manager eine Provision von beispielsweise einer PR-Agentur für das Neugeschäft kassieren. Zum Beispiel erhält die Artist Managerin 20 Prozent auf die Einnahmen des Künstlers, dann geht ein Teil der verbleibenden Summe in die PR-Arbeit, wovon die Agentur im internationalen Markt dann oft zehn Prozent an die Person zahlt, der das Neugeschäft eingebracht hat – in diesem Falle der Artist Manager selbst (Morrow 2018, S. 94). Diese Form des „Kickback" motiviert einen Geschäftsabschluss mit der bestimmten Agentur anstelle von der Konkurrenz. Dem Künstler gegenüber sollte dies offengelegt werden. Viele Künstler wissen oft nicht recht, was Manager machen, und die Geschichten über anschließende Rechtsstreitigkeiten sind allseits bekannt.

▶ Der **ethische Ansatz** beim Artist Management: Manager first.

Die empfohlene ethische Haltung in diesem Business ist: Manager kommt zuerst. Das bedeutet nicht, dass die Managerin zuerst an sich selbst denkt. Sondern es bedeutet, dass ein Artist Manager zu allererst als Interessenvertreter des Künstlers agiert, getrennte Konten führt, transparent kommuniziert und nicht Manager des eigenen Vorteils ist (Morrow 2018, S. 96).

5.3 Kulturelle Produktion und Kulturindustrie

Zu einem kritischen Managementansatz gehört auch eine reflektierte Haltung nicht nur in Bezug auf die Arbeit und Produktionsbedingungen, sondern auch auf die geschaffenen Produkte. Gerade in der Kreativwirtschaft darf der Fokus von Management nicht nur auf dem Management der Produktion von Gütern liegen, sondern muss **die kulturelle Produktion** erfassen, das bedeutet, die Rolle dieser Güter im gesellschaftlichen Kontext (Townley et al. 2009, S. 943). In der Kreativwirtschaft werden Güter und Dienstleistungen gestaltet, produziert und konsumiert, die auf Kreativität und intellektuellem Kapital basieren. Diese oft massenproduzierten Produkte haben nicht nur einen wirtschaftlichen Wert, sondern auch eine besondere Bedeutung für die Konsumenten.

In der herkömmlichen betriebswirtschaftlichen Ausbildung kommt kulturwissenschaftliche Theorie kaum vor und **kulturelle Reflexivität** ist nicht besonders gut entwickelt, was bedeutet, dass Annahmen über die Realität nicht konsequent hinterfragt werden (Hartz 2011, S. 217). Konstruktivistische Ansätze, wie sie gerade die Kulturwissenschaft prägen, gehen hingegen davon aus, dass soziale Bedeutungen geschaffen und verhandelt werden. Die kritische Managementlehre sieht ihre Aufgabe im Hinterfragen von dominanten, negative Konsequenzen erzeugenden Ideologien, Institutionen, Interessen und Identitäten. Dazu gehört Negation und Dekonstruktion, das Zu-Wort-kommen-lassen alternativer Erzählungen und marginalisierter Stimmen und die Verfremdung und damit Problematisierung nicht hinterfragter Diskurse und Praktiken, um Formen sozialer und medialer Herrschaft zu verändern.

▶ Eine kritische Haltung hinterfragt gesellschaftliche Vorstellungen, die in den Medien gezeigt werden, lässt andere Stimmen zu Wort kommen und diskutiert andere Interpretationen. Realität „ist" nicht nur da, sondern „wird" geschaffen.

Die Critical Management Studies beziehen sich selbst direkt auf Quellen wie die Kritische Theorie der Frankfurter Schule, die sich schon früh mit der sogenannten **Kulturindustrie** als der Ökonomisierung der Kunstproduktion und vor allem der Reproduktion auseinandergesetzt hat. Den Zweifel an Profit hatten Horkheimer und Adorno um 1944 (2000) in ihren Schriften zur *Dialektik der Aufklärung* mit dem Konzept der „Kulturindustrie – Aufklärung als Massenbetrug" ausgedrückt: In dem international und weit rezipierten Klassiker beschrieben sie kritisch die Kommodifizierung kultureller Beiträge. Alle Kultur wird zur Ware, bei der Kunst zählt nur noch der ökonomische Wert, nicht der ästhetische oder künstlerische. „Kultur" und „Industrie" sind Gegensätze, die sich in der kritischen Sicht der Frankfurter Schule nicht vereinbaren ließen. Adorno kritisierte eine Tendenz zur Vulgarisierung und Mediokrisierung von Kunst durch ihre Vermarktung im Kunstbetrieb. Das zeigt sich bisweilen im Ausstellungswesen, durch das sich mehr und mehr Museen finanzieren müssen, im Konzertbetrieb, in der Vermarktung von Kunst durch die Medien und vielen anderen Beispielen.

▶ Mit dem Begriff Kulturindustrie wird nicht der Einfluss der Ästhetik auf die Wirtschaft bezeichnet (ästhetische Ökonomie, Abschn. 6.2), sondern umgekehrt die Ökonomisierung der Kunst kritisiert.

In der Sicht der Kulturindustrie unterstützt die Warenförmigkeit der Kulturprodukte auch die kapitalistische Ideologie, denn die Kulturindustrie verhindert, dass die Menschen kritisch denken. Die ganze Welt wird durch den „Filter der Kulturindustrie" geleitet: Die kapitalistische Produktion hält Arbeiter und Angestellte „mit Leib und Seele so eingeschlossen, dass sie dem, was ihnen geboten wird, widerstandslos verfallen" (Horkheimer und Adorno 2000, S. 142).

Manipulation der Zuschauer schreibt gesellschaftliche Rollen fest
Adorno und Horkheimer kritisieren, dass die Menschen in der „Kulturindustrie" verdummten und das kapitalistische System durch fortwährenden Medienkonsum, Warenkonsum und Erfüllung ihrer zugedachten Rolle unterstützten. Der Zuschauer von Fernsehen „soll keiner eigenen Gedanken bedürfen, das Produkt zeichnet jede Reaktion vor: nicht durch einen sachlichen Zusammenhang – dieser zerfällt, soweit er Denken beansprucht – sondern durch Signale. Jede logische Verbindung, die geistigen Atem voraussetzt, wird peinlich vermieden" (Horkheimer und Adorno 2000, S. 145). Trickfilme beispielsweise gewöhnen die Menschen an das industrielle Tempo und die immer wiederkehrende Arbeit, halten das Publikum dabei aber gleichzeitig klein: Sie „hämmern (…) alte Weisheit in alle Hirne, dass die kontinuierliche Abreibung, die Brechung allen individuellen Widerstands, die Bedingung des Lebens in dieser Gesellschaft ist. Donald Duck in den Cartoons wie die Unglücklichen in der Realität erhalten ihre Prügel, damit die Zuschauer sich an ihre eigenen gewöhnen" (Horkheimer und Adorno 2000, S. 147). Die Medienprodukte führen immer wieder die gleichen sich wiederholenden Schemata auf, bestimmte Typen werden belohnt, andere werden bestraft, Geschlechterrollen und Unterdrückung stehen fest und werden dem Publikum ständig eingebläut (so empfängt die Geliebte des männlichen Stars regelmäßig „zuträgliche Prügel" – Horkheimer und Adorno 2000, S. 133). Wer existieren möchte, bleibt bei seiner Position im System. Umsturz, Veränderung, Empowerment? Fehlanzeige.

Disneyfizierung: Geschichte vereinfachen und verkaufen
Die Walt Disney Company ist ein internationales, aber auch kritisch betrachtetes Beispiel für die Massenproduktion und systematische Verwertung symbolischer Güter mit Erlebniswert. Nach dem Erwerb der Rechte wurde aus der Filmreihe *Star Wars* eine Welt von Artikeln wie Spielzeug (einschließlich Pyjamas, Haushaltswaren und anderen Dingen), Charakteren, Geschichten und Spielen, die alle aufgrund ihres symbolischen Zusammenhangs beliebt sind. *Pirates of the Caribbean* existiert als Filmreihe, Merchandisingwelt mit allen möglichen Produkten und auch als Teil eines Vergnügungsparks.

Als Kritik an dieser konsequenten Nutzbarmachung zur symbolischen Verwertung wird der Begriff „Disneyfizierung" benutzt, der beschreibt, wie Geschichte und Kultur simplifiziert, romantisiert, quasi keimfrei gemacht und von kritischen Aspekten befreit wird, damit sie ohne anzuecken bei der breiten Masse ankommt (Ross 2011). So kann man am Film *Pocahontas* kritisieren, dass die Widerstandskämpfe amerikanischer Ureinwohner verdreht und vereinfacht wurden und der weibliche Hauptcharakter als süßes verliebtes Indianermädchen verniedlicht und entpolitisiert wurde.

Eine Kritik an der Erlebnisvermarktung und an symbolischen Fantasiewelten hat auch der Street-Art-Künstler Banksy formuliert: Die temporäre Ausstellung *Dismaland* (https://www.youtube.com/watch?v=VCpYYYzQJ3c) bot einen komplett anderen Vergnügungspark mit politischen Botschaften (beispielsweise eine Installation über gesunkene Flüchtlingsboote) und bildete einen dunklen Zerrspiegel der bunten Disneyparks.

Wenn die kritische Managementlehre heute sagt, Manager müssten sich als Teil des Problems sehen, nicht nur als dessen Lösung (Hartz 2011, S. 219), wird der Bogen zur Kulturindustrie offensichtlich. In dieser Sicht sind Managerinnen wenig mehr als die Handlanger des Kapitalismus, Verbreiter von Ideologie und Kontrolleure wie in der Fabrik: „Die Gewaltigen der Kulturagenturen, die harmonieren wie nur ein Manager mit dem anderen (…) haben längst den objektiven Geist saniert und rationalisiert. Es ist, als hätte eine allgegenwärtige Instanz das Material gesichtet und den maßgebenden Katalog der kulturellen Güter aufgestellt, der die lieferbaren Serien bündig aufführt" (Horkheimer und Adorno 2000, S. 143). Kreative Produktion ähnelt in dieser Sicht der industriellen Produktion, indem immer wiederkehrende Schablonen für die Herstellung von Massenware verwendet werden. Veränderung und Neuerungen sind hier nicht wirklich vorgesehen. Trotz aller zeitgemäßen Theorien zu kreativer und kollektiver Arbeit sollten Akteure und Managerinnen solche Ideen nicht einfach als überholt abtun, denn medien- und kulturwissenschaftliche Perspektiven von heute kritisieren diese Abhängigkeiten ebenfalls.

Bevor diese Kritik dargestellt wird, soll zunächst der Rahmen weiter aufgespannt werden. Wissenschaftlich hat sich die ablehnende Sicht der „Kulturindustrie" auf die kulturelle Produktion seit den 1960er-Jahren erweitert. „Cultural Industries" wird seit den 1980er-Jahren von der UNESCO als kulturelle Produktion und Konsum gefasst – quer über das weite Spektrum von Feldern wie Musik, Kunst, Mode, Medienwirtschaft einschließlich Film und Fernsehen und einschließlich technologiegetriebener Medien wie auch künstlerischen Handwerks. Diese Güter und Dienstleistungen tragen maßgeblich dazu bei, kulturelle Vielfalt zu fördern und zu erhalten und stellen damit auch einen demokratischen Zugang zur Kultur für alle dar (UNESCO 2013).

Die Warenförmigkeit kultureller Güter lässt sich somit nicht zwangsläufig als Degenerierung des kulturellen Ausdrucks sehen, sondern auch als Teil einer ästhetisch aufgeladenen Ökonomie (Abschn. 6.2). So unterscheidet man auch nicht mehr zwischen „anspruchsvoller" Hochkultur und „niederer" Populärkultur, was in Horkheimer und Adornos Sichtweise mitschwang. **Populäre Kultur**, gar „Popkultur" (Hecken und Kleiner 2017), gilt als wichtiger Bedeutungsgeber für das gesellschaftliche Leben mit Subkulturen und Potenzialen für Widerstand und politische Aktion. Beispielsweise stellen Formate wie TV-Serien nicht nur eine ideologische Beeinflussung dar oder bieten eine passive Flucht aus der Wirklichkeit, sondern eröffnen emotionale Angebote zur aktiven Identitätskonstruktion der Mediennutzer (Abschn. 4.3) und sind ästhetische Arbeit (Abschn. 6.3). Im Sinne des kulturellen Charakters kreativer Güter, den die UNESCO (2013) in ihrer Klassifikation hervorhebt, lassen sich die vielfältigen Güter der Kreativindustrie von den Menschen als symbolische Medien auf individuelle Art nutzen. Damit hat sich das Problem von Massenproduktion, Verwertbarkeit und sozialer Verantwortung für Kreativschaffende aber nicht aufgelöst.

Der Begriff „Kreativwirtschaft" wirft generell die Frage nach der Verwertbarkeit von Kreativität und Kunst auf und ob Kultur ein öffentliches Gut ist, und was die Auswirkungen auf Wirtschaft und Gesellschaft sind (Hesmondhalgh und Pratt 2005): Kritiker befürchten nach wie vor, dass die Imperative von Management und Marketing künstlerisches Schaffen, Produkte und Arbeitsprozesse verändern und der wirtschaftlichen **Verwertbarkeit** ausliefern. Der Wert von Kunst und Kultur würde sich dann nur noch nach dem Profit bemessen, nicht nach künstlerischem Verdienst oder dem sozialen Gewinn für die Menschen und die Gesellschaft.

Obwohl populäre Kultur den Menschen viele Möglichkeiten der Auseinandersetzung bietet, heben zeitgenössische kritische Analysen von Massenmedien das Spannungsfeld von Verwertbarkeit, Ideologie und sozialem Anspruch permanent hervor. Auch Manager müssen sich gerade im Medienbereich dieser Debatte um kapitalistische Medien bewusst sein.

▶ **Kapitalistische Medien** (Capitalist Media) (Fuchs 2014, S. 22) üben ihren Einfluss auf drei Arten aus, wobei die ersten beiden besonders ökonomisch sind und die dritte ideologisch ist:

1. Sie reduzieren Zuschauer auf Zielobjekte von Werbung und auf Konsumenten von Waren, und sehen sie nicht als Empfänger von Kultur, Wissen oder anderem.
2. Da sich Kapitalismus um Waren und Produkte dreht, die konsumiert werden, verkaufen sie ihre Zuschauer als Zielgruppe an Werbekunden (Audience Commodification), setzen diese also gegen Geld den Werbebotschaften aus und strukturieren ihre Programme dementsprechend.
3. Um sich zu erhalten, muss der Kapitalismus sich selbst als das beste oder einzig denkbare System verkaufen und benutzt Medien, um diese Nachricht in all ihren verschiedenen Formen weiter zu verbreiten.

Hat das Publikum Reality-TV-Sendungen „verdient", weil es so dumm ist?
Wenn Formate im Fernsehen laufen, wie bestimmte Reality-TV-Serien oder Sendungen, die sowohl Medienleute als auch Wissenschaftler bisweilen als „Unterschichtenfernsehen" bezeichnen, hört man oft, das Publikum hätte es verdient oder wolle nichts anderes. Wenn die Menschen Qualitätsfernsehen wollten, hätten Sendungen auf arte mehr Zuschauer als Gewinnspiele, Dokusoaps, Castingshows und Telefonvotings. Eileen R. Meehan (2005) sagt: Nein, es ist nicht unser Fehler! Vielmehr handelt es sich hier um ein Beispiel für kapitalistische Medien. Die Formate gibt es, weil sie viel billiger zu produzieren sind und den **Werbekunden** der Sender gefallen und nicht, weil sie dem Publikum gefallen würden.

Reality-TV-Sendungen beispielsweise transportieren viele eigentlich überkommene Frauenbilder und sind bisweilen auch offen frauenfeindlich („die Schlampe"), äußern sich rassistisch (dunkle Hautfarbe und angeblich lockere Moral) über Immigranten (ungebildet) und die Arbeiterklasse (dumm, faul, saufend, prügelnd, knapp bekleidet, sexgeil), wie etwa die US-Serie *Jersey Shore* (Hargraves 2014). Hier ist klar, wer zu welcher sozialen Klasse gehört und dort auch bleiben soll, die weiße Mittelschicht richtet sich innerlich auf und beruhigt sich politisch an Sendungen, bei denen sie auf andere herabschauen kann. Reality-TV-Serien beispielsweise werden offen für ihren Rassismus (wenige People of Colour, Stereotype von Women of Colour), ihre Frauenfeindlichkeit (Genderstereotype, Body Shaming, Altersdiskriminierung) und Konsumorientierung (Shopping Trips, Geld und Reichtum als zentrale Werte im Gegensatz zu demokratischer gesellschaftlicher Teilhabe) kritisiert. Dem Publikum wird dies dennoch vorgesetzt, weil es viel billiger zu produzieren ist als andere Formate, wie aufwändige Filme mit einer großen Crew (Pozner 2010). Dann lassen sich mit solchen Programmen höhere Werbeeinnahmen generieren als beispielsweise mit gesellschaftskritischen Dokumentarfilmen. So vermarktet der amerikanische Sender Bravo TV gezielt seine weiblichen Zuschauerinnen der konsumorientierten Real Housewives-Serien an Werbekunden. Im Diskurs kommen dann solche Ausstrahlungen groß raus, auch weil sie kontrovers sind (so erhielt die blonde Celebrity Brandi Glanville einen bemerkenswerten Shitstorm, als sie im Minibikini im Pool stehend einmal sagte, „All my black friends can't swim!"). Unterstützt wird dies vom Social Media-Wirbel des TV-Senders Bravo, mit stetigen News auf der Webseite, und der Postings seiner semibekannten Protagonistinnen (gelangweilte Ex-Ehefrauen von Stars (Camille Grammer), ehemalige Kinderstars mit verblasstem Ruhm auf der Suche nach Aufmerksamkeit (Kim und Kyle Richards) oder ambitionierte Frauen von reichen alten Männern (Erika Girardi). Das zieht mehr Zuschauer an, die denken, der Inhalt sei wichtig, nur weil vermeintlich alle darüber reden.

Verständnisfragen und Aufgaben

1. Wo lässt sich eine kritische Haltung im Spektrum der Kompetenzen (Kultusministerkonferenz) verorten?
2. Welche fünf Elemente umfasst eine solche Haltung nach der kritischen Managementlehre?
3. Wenden Sie diese Punkte auf einen Zusammenhang aus dem Arbeitsalltag Ihrer Wahl an, den Sie als problematisch, unfair oder diskriminierend erlebt haben.
4. Wenden Sie den Fragebogen für Praktika auf ein eventuell bevorstehendes oder in der Vergangenheit liegendes Praktikum für sich an. Wie würden/hätten Sie entschieden?
5. Diskutieren Sie die ethische Praktikumsvereinbarung. Haben Sie mit einigen dieser Elemente Erfahrungen gemacht? Wie ließe sich die Liste ergänzen?
6. Wenden Sie die Sicht der Kulturindustrie auf ein Medienprodukt Ihrer Wahl an (bspw. TV-Serie). Wie würde diese Einschätzung von der Populärkulturperspektive ausfallen?
7. Analysieren Sie ein Beispiel Ihrer Wahl in Rückgriff auf das Konzept „Capitalist Media".

Literatur

Adler, N. (2006). The arts and leadership: Now that we can do anything, what will we do? *Academy of Management Learning & Education, 5*, 486–499.

Beverungen, A., Otto, B., Spoelstra, S., & Kenny, K. (Hrsg.). (2013). Free work special issue. e *phemera. Theory and Politics in Organization, 13*(1), 1–201.

Biehl-Missal, B. (2013). ‚And if I don't want to work like an artist...?' How the study of artistic resistance enriches organizational studies. e *phemera. Theory & Politics in Organization, 3*(1), 75–98.

Carrot Workers Collective. (2011). Surviving internships. A counter guide to free labour in the arts. https://carrotworkers.wordpress.com/counter-internship-guide/. Zugegriffen am 20.11.2018.

Fuchs, C. (2014). *Social media. A critical introduction*. London: Sage.

Hadida, A. (2015). Performance in the creative industries. In C. Jones, M. Lorenzen & J. Sapsed (Hrsg.), *The Oxford handbook of creative industries* (S. 219–248). Oxford: Oxford University Press.

Hargraves, H. (2014). Tan TV: Reality television's postracial delusion. In L. Ouellette (Hrsg.), *A companion to reality television* (S. 283–305). Chichester: Wiley Blackwell.

Hartz, R. (2011). Die Critical Management Studies – eine Zwischenbilanz in kritischer Absicht. In M. Bruch, W. Schaffar & P. Scheiffele (Hrsg.), *Organisation und Kritik* (S. 211–246). Münster: Westfälisches Dampfboot.

Hecken, T., & Kleiner, M. S. (Hrsg.). (2017). *Handbuch Popkultur*. Stuttgart: J.B. Metzler.

Hesmondhalgh, D. (2010). User-generated content, free labour and cultural industries. *Ephemera, 10*(3/4), 267–284.

Hesmondhalgh, D., & Pratt, A. (2005). Cultural Industries and cultural policy. *International Journal of Cultural Policy, 11*, 1–13.

Hofmann, M. (2016). Art versus Labour. Die Kreativen als treue Diener des Neoliberalismus? https://mmm.verdi.de/tarife-und-honorare/art-versus-labour-kreative-als-treue-diener-des-neoliberalismus-21483. Zugegriffen am 27.10.2019.

Horkheimer, M., & Adorno, T. W. (2000). *Dialektik der Aufklärung. Philosophische Fragmente* (Fischer-Taschenbücher Fischer Wissenschaft, Bd. 7404, 23. Aufl., ungekürzte Ausgabe). Frankfurt a. M.: Fischer Taschenbuch.

Kultusministerkonferenz. (2017). Qualifikationsrahmens für Deutsche Hochschulabschlüsse. https://www.hrk.de/fileadmin/redaktion/hrk/02-Dokumente/02-03-Studium/02-03-02-Qualifikationsrahmen/2017_Qualifikationsrahmen_HQR.pdf. Zugegriffen am 27.10.2019.

Marguin, S., & Losekandt, T. (2017). Studie zum Berliner Arbeitsmarkt der Kultur- und Kreativsektoren. https://www.bildungswerk-boell.de/sites/default/files/studie-web-pdf.pdf. Zugegriffen am 20.11.2018.

Meehan, E. (2005). *Why TV is not our fault: Television programming, viewers, and who's really in control*. New York: Rowman & Littlefield Publishers.

Mintzberg, H. (1989). *Inside our strange world of organizations*. New York: Free Press.

Morrow, G. (2018). *Artist management. Agility in the creative and cultural industries*. New York: Routledge.

Neff, G., Wissinger, E., & Zukin, S. (2005). Entrepreneurial labor among cultural producers: „Cool" jobs in „hot" industries. *Social Semiotics, 15*, 307–334.

Pozner, J. (2010). *Reality bites back: The troubling truth about guilty pleasure TV*. Berkeley: Seal Press.

Precarious Workers Brigade. (2017). Training for exploitation? Policising employability & reclaiming education. http://joaap.org/press/pwb/PWB_TrainingForExploitation_smaller.pdf. Zugegriffen am 20.11.2018.

Rosa Luxemburg Stiftung. (2014). Kreatives Prekariat im flexiblen Kapitalismus. Opfer, Komplizen oder Rebellen? Audiomitschnitt. https://www.rosalux.de/dokumentation/id/14151/kreatives-prekariat-im-flexiblen-kapitalismus/. Zugegriffen am 20.11.2018.

Ross, A. (2011). *The celebration chronicles. Life, liberty and the pursuit of property value in Disney's new town*. New York: Ballantine Books.

Spicer, A., Alvesson, M., & Karreman, D. (2009). Critical performativity: The unfinished business of critical management studies. *Human Relations, 62*(4), 537–560.

Strauß, A. (2019). Guy Morrow, Artist Management, Rezension. *Zeitschrift für Kulturmanagement, 1*, 173–175.

Tolentino, J. (2017). The gig economy celebrates working yourself to death. https://www.newyorker.com/culture/jia-tolentino/the-gig-economy-celebrates-working-yourself-to-death. Zugegriffen am 20.11.2018.

Townley, B., Beech, N., & McKinlay, A. (2009). Managing in the creative industries: Managing the motley crew. *Human Relations, 62*, 939–962.

UNESCO. (2013). *Creative economy report 2013. Special edition. Widening local development pathways (Creative economy report)*. New York: UNDP.

Werner, G., & Goehler, A. (2010). *1.000 Euro für jeden. Freiheit, Gleichheit, Grundeinkommen* (3. Aufl.). Berlin: Econ.

Teil IV

Handlungsfelder

Erlebnisse und Produkte 6

> **Zusammenfassung**
>
> Dieses Kapitel hilft Ihnen, Konsum in der Kreativwirtschaft anhand bestimmter Merkmale (des Vergnügens wegen, erlebnisgetrieben, symbolisch) zu erklären. Akteure und Manager müssen bestimmte Punkte beachten, um mit den damit verbundenen Unsicherheiten möglichst gut umzugehen (Proben bereitstellen, Reputation der Mitspieler, auf den Zeitfaktor achten). Der theoretische Rahmen ist die „ästhetische Ökonomie" als sinnlich aufgeladene Wirtschaftswelt, die auch weit über die Kreativindustrie hinaus gilt. Wer hier agiert, Atmosphären schafft und Erlebnisse ermöglicht, leistet sogenannte „ästhetische Arbeit". Der Begriff kommt aus der Welt der Kunst, bezeichnet aber Handeln, das auf Erlebnisse abzielt und sowohl in Museen als auch in Shoppingwelten und vielen anderen Zusammenhängen zu finden ist. Um den Aufenthalt an solchen Orten und Situationen besser zu verstehen, wird das Konzept der liminalen Phase (Schwellenzustand mit besonderen Erfahrungsmöglichkeiten) vorgestellt. Ob ein Event besonders eindrucksvoll ist, hängt auch vom Ortsbezug ab. Klubs, Festivals, Zoos und andere Orte können sogenannte Heterotopien sein, bei denen unterschiedlichste und sonst nicht kompatible Elemente zusammenkommen und eine besondere Erfahrung schaffen.

6.1 Konsum in der Kreativwirtschaft

Produkte der Kreativwirtschaft grenzen sich dadurch von anderen Branchen ab, dass sie einen besonders hohen „symbolischen" Wert besitzen. Sie werden aus Gründen der Bedeutung und des Erlebnisses und nicht allein aufgrund ihres Nutzwerts konsumiert. Wissenschaftler definieren die Creative Industries deshalb als eine Kombination aus individueller Kreativität und der Massenproduktion symbolischer und kultureller Güter (Davies und Sigthorsson 2013, S. 4).

Güter in der Kreativwirtschaft werden nach Troilo (2015, S. 7) aufgrund ihres symbolischen, hedonischen und erlebnisgetriebenen Werts konsumiert. Was bedeuten diese Merkmale?

1. **Nicht-utilitaristischer, hedonischer** Konsum dient nicht einem Ziel, sondern trägt das Ziel in sich selbst. Anders als beim utilitaristischen Konsum geht es nicht um die Leistung des Produkts (Öl zum Braten), sondern um das Vergnügen, die Stimulation, den Genuss und die ästhetische, sinnliche Wertschätzung (Städtereise, Kinobesuch).
2. **Erlebnisgetriebener Konsum** (Experiential Consumption) dreht sich nicht nur um das bloße Produkt, sondern um das Erlebnis (Besuch einer Theateraufführung, eines Klubs) einschließlich seiner Atmosphäre, der sozialen Interaktion, Erwartung und Vorfreude, die zum Erlebnis gehören.
3. Konsum hat einen **symbolischen** Wert, wenn das Individuum durch ihn Bedeutung ausdrückt. Konsum kann die eigenen Einstellungen kommunizieren (Konsum bestimmter Bücher oder Musikangebote), die Selbstpositionierung (auch durch Mode) festigen oder im Konsumenten ein bestimmtes Gefühl entstehen lassen (Gruppenzugehörigkeit beim Besuch von Festivals).

Güter in der Kreativwirtschaft besitzen diese Kennzeichen mal mehr, mal weniger. Sie können auch teilweise am Nutzen ausgerichtet (utilitaristisch) sein, zum Beispiel wenn hauptsächlich ein Informationsbedürfnis durch Medienkonsum (Nachrichtensendung) gestillt wird anstelle anderer möglicher Bedürfnisse wie Erlebnis, Unterhaltung, sozialer oder persönlicher Aspekte. Konsum in der Kreativwirtschaft ist aber hauptsächlich von diesen hedonischen (also Stimulation, Genuss, Vergnügen) und erlebnisorientierten sowie symbolischen Elementen getrieben. Das unterscheidet die Kreativwirtschaft von anderen Branchen.

Die Einordnung der Güter der Kreativindustrie als **symbolische Güter mit Erlebniswert** (Experiential Goods) führt zu vier Punkten (Troilo 2015, S. 6), die Managerinnen in diesen Bereichen zu beachten haben.

1. Es sind **keine objektiven Bewertungskriterien** für die Qualität der Güter vor dem Kauf vorhanden. Kaufentscheidungen sind von subjektiven Bewertungen und Bewertungen anderer oder schwer messbaren Faktoren abhängig (Filmrezensionen, Reputation einer Galerie).
2. **Proben** des Produktes sind wichtig für Konsumenten (Probekapitel, Demo für Videospiel, Hören von Snippets von Musiktracks). Diese Erlebnisse können einen Vorgeschmack bieten und die Kaufentscheidung begünstigen.
3. **Reputation der zentralen Mitspieler** ist entscheidend. Da den Konsumenten die Qualität des Erlebnisses vorher nicht bekannt ist, verlassen sie sich auf den Ruf und die bisherigen Werke des Künstlers, Produzenten, Herstellers, des Unternehmens oder anderen.

4. Investition von **Zeit**: Zeit wird benötigt, damit Konsumenten Güter mit Erlebniswert überhaupt erfahren können. Die Lektüre eines Buches, der Besuch eines Festivals oder Museums, das Spielen eines Computerspiels benötigt Zeit. Das Erlebnis von Produkten mit kreativen Inhalten hängt davon ab, wie viel Zeit Konsumenten dafür aufbringen können und möchten. Wer viel Zeit aufwendet, steigert meist sein Erlebnis, versteht das Produkt besser, wird zum Experten oder Connaisseur, empfindet größere Freude und Wertschätzung.

6.2 Ästhetische Ökonomie

Für Produktion und Konsum in der Kreativwirtschaft sind symbolische beziehungsweise sinnliche (ästhetische) Aufladung und Erfahrungsgetriebenheit grundlegend. Hedonischer, erlebnisorientierter und symbolischer Konsum bestimmt die Kreativwirtschaft besonders deutlich, und diese Kennzeichen betreffen andere wirtschaftliche Branchen ebenfalls zunehmend. Zunächst einmal werden diese Veränderungen historisch eingeordnet und vorgestellt. Dann wird erklärt, welche neuen Anforderungen diese Entwicklungen an Management in der Kreativwirtschaft und auch in anderen Bereichen stellen.

Die heutige Wirtschaftswelt mit ihrem Erlebnischarakter wird auch als „ästhetische Ökonomie" (Böhme 1995, 2017) beschrieben. Das bedeutet, dass sinnlich wahrnehmbare Faktoren an der Wertschöpfung beteiligt sind. Mit dem Begriff **ästhetische Ökonomie** soll hier eine Phase der kapitalistischen Entwicklung bezeichnet werden. Es geht darum, dass ästhetische Aspekte bedeutsam werden für den Charakter der Waren, für die Werbung, bis teilweise hin zur Produktion selbst. Mit dem Begriff „ästhetische Ökonomie" ist somit nicht die „Kulturindustrie" gemeint (Abschn. 5.3), welche negativ die Ökonomisierung der Kunstproduktion, ihre Reproduktion und Vermarktung bezeichnet.

▶ **Ästhetik als sinnliche Wahrnehmung** Ästhetik wird als „sinnliche Wahrnehmung" definiert, als körperliche Wahrnehmung durch die fünf Sinne: Sehen, Schmecken, Hören, Fühlen und Riechen. Ästhetik ist damit eine Theorie der sinnlichen Erkenntnis. Ästhetik wird nicht als „das Schöne" verstanden, so wie man es im allgemeinen Sprachgebrauch oft hört (genau genommen ist das Schöne nur eine von vielen ästhetischen Kategorien, neben beispielsweise „hässlich", „komisch", „erhaben" oder „tragisch"), sondern als sinnliche Wahrnehmung.

Diese Definition von Ästhetik wird in zeitgemäßen philosophischen Ansätzen (Böhme 1995, 2017; Welsch 1996) verwendet und wurde auch von der Managementforschung als Wirtschaftsästhetik (Biehl-Missal 2011) oder Organisationsästhetik aufgegriffen (Taylor und Hansen 2005). Im Rahmen einer Wissenschaft der sinnlichen Wahrnehmung wird die Ästhetik als Theorie der sinnlichen Erkenntnis im Gegensatz zur rationalen Einsicht begründet. Wir nehmen die Welt sinnlich über die körperliche Wahrnehmung war und nicht etwa nur rational und „mit dem Kopf".

Diese Sicht geht über einen Ästhetikbegriff hinaus, der sich auf eine Theorie der Kunst verengt hatte und dessen Inhalt darin bestand, das wahre, echte, eigentliche Kunstwerk von Kitsch, Kunsthandwerk, Kommerz, Werbung zu unterscheiden (Böhme 1995, S. 40). Diese Sicht war auch die der Frankfurter Schule („Kulturindustrie", Abschn. 5.3), wobei etwa Adorno vom „Kunstgewerbe" für bloß äußerliche, sinnfreie und gehaltlose „Verschönerung" des Lebens sprach. Gerade die Kreativwirtschaft lebt aber von dem Prinzip, dass nicht zwischen Hochkultur und Kitsch getrennt wird, sondern dass Menschen symbolische und ästhetisch wahrnehmbare Güter nicht nur passiv, sondern aktiv konsumieren. Somit ist es nötig, die ästhetische Theorie aus der Kunstgeschichte hinauszuführen in die Philosophie und Managementforschung. Ein ästhetischer Ansatz betrachtet die breite Praxis der Kreativwirtschaft als legitim und versteigt sich nicht darin, höher- und minderwertige Kunstformen oder Erlebnisse zu definieren. Damit richtet sich dieser Ansatz gegen die Verdammnis der niederen Sphären des Ästhetischen und zeigt die „Legitimität einer Ästhetisierung des Alltagslebens" (Böhme 1995, S. 42), was sich auch im Terminus der populären Kultur und in der Breite der Kreativindustrie konkret spiegelt.

Die ästhetische Ökonomie ähnelt anderen theoretischen Ansätzen, wie beispielsweise der **Experience Economy** (Pine und Gilmore 1999): Hier ist die Wirtschaft ein Theater und bietet eine Bühne für inszenierte Erlebnisse. Unternehmen versuchen in verschiedensten Konsumzusammenhängen, erinnerungswürdige Erlebnisse zu schaffen und Sensationen zu bieten und zu verkaufen. Diese Beobachtung findet sich auch bei Bryman (2004), der Strategien, die man aus Disneyparks kennt, überall in unserem täglichen Leben sieht: Restaurants erhalten Themen wie Western, Sportsbar oder Regenwald, hybride Konsumformen haben überall Einkaufsmöglichkeiten entstehen lassen wie Museumsshops, Merchandising durch Lizensierung wie bei Fußballtrikots ist allgegenwärtig und Menschen leisten emotionale Arbeit, um die passende positive Stimmung zu produzieren.

Die heute zu beobachtende Vermarktung von Gütern, die ähnlich funktioniert wie der Konsum in der Kreativindustrie, zeigt eine historische Entwicklung: In einem Zeitalter des Überflusses müssen Produkte nicht nur ihren Zweck erfüllen, sondern die Sinne ansprechen und die Menschen berühren, ein Erlebnis, Genuss, Spaß, Symbolkraft oder eine wie auch immer geartete Erfahrung bieten. Diese Entwicklung wirtschaftlicher Wertschöpfung wurde von verschiedenen Seiten beobachtet, auch von der Marketingforschung. Konsum ist mehr als der bloße Kauf von Gütern, sondern beinhaltet wichtige **Erlebnisse** (Experiences) der Konsumenten (Holbrook und Hirschman 1982; Caru und Cova 2007).

Atmosphären und Marketing

Bereits vor mehreren Jahrzehnten hat Philip Kotler (1973) die Rolle der Atmosphäre als Marketinginstrument hervorgehoben: Es geht dem Kunden nicht nur um das fassbare Produkt. Das Produkt an sich – ein paar Schuhe, ein Kühlschrank, ein Haarschnitt, eine Mahlzeit – ist nur ein kleiner Teil des gesamten Konsumpakets. Käufern ist auch der Service wichtig, Garantie, Verpackung, Werbung, Finanzierung, Bilder und andere Zusätze, die das Produkt begleiten. Das zeigt sich heutzutage auch im architektonischen

Rahmen mit aufwändig gestalteten Shoppingmalls, Flagship-Stores und von Designern gestalteten Luxusboutiquen. Zum Konsum gehört gerade die Atmosphäre vor Ort beim Kauf oder Konsum, die vor allem im Bereich der Kreativwirtschaft das Produkt oder die Dienstleistung darstellt – und auch in anderen Bereichen sogar wichtiger sein kann als das materielle Produkt selbst.

Eine Theorie, die man als Vorläufer der ästhetischen Ökonomie sehen kann, ist die Kritik der Warenästhetik von Wolfgang Fritz Haug (1971). Haug beobachtete eine Auflösung und Erweiterung der Marx'schen Dichotomie von Tauschwert und Gebrauchswert, da der Tauschwert mit weiteren Qualitäten wie Aufmachung und Verpackung längst den Gebrauchswert der Ware mit ihren nützlichen Qualitäten dominiert. Böhme (1995, S. 64) ergänzt deshalb um den sogenannten **Inszenierungswert**: Es gibt mehr und mehr Produkte, die allein der Inszenierung dienen, der Verschönerung der Welt und Steigerung des Lebens. Viele Waren befriedigen nicht primär elementare Bedürfnisse, sondern sind begehrenswert, weil sie dem Dasein einen unwiderstehlichen Schimmer und Glanz verleihen können. Bedürfnisse lassen sich sättigen (Hunger, Durst), ein **Begehren** wird durch seine Befriedigung aber nicht gestillt, sondern gesteigert (andere Handtaschenmodelle, eine weitere Designersonnenbrille, frische Fashion-Items, neue Luxusgüter) (Böhme 1995, S. 64). In dieser Phase des ästhetischen Kapitalismus (Böhme 2017) sind die Bedürfnisse der Menschen im Wesentlichen befriedigt, womit Produktion und Konsum auf ästhetische Werte und Steigerung der Begehrnisse setzen. Das erklärt die zunehmenden Verbindungen zwischen Kreativindustrie und anderen Branchen und das stetige Wachstum der Kreativindustrie, die Produkte bietet, die nicht primär einen Nutzen erfüllen (Wasser, um Durst zu stillen), sondern eine unendliche Vielfalt („Infinite Variety") unterschiedlichster („A-list/B-list") Erlebnisse bieten, bei denen man gerne dabei sein möchte und die stets auf Neue konsumiert werden können.

Vorläufer dieser Ästhetisierung der Welt und des wirtschaftlichen Lebens hatte schon Anfang des letzten Jahrhunderts der Ökonom und Soziologe Thorstein Veblen (1899 [1953]) in seiner *Theorie der feinen Leute (The Theory of fhe Leisure Class)* beschreiben: Geltungskonsum ist eine auffällige Form des Konsums, der auf die Wirkung auf andere aus ist, den Stil und den Status der Konsumenten ausdrückt. Heutzutage befördern soziale Medien dieses Phänomen noch weiter, wenn sich mit eindrucksvollen Bildern Reisen, Schmuck und Kleidung für die Öffentlichkeit demonstrativ in Szene setzen lassen.

Der Soziologe Mike Featherstone (1993, S. 66–67) beschrieb die **Ästhetisierung der Welt** in Bezug auf drei Punkte:

1. Das Verschwinden der Grenzen von Kunst und dem alltäglichen Leben: Die Grenze zwischen Kunst und Alltag wurde zunehmend durchlässig, seitdem Pop-Art normale Gegenstände zu Kunstprodukten machte und damit alles „Kunst" sein kann, wenn die Künstler oder die Rezipienten es so sehen.
2. Das alltägliche Leben als ein ästhetisches Projekt: Auch das normale Leben gewann neue Seiten des sinnlichen Ausdrucks, da sich mit Mode, Frisur, Kleidung, Körper-

schmuck, Einrichtungsgegenständen und vielen anderen Konsumprodukten das Selbst auf vielerlei Arten entwerfen lässt.
3. Die Rolle von Bildern und Zeichen bei der Bedeutungsgenerierung im täglichen Leben: Die Mediengesellschaft liefert dazu ausdrucksstarke Bilder, die auch vom Marketing aufgenommen werden, mit denen sich der Einzelne die Welt erschließt. Das betrifft auch Menschen, die in der Kreativbranche arbeiten und viele mit der Zeit wechselnde Klischees zu verkörpern scheinen: Bestimmte Kleidung und Hipsterbärte waren bereits „in" und veganes Essen, welches auf Instagram dokumentiert wird.

Für die Kreativwirtschaft bedeutet das, dass ihr ästhetischer Output heute besonders gut in die Zeit passt. Die Kreativwirtschaft benutzt künstlerische Produkte und Ansätze und bietet symbolische Ressourcen für die Menschen und für die Wirtschaftswelt selbst. Sie ist ein besonders effizienter Apparat, der Bilder und Zeichen erschafft, die global von den Menschen rezipiert werden und ihr Verständnis von Gesellschaft und Trends beeinflussen.

Ästhetische Faktoren sind also nicht nur ein Zuckerguss der Welt, sondern durchdringen alle Lebensbereiche. Ästhetik findet sich nicht nur auf Oberfläche, sondern auch tief im wirtschaftlichen Handeln selbst, also in den Prozessen drin. Ästhetik als sinnliche Wahrnehmung ist beispielsweise Teil von Führung, Entscheidungsfindung im Entrepreneurship, Teil des Künstlermanagements, gehört zum Umgang mit Erlebnissen und so weiter. Der alles durchdringende Charakter von Ästhetik wird mit dem philosophischen Konzept der **epistemologischen Ästhetisierung** (Welsch 1996) bezeichnet.

In den *Grenzgängen der Ästhetik* beschreibt Wolfgang Welsch (1996) eine vordergründige ästhetische Überzuckerung der Wirklichkeit und gleichzeitig eine Tiefenästhetisierung der eigentlichen Strukturen durch digitale Prozesse, Computersimulation, mediale Vermittlung und auf eine bestimmte Wirkung ausgerichtetes, kalkuliertes Sozialverhalten. In der heutigen Wirtschaftswelt sind die Oberflächen noch schöner geworden, aber auch die zugrunde liegenden Prozesse sind ästhetisch simuliert und künstlerisch inspiriert. Methoden wie Design Thinking und vielfältige andere künstlerische Methoden zur Ideenfindung und Formen der emotionalen Arbeit und des Gefühlsmanagements gehören beispielsweise dazu und sind auch Teil der kreativen Arbeit. Die eigene sinnliche Erfahrung und das Bauchgefühl spielen auch eine Rolle bei der Entscheidungsfindung und dem alltäglichen Handeln, auch im Bereich Management.

Für das Handeln in der Kreativwirtschaft ist diese Sicht von Ästhetik nicht nur als Zuckerguss auf der Oberfläche, sondern als Teil von Prozessen relevant, denn sie verdeutlicht nicht nur, wie die ästhetische Erfahrung den Wert der Produkte und Dienstleistungen in der Kreativindustrie und darüber hinaus ausmacht. Sie zeigt auch, dass etwa die Einstellung gegenüber Arbeit von kreativen Köpfen und Führungspersonen nicht nur rein rational ist, sondern auch durch sinnliche Wahrnehmung beeinflusst wird (Kap. 4). Alle Akteure und Manager setzen selbst ihre ästhetische Wahrnehmung und ihre ästhetische Erfahrung als verkörpertes Wissen in ihrer Tätigkeit ein (Abschn. 7.2).

6.3 Ästhetische Arbeit

Erlebnisse im Bereich Kultur- und Kreativwirtschaft sind nicht-utilitaristisch, unterhaltend und stellen vor allem besondere sinnliche, also ästhetische Erfahrungen dar. Wie kann man eine solche Tätigkeit, die Erlebnisse herstellt, organisiert und verwaltet, denn beschreiben? Gernot Böhme (1995) spricht von „ästhetischer Arbeit". Diese Form von Arbeit betrifft nicht nur Künstler und Kreative, sondern auch Managerinnen, die diese Tätigkeiten fördern, anleiten und von verschiedenen Stellen aus zusammenführen. In diesem Kapitel soll das Konzept der ästhetischen Arbeit erklärt werden, damit Sie es in Ihr Selbstverständnis als Handelnde aufnehmen können und Ihre Sicht auf philosophische und wirtschaftliche Zusammenhänge erweitern. Obwohl Tätigkeiten wie beispielsweise Veranstaltungsorganisation auch als ästhetische Arbeit zu begreifen sind, sollen hier keine praktischen Ansätze etwa zum Veranstaltungsmanagement gegeben werden, da es hier je nach Branche spezielle Fachliteratur gibt (beispielsweise Sakschewski und Paul 2017). Man kann Managementtätigkeiten vielmehr im weiteren Sinne als „ästhetische Arbeit" sehen, aus der sich auch bestimmte ästhetische Kompetenzen als Teil des Anforderungsprofils ableiten lassen (Abschn. 7.2.1).

Zunächst einmal lässt sich ästhetische Arbeit in Bezug zu **emotionaler Arbeit** setzen. Das Konzept der Gefühlsarbeit nach Hochschild (2003) in ihrem Buch *The Managed Heart* unterscheidet authentische Gefühle im Privatleben von der erzwungenen Präsentation entfremdeter Gefühle in Servicetätigkeiten, die einer Firmenphilosophie und Verhaltensrichtlinien entsprechen müssen (beispielsweise bei Flugbegleitern). In der Kreativwirtschaft wird auch emotionale Arbeit geleistet, ganz offensichtlich im Bereich der kreativen Erlebnisse (Creative Experience Producers) und bei kreativen Dienstleistungen (Creative Services Producers, Abschn. 2.1). Auch die anderen Bereiche sind hiervon nicht ausgenommen, wobei der Zwang nicht „vom Management", sondern vom Kontext und der Berufsauffassung ausgeht. Emotionale Arbeit kann man als einen bestimmten Teil der ästhetischen Arbeit sehen, wenn Atmosphären und Beziehungen erzeugt und Gefühle von anderen Menschen angesprochen beziehungsweise „gemanagt" werden.

Kein witziges Geschäft: Komiker, Freiberufler und das Management von Gefühlen
Gerade Freelancer in der Kreativbranche praktizieren emotionale Arbeit und Gefühlsmanagement für ihre wirtschaftliche Tätigkeit, wobei im Bereich der darstellenden Künste Stand-up-Comedy ein besonders extremer Fall ist (Butler und Stoyanova Russell 2018). Freiberufliche Komiker richten sich nicht nach vorgeschriebenen Firmenverhaltensregeln wie beispielsweise Flugbegleiter, sondern operieren in einem Umfeld ohne Regeln, bei dem einzig die direkte persönliche Beziehung zählt: „There are no rules, there is no HR [Personalabteilung] … there's no management that you can go and complain to in a meeting room, there's no office, there's no code of conduct – it's just personal relationships" (Butler und Stoyanova Russell 2018, S. 1680). Die Akteure regulieren ihre Gefühle selbstständig und entwickeln eigene Tricks und Strategien, um Arbeit zu sichern, Honorare zu verhandeln und mit ihrer inneren Unsicherheit in prekären Arbeitsverhältnissen zurechtzukommen. Sie können sich wie viele andere Kreativschaffende im Theater, bei Jazzbands und in den Medien nicht mal auf ihre Netzwerke verlassen, sondern arbeiten sehr individualisiert und bauen zu jedem Manager oder Promoter einer Comedybühne eine professionell-freundliche Beziehung auf. Dazu verbreiten sie Positivität gegenüber den Promotern: keine Beschwerden bei unbezahlten Probeauftritten,

selbst bezahlter Anreise und nicht oder mit großer Verzögerung honorierten Vorstellungen, um motiviert und nicht bedürftig oder aggressiv rüberzukommen und Aufträge zu einem späteren Zeitpunkt zu sichern. Dabei „managen" sie auch ihre eigenen Gefühle: Sie unterdrücken Existenzängste, Zweifel und Missstimmung und sehen ihr Verhalten als „Investment" in zukünftige Aufträge. Das Paradox: Durch Emotionsmanagement und Beziehungspflege erhalten sie zwar Arbeit, verschärfen ihre prekäre Situation aber tendenziell noch weiter. Diese Arbeit ist auch ästhetisch, denn sie funktioniert mit sinnlich wahrnehmbaren Strategien (wobei gerade Komiker entsprechende Performancetaktiken anwenden können) und baut Beziehungen und Atmosphären auf.

▶ **Ästhetische Arbeit als Schaffen von Atmosphären** Der Philosoph Gernot Böhme (1995, S. 35) beschreibt ästhetische Arbeit als „Erzeugung von Atmosphären". Ästhetische Arbeit bedeutet, Dingen, Umgebungen oder auch den Menschen selbst solche Eigenschaften zu geben, die von ihnen etwas ausgehen lassen. Es geht darum, sie mit einem bestimmten Aussehen auszustatten und sie ins rechte Licht zu rücken, Umgebungen oder Prozesse zu inszenieren, ihnen eine „Atmosphäre" zu verleihen. Dabei beeinflusst man auch die Menschen, die sich in diesen Atmosphären befinden. Ästhetische Arbeit kennt man ursprünglich aus dem Bereich der Kunst, wo Künstlerinnen etwa Objekten wie einer Leinwand durch farbliche Gestaltung eine Atmosphäre geben, wo Schauspieler durch ihr Handeln den Raum füllen, und Musikerinnen die Luft mit Melodien schwingen lassen. Ästhetische Arbeit macht aber mittlerweile einen großen und beständig wachsenden Anteil der gesamtgesellschaftlichen Arbeit aus. Viele Berufszweige leben im Gesamten von einer zunehmenden Ästhetisierung der Realität wie Design, Bühnenbild, Werbung, Kosmetik, Innenarchitektur. Hiermit ist genauso die komplette Kreativindustrie gemeint, welche ästhetische Produkte produziert und vermarktet. Dazu gehören alle Tätigen aus den Feldern kreativer Produktion (Abschn. 2.1) und auch die kreative Beschäftigung jenseits der Kreativwirtschaft (Abschn. 2.2).

Was die Gestaltung von Erlebnissen durch Räume, Farben, Lichter und Dekoration angeht, die akzentuierende Präsentation von bedeutenden Artefakten und Objekten, wandert das fachbezogene Wissen schon seit über hundert Jahren zwischen verschiedenen Bereichen innerhalb und jenseits der Kreativindustrie hin und her, beispielsweise zwischen Museen, Kaufhäusern und Konsumorten. Auch Museen sind nicht nur Orte für die Aufbewahrung und Präsentation von Objekten, sondern versprechen für Besucher auch zunehmend ästhetische Erlebnisse, besondere Momente und beeindruckende Erfahrungen. Wie die Klassifizierung der Creative Industries (UNESCO 2009) schon herausstellte, sind „Heritage" und „Arts" verbunden, Orte des Kulturerbes, Gedenkstätten und Museen und Warenhäuser hängen traditionell in einer **Schleife des ästhetischen Austausches** zusammen und teilen miteinander viele Techniken des Raumdesigns und der Atmosphärengestaltung (Henning 2006). Diese Ausstellungskontexte sind einander ähnlich und arbeiten mit vergleichbaren ästhetischen Mitteln. Auch die Welt des Theaters hat zur Professionalisierung von Events und zur Gestaltung von Shoppingwelten beigetragen.

Museumsbesuch als ästhetisches Erlebnis

Ein Beispiel ist das Jüdische Museum in Berlin (Biehl-Missal und vom Lehn 2015) das in seinem Erweiterungsbau des Stararchitekten Daniel Libeskind mit physischer Pro-

6.3 Ästhetische Arbeit

vokation als Erfahrung arbeitet. Es eröffnet schiefe und schräge Gänge, leere und kalte Räume und einen schlecht zu bewandernden „Garten des Exils" für die Besucher (Abb. 6.1). Wer durch die „Achse des Holocaust" schreitet, fühlt sich eingeengt, weil Decke und Boden zusammenlaufen. Dann tritt man ein in den „Voided Void", einen leeren Betonraum von großer Höhe, es schließt sich hinter den Museumsbesuchern eine Tür, Stimmen verhallen, es wird kalt und nur ein kleines Fenster lässt Licht und Geräusche von draußen herein. Im Außenbereich mit dem „Garten des Exils" ist der Boden uneben und schräg, durch hohe Betonblöcke muss jeder seinen eigenen Weg suchen. Aus den 49 quadratischen Stelen auf der schiefen Ebene wachsen Ölweiden als Symbol der Hoffnung. Das Gehen fällt auf der geneigten Oberfläche schwer, man weiß nicht, ob die Betonstelen schief sind, der Boden oder man selbst. Desorientierung und Unwohlsein stellt sich ein und hält sich – eine Parallele zu vielen Exilerfahrungen, die hier nicht nur eine Metapher ist, sondern sich über die ästhetische, also sinnliche Wahrnehmung ganz unmittelbar überträgt. Die Räume lassen unangenehme Erfahrungen entstehen, mit denen Besucher das persönliche Verständnis von deutsch-jüdischer Geschichte erweitern können und wortwörtlich „Stellung" beziehen müssen. Anders als mit Infotafeln, die mit Daten und Fakten über die Opfer des Holocaust an das rationale Verständnis appellieren, arbeitet das Museum auch mit der ästhetischen Erfahrung zur Vermittlung von Geschichte, die alle Sinne der Menschen anspricht und damit ein besonders eindrückliches Erlebnis bietet.

Abb. 6.1 Jüdisches Museum in Berlin mit seinem Zickzackbau aus Titanzink von außen, im Vordergrund der sowohl ansteigende als auch leicht gekippte Garten des Exils mit seinen Stelen, dessen Eingang im Gebäude und unterhalb der Straßenebene liegt. Eigenes Foto

Manager in der Kreativwirtschaft müssen in Bezug auf diese Tätigkeit der ästhetischen Arbeit aber auch kritisch deren Auswirkungen sehen und sich zum Beispiel Fragen der Einflussnahme bewusst machen. Böhme (1995, S. 39) weist kritisch darauf hin, dass „ästhetische Arbeit" mit dem Schaffen von Atmosphären eine Form der Machtausübung ist, die subtil und kaum greifbar ist, die Befindlichkeit der Menschen angreift, Stimmungen manipuliert und Emotionen evoziert. Während man an der Kunst Atmosphären „handlungsentlastend" erfahren kann (Interpretationsmöglichkeiten werden eröffnet, es soll kein bestimmter Zweck verfolgt werden – wie im Beispiel des Jüdischen Museums), haben Atmosphären etwa in Kaufhäusern immer einen bestimmten **Zweck**, wollen beispielsweise zum Kaufen animieren (Böhme 2013). Auch die internationale Marketingforschung grenzt kommerzielle Ästhetik („Lösungen bieten", Verführung zum Konsum) von künstlerischer Arbeit und Ästhetik ab („Fragen aufwerfen", Anstoß zum eigenen Denken) (Biehl-Missal und Saren 2012).

6.3.1 Erlebnisse und ihre liminale Phase

Um zu verstehen, wie Erlebnisse auf Menschen wirken, lohnt sich ein Blick über die Management- und Marketingforschung hinaus in die Anthropologie. Die Dynamik von Events lässt sich mit einem Modell aus der Anthropologie hinsichtlich seines besonderen Erlebniswerts besser verstehen. Die Ritualforschung (van Gennep 2006) spricht von der liminalen Phase, Liminalität oder Schwellenphase. Liminalität wird als Zustand einer Zwischenexistenz bestimmt, die sozusagen „betwixt and between" ist, zwischen dem Austritt aus dem Alltag und dem Widereintritt in den Alltag (Abb. 6.2). Das ist auch charakteristisch für den Konsum in der Kreativindustrie, von Filmen, Videospielen, Literatur, Aufführungen und Events, die den Arbeitstag oder Alltag unterbrechen.

In der **Schwellenphase** oder im Zwischenzustand werden Spielräume für Erfahrungen eröffnet, für Gedanken, die ausprobiert, verworfen oder akzeptiert werden können. Der Einzelne oder die Teilnehmer dürfen sich anders verhalten, neue Dinge denken und aus-

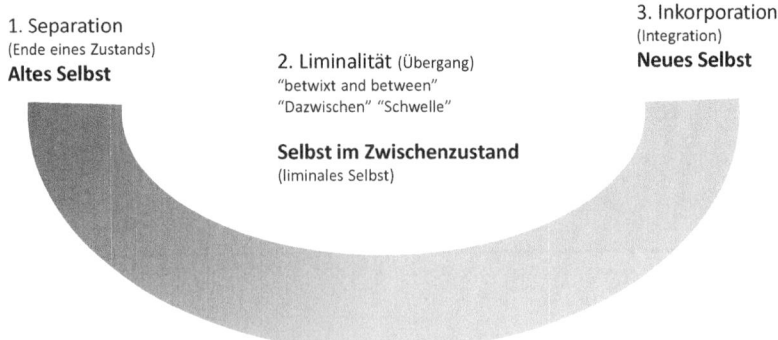

Abb. 6.2 Die liminale Phase des Erlebnisses. (eigene Darstellung, nach van Gennep 2006)

sprechen, spielen, ohne Druck und Verpflichtung, oder als Zuschauer emotional verschiedene Situationen durchleben, bevor sie wieder in den Alltag entlassen werden.

Klassische Rituale wie religiöse Veranstaltungen, Zeremonien oder politische Massenveranstaltungen wollen das transformative Potenzial im Sinne klassischer Rituale nutzen und als Instrument zur Festigung von gemeinsamen Werten dienen. Kunst als Ritual (wie eine Theateraufführung) allerdings will eher keine gemeinsamen Werte etablieren, sondern nur eine geteilte ästhetische Erfahrung für Menschen bieten (Fischer-Lichte 2005). Man kann sich vorstellen, dass Produkte der Kreativwirtschaft auf einem Kontinuum liegen, einerseits handlungsentlastende ästhetische Erfahrungen bieten wollen und andererseits auch ideologisch motiviertes Denken und Werte vermitteln (Stichwort Disney, politische Filme etc.) (Abschn. 5.3). Dennoch lassen sich die ästhetischen Erlebnisse aufgrund ihrer subjektiven Natur niemals vollständig kontrollieren.

Technologisch aufgerüstete Museumsbesuche
Viele Museen installieren heutzutage technische Geräte, seien es stationäre Touchscreen-Computer oder Apps auf mobilen Telefonen oder Tablets, mit deren Hilfe das ästhetische Erlebnis in Ausstellungen gesteigert werden soll (Parry 2010). Diese Geräte (Tablet, Smartphones) sind in der Regel die gleichen, die Menschen auch im Alltag verwenden. Tatsächlich beeinflussen diese Geräte das Besucherverhalten. Ob es jedoch zu einer Steigerung des ästhetischen Erlebnisses in den Ausstellungen führt, ist fragwürdig. Forschung zu Erlebnissen und zum Lernen in und durch Museen argumentiert, dass es zu Steigerungen des Erlebens kommt, wenn Besucher in diesem Schwellenzustand (liminale Phase) miteinander sprechen und Ausstellungsthemen diskutieren (Leinhardt und Knutson 2004). Die Installation technischer Systeme in Museen führt jedoch häufig dazu, dass Besucher mit Kopfhörern ausgestattet durch Ausstellungen gehen und damit nicht mehr gemeinsame Betrachter, sondern vereinzelte Benutzer von technischen Systemen werden. Für Begleiter wie auch für andere Besucher ist nicht sichtbar oder hörbar, womit sich die jeweilige Benutzerin eines solchen Gerätes gerade beschäftigt. Daher regt die Installation von solchen technischen Geräten nicht zu Gesprächen zwischen Besuchern an, oder wenn es dazu kommt, sprechen jene über die Technik und zuweilen über Probleme in der Benutzung (vom Lehn 2010). Damit lässt sich das Erlebnis in einem solchen Schwellenzustand außerhalb des Alltags im Kontext des Museums nicht verbessern.

6.3.2 Erlebnisse und Orte: Heterotopie

Zum Management von Erlebnissen, welche Produkte der Kreativindustrie und andere Dienstleistungen versprechen, gehört nicht nur, die Dynamik erklären zu können. Dazu gehört auch, einzuschätzen, wie bestimmte Orte das Erlebnis beeinflussen. Ästhetische Arbeit macht sich nicht nur das Wissen um emotionale Arbeit und liminale Phasen zu eigen, sondern betrachtet auch die eigentlichen Orte dieser Erlebnisse. Events und ihre Wirkungen hängen auch immer vom Ort ab, werden zwangsläufig zu **ortsspezifischen** Events (Site-Specific Performances, Biehl-Missal 2016). Das bedeutet, bestimmte Angebote funktionieren langfristig gut, wenn der Kontext stimmt. So laufen Technoklubs in Berlin, da sie in einer Historie der elektronischen Musik und in einem stimmigen Kontext aus Kultur und Politik stehen, den sie in einer Kleinstadt oder einem anderen Land beispielsweise nicht hätten. Dann ist noch die erlebte **Situation** wichtig für die Wirkung, was sich zeigt, wenn man die liminale Phase mit dem Konzept der Heterotopie des französischen Philosophen Michel Foucault verbindet. Das Wort Heterotopie setzt sich zusammen aus „hetero" (anders) und „topos" (Ort).

▶ **Heterotopien: bestimmte Orte mit ihren Erlebnissen** Heterotopien werden beschrieben als „wirkliche Orte, wirksame Orte, die in die Einrichtung der Gesellschaft hineingezeichnet sind, sozusagen Gegenplatzierungen oder Widerlager, tatsächlich realisierte Utopien, in denen die wirklichen Plätze innerhalb der Kultur gleichzeitig repräsentiert, bestritten und gewendet sind, gewissermaßen Orte außerhalb aller Orte, wiewohl sie tatsächlich geortet werden können" (Foucault 1998). Derlei Plätze haben eine eigene **Struktur**, vereinigen mehrere Räume zu einem einzigen, bringen eigentlich inkompatible Elemente zusammen und haben ihre eigene **Zeit** (Heterochronie, von „chronos", Zeit). Beispiele sind Institutionen wie psychiatrische Kliniken, Gefängnisse, Friedhöfe oder Schiffe. Die Heterotopie beschreibt aber auch viele erlebnisorientierte Angebote aus dem Bereich der Kreativwirtschaft. Bespiele sind Freizeitparks, botanische Gärten und auch Zoos, die Tiere aus verschiedensten Regionen mit Konsummöglichkeiten, Restaurants und Spielplätzen verbinden. Theater, Kinos und Museen sind Heterotopien, und aus dem Musikbereich lassen sich weitere Beispiele finden, wie etwa Klubs und Festivals.

Heterotopien sind nicht ohne Weiteres für jeden zugänglich, sondern das Betreten als Eintritt in die liminale Phase und das Verlassen als Austritt aus der liminalen Phase sind mit bestimmten Ein- und Ausgangsritualen verbunden. Das können Eintrittsgelder, Einlasskontrollen und das Umziehen der Kleidung sein. Diese Orte haben eine soziale und politische Funktion, da sie in separater Beziehung zur Gesellschaft stehen und dort auch andere Erfahrungen ermöglichen können, die wiederum auf die Gesellschaft als kulturelle Praxis einwirken. Diese Idee wurde beispielsweise im Modell der Kreativwirtschaft der Vereinten Nationen (UNESCO 2009) besonders hervorgehoben.

Der Berliner Techno-Club Berghain

Der Berliner Techno-Club Berghain (Abb. 6.3) ist eine Heterotopie mit einer starken liminalen Phase. Das Berghain zählt zu den besten Clubs der Welt und pflegt auch in internationalen Medien wie im *New Yorker* (Paumgarten 2014) seinen mysteriösen Ruf als exzessives, freizügiges Feiererlebnis mit berüchtigten Türstehern, die viele der selbst international angereisten Gäste abweisen. Der öffentliche Diskurs befördert diesen Mythos mit Computerspielen wie „Berghain Trainer" (berghaintrainer.com) und Kunstprojekten auf Festivals, die zum Schlangestehen vor der Berghain-Kulisse einladen (Hölter 2016) und damit das Schwellenerlebnis humorvoll inszenieren. Der Eintritt in die liminale Phase gehört neben dem Aufenthalt selbst maßgeblich zum Erlebnis und wird durch Schlangestehen, düster blickende Türsteher, Drogenkontrollen, Gästelistenabfragen, Abkleben der Handykameras und Hinweisschilder mit Fotografieverbot inszeniert. Das Gebäude, ein ehemaliges Heizkraftwerk im imposanten neoklassizistischen Stil, ermöglicht diese Schwellenerfahrung. Seine Architektur mit der 16 Meter

6.3 Ästhetische Arbeit

Abb. 6.3 Berghain in Berlin. Eigenes Foto

hohen Haupthalle, dem Technofloor, der Panoramabar, der Säulenhalle, einer Bar mit Eisdiele, den überall verteilten Zahnrädern, Lampen und Metallverschlägen aus früherer Zeit, den Unisextoiletten und Darkrooms ist eine „Ermöglichungsmaschine" für das Erlebnis (Biehl-Missal 2016). Diese Heterotopie hat ihre eigene Zeit, mit 36 Stunden langen Partys an jedem Wochenende, bis tief hinein in den Montagmittag, eine Art „fuck-off to the rigid capitalist version of time" laut Rolling Stone (Rogers 2014) – was an anderen Orten wie München oder Stuttgart einfach nicht funktionieren würde. Der Klub befindet sich zwischen Kreuzberg („Berg-") und Friedrichshain („-hain"), symbolisiert die Schwelle zwischen Ost und West und situiert sich als ortsspezifisches Erlebnis in der Berliner Geschichte, ihrer freizügigen Feier- und Untergrundkultur, verweist auf das Künstlerische, die „Berliner Luft" und schließlich auf die Technokultur, die zu Zeiten der Wiedervereinigung Menschen zusammen und wortwörtlich in Bewegung brachte (Biehl und vom Lehn 2016). Durch die Teilnahme am ästhetischen Erlebnis wird Kultur betrieben, wachgehalten und gelebt. Das zeigt, wie Angebote der Kreativindustrie nicht nur in ihrem liminalen Raum stattfinden, sondern darüber hinaus getragen werden und Teil unserer Kultur und unserer Welt sind und diese prägen.

Verständnisfragen und Aufgaben

1. Erklären Sie, was Güter in der Kreativwirtschaft von anderen Produkten wie Konsumgütern unterscheidet. Beziehen Sie sich dabei auf die Kennzeichen: symbolischer, hedonischer/nicht-utilitaristischer und erlebnisgetriebener Wert.
2. Wenden Sie diese drei Kennzeichen des Konsums von Gütern in der Kreativwirtschaft beispielhaft auf einen YouTube-Kanal einer Influencerin an. Suchen Sie sich noch ein anderes Beispiel Ihrer Wahl.

3. Welche vier Punkte müssen Sie aufgrund dieser besonderen Konsumkennzeichen beachten, wenn Sie beispielsweise ein Computerspiel als Produkt der Kreativwirtschaft vermarkten wollen?
4. Erklären Sie den Begriff „ästhetische Ökonomie" und grenzen Sie diesen von der „Kulturindustrie" ab.
5. Wenden Sie Featherstones Überlegungen über die Ästhetisierung der Welt auf Ihr Leben an. Welche Punkte setzen Sie wie um? Was bedeutet dies für Trends und Konsum?
6. Analysieren Sie einen Kinobesuch hinsichtlich der Konzepte „liminale Phase" und „Heterotopie"!
7. Inwiefern wird in einem Museum (Ihrer Wahl) „ästhetische Arbeit" geleistet?
8. Stellen Sie sich vor, Sie organisieren eine Party in einem Klub. Welche Ihrer Handlungen hat Auswirkungen auf die Atmosphäre und ist damit ästhetische Arbeit?

Literatur

Biehl, B., & vom Lehn, D. (2016). Four-to-the-floor: The techno discourse and aesthetic work in Berlin. *Society, 53*(6), 608–613.

Biehl-Missal, B. (2011). *Wirtschaftsästhetik. Wie Unternehmen die Kunst als Inspiration und Werkzeug nutzen*. Wiesbaden: Gabler.

Biehl-Missal, B. (2016). Filling the ‚empty space': Site-specific dance in a techno club. *Culture and Organization, 25*, 16–31.

Biehl-Missal, B., & Saren, M. (2012). Atmospheres of seduction. *Journal of Macromarketing, 32*, 168–180.

Biehl-Missal, B., & vom Lehn, D. (2015). Aesthetics and atmosphere in museums: A critical marketing perspective. In S. Macdonald & H. Leahy (Hrsg.), *The international handbook of museum studies* (Bd. 48, S. 235–258). Bognor Regis: Wiley.

Böhme, G. (1995). *Atmosphäre. Essays zur neuen Ästhetik*. Berlin: Suhrkamp.

Böhme, G. (2013). *Architektur und Atmosphäre* (2., korrigierte Aufl.). München: Fink.

Böhme, G. (2017). *Critique of aesthetic capitalism*. Berlin: Mimesis International.

Bryman, A. (2004). *The Disneyization of society*. London: Sage.

Butler, N., & Stoyanova Russell, D. (2018). No funny business: Precarious work and emotional labour in stand-up comedy. *Human Relations, 71*(12), 1666–1686.

Caru, A., & Cova, B. (2007). *Consuming experiences*. London: Routledge.

Davies, R., & Sigthorsson, G. (2013). *Introducing the creative industries. From theory to practice*. Los Angeles: Sage.

Featherstone, M. (1993). *Consumer culture and postmodernism*. London: Sage Publications.

Fischer-Lichte, E. (2005). *Theatre, sacrifice, ritual. Exploring forms of political theatre*. London: Routledge.

Foucault, M. (1998). Different spaces. In M. Foucault & J. Faubion (Hrsg.), *Aesthetics, method, and epistemology* (Essential works of Foucault 1954–1984, Bd. 2, S. 175–185). New York: New Press.

van Gennep, A. (2006). *The rites of passage*. Abingdon: Routledge.

Haug, W. (1971). *Kritik der Warenästhetik*. Frankfurt a. M.: Suhrkamp.

Henning, M. (2006). *Museums, media and cultural theory*. Maidenhead: Open University Press.

Hochschild, A. (2003). *The managed heart: Commercialization of human feeling, 20th anniversary edition*. Berkley: University of California Press.

Holbrook, M., & Hirschman, C. (1982). The experiential aspects of consumption: Consumer fantasies, feelings, and fun. *The Journal of Consumer Research, 9*(2), 132–140.

Hölter, K. (2016). Die Niederländer haben sich ihr eigenes Berghain gebaut. https://www.bento.de/musik/festival-in-holland-baut-berghain-nach-a-00000000-0003-0001-0000-000000755623. Zugegriffen am 20.11.2018.

Kotler, P. (1973). Atmospherics as a marketing tool. *Journal of Retailing, 6*, 48–64.

vom Lehn, D. (2010). Generating experience from ordinary activity: New technology and the museum experience. In D. O'Reilly & F. Kerrigan (Hrsg.), *Marketing the arts. A fresh approach* (S. 104–120). London: Routledge.

Leinhardt, G., & Knutson, K. (2004). *Listening in on museum conversations*. Walnut Creek: Altamira Press.

Parry, R. (2010). *Museums in a digital age*. London: Routledge.

Paumgarten, N. (2014). Berlin nights. The thrall of techno. *The New Yorker*. https://www.newyorker.com/magazine/2014/03/24/berlin-nights. Zugegriffen am 20.11.2018.

Pine, B., & Gilmore, J. (1999). *The experience economy: Work is theatre and every business a stage*. Boston: Harvard Business School Press.

Rogers, T. (2014). Berghain: The secretive, sex-fueled world of Techno's coolest club. *Rolling Stone*. https://www.rollingstone.com/culture/culture-news/berghain-the-secretive-sex-fueled-world-of-technos-coolest-club-111396/. Zugegriffen am 20.11.2018.

Sakschewski, T., & Paul, S. (2017). *Veranstaltungsmanagement: Märkte, Aufgaben und Akteure*. Wiesbaden: Springer.

Taylor, S., & Hansen, H. (2005). Finding form: Looking at the field of organizational aesthetics. *Journal of Management Studies, 42*, 1211–1231.

Troilo, G. (2015). *Marketing in creative industries. Value, experience and creativity*. Basingstoke: Palgrave Macmillan.

UNESCO. (2009). The 2009 UNESCO framework for cultural statistics (FCS). Verfügbar unter http://unesdoc.unesco.org/images/0019/001910/191061e.pdf. Zugegriffen am 20.11.2018.

Veblen, T. [1899] (1953). *Theory of the leisure class*. New York: New American Library.

Welsch, W. (1996). *Grenzgänge der Ästhetik*. Stuttgart: Reclam.

Artist Management

7

> **Zusammenfassung**
>
> In diesem Kapitel erfahren Sie, was Artist Manager machen: Die Tätigkeit ist eine Art kreative Gemeinschaftsleistung, denn hier arbeiten Manager für und unter Künstlern – während sonst meist die Manager bestimmen, was die anderen arbeiten. Da man schwer einschätzen kann, wie die Zukunft von Kulturproduzierenden aussieht, verwenden die hier Tätigen auch agile Managementansätze und Methoden aus dem Bereich Entrepreneurship. Hier arbeitet man mit den vorhandenen Mitteln, baut auf Vereinbarungen und Partnerschaften, nutzt die Umstände und justiert das Handeln immer wieder nach. Mit der technologischen Entwicklung entstehen immer neue Arbeitsfelder für Artist Manager, etwa für Artists oder Influencer aus dem Bereich E-Sport, die recht umfangreiche Betreuung benötigen. Die andere Seite der Medaille: Managerinnen haben in ihrer Rolle ebenfalls etwas von Künstlern. Sie müssen ihren Sinnen trauen und eine ästhetische Kompetenz trainieren, um mit verschiedenen Formen des Wissens umgehen zu können. Als Methode zur Entwicklung solcher Kompetenzen nutzen Unternehmen mittlerweile sogenannte künstlerische Interventionen, die Personen, Produkte und Prozesse aus der Welt der Kunst in Unternehmen bringen (etwa Unternehmenstheater, Musikworkshops). Hier ist auch ein neues Arbeitsfeld für Künstler außerhalb der Kreativwirtschaft entstanden.

7.1 Praxis des Künstlermanagements

Management in der Kreativwirtschaft bezieht sich auch auf das Management kreativer Köpfe und Künstler als Kulturproduzierende. Die Vorstellung des genialen Künstlers, der quasi von alleine Erfolg hat, ist heutzutage in der Kreativwirtschaft überholt. Das Bild einer Künstlerin als einsames Genie lässt sich kaum auf die wirtschaftliche Produktion und Verwertung anwenden. Nicht nur wurde erkannt, dass kreative Aktivitäten von der Interaktion mit Bezugsgruppen und der Gemeinschaft außerhalb profitieren und durch sie erst ermöglicht werden (Amabile et al. 1996; Austin et al. 2018). Zunehmend werden kreative und künstlerische Prozesse sorgfältig geplant oder zumindest in kleinen Schritten im Team gemeinsam ausgeführt und vermarktet. Auch Künstler haben eine oder mehrere Personen, die ihnen helfen.

Aufgrund der Breite der Kultur- und Kreativwirtschaft empfiehlt es sich, spezielle Literatur für verschiedene Bereiche zu lesen. Beispielsweise beinhalten Publikationen über Musikermanagement einzelne Bestandteile wie Vertragsgestaltung, Einkommensströme aus Auftritten, Songwriting und Recording (Allen 2018). Dieses Kapitel kann solche Einzelheiten nicht abdecken, sondern erklärt vielmehr, wie die Zusammenarbeit im Artist Management generell als eine Art **Gruppenkreativität** zu verstehen ist. Statt einer traditionellen Managementsicht mit den Elementen Planung, Organisation, Führung und Kontrolle werden auch hier eher agile Methoden, Kommunikation und Formen der unterstützenden Zusammenarbeit präsentiert – die sich auf spezielle Tätigkeiten in den einzelnen Feldern übertragen lassen.

▶ **Artist Manager bauen Karrieren von Künstlern auf** Artist Manager sind Personen, die ihren Lebensunterhalt damit verdienen, die Karrieren von Künstlern aufzubauen und zu fördern (Watson 2002). Kulturproduzierende sind verantwortlich für ihre kreative Leistung, und so wird die Aufgabe von Managerinnen darin gesehen, künstlerische Kreativität zu fördern: „Managerial creativity is the key to enhancing artistic (…) creativity" (Morrow 2006, S. 368). Man geht davon aus, dass die vorrangige Beschäftigung mit und Verantwortung von administrativen Tätigkeiten früher oder später das kreative Produkt beeinträchtigt, woraus sich die Rolle von Managern als Unterstützer ergibt: „Therefore, the manager is supposed to play a supporting role and help [build, develop and nurture (…)] relationships that form a system (…) that generates artistic products" (Morrow 2006, S. 368).

Im Bereich Musik beispielsweise kümmert sich ein Künstlermanagement um Verträge mit Plattenfirmen und Verlagen und um die Werbung, und sorgt zusammen mit Platten- und PR-Dienstleistern dafür, dass die Künstler auch in den Medien besprochen werden. Manager kümmern sich um den kommerziellen Erfolg der Künstler und sind prozentual an allen Einnahmen beteiligt. Das Interesse liegt dementsprechend nicht darin, den „besten" Künstler für ein kurz- oder längerfristiges Engagement bei einem Projekt oder Vorhaben zu finden, sondern die vertretene Person zu vermitteln und zu platzieren zu bestmöglichen Konditionen. Davon hängt auch die eigene anteilige Bezahlung ab.

Obwohl es einige Beispiele von Künstlern gibt, die hervorragende Manager in eigener Sache sind und sich erfolgreich selbst vermarktet haben, ist diese Vorstellung in der Praxis nicht breit tragfähig. Ein Beispiel aus der Kulturgeschichte: Shakespeare hat selber sein Theater geleitet, soll die Stücke geschrieben und auf der Bühne gestanden haben. Anderson, Reckhenrich und Kupp (2012) bieten in ihrem Buch *The Fine Art of Success* konkrete Lehren aus der Welt der Kunst und schildern, wie Führungspersonen von zeitgenössischen Künstlern wie Damien Hirst lernen können, der kurz vor der Weltwirtschaftskrise noch

7.1 Praxis des Künstlermanagements

über 110 Millionen Pfund bei einer kühnen Auktion über Sotheby's erzielte, die traditionelle Absatzkanäle wie Galerien außen vor ließ. Ein solcher Fall wird als Paradebeispiel für künstlerisches Gespür bei der innovativen Neuerfindung von Produkten und Marktmanipulation ausgelegt. Auch von Madonna und Pablo Picasso könnten Managerinnen einiges lernen. Jedoch haben auch diese Unterstützer, die ihnen zur Seite stehen oder standen.

Management in der Kreativwirtschat im breiteren Sinne ist weniger Kontrolle denn Unterstützung und Ermöglichung, was auch auf Führung in der Kreativwirtschaft generell zutrifft (Kap. 4). Artist Management ließe sich im Modell von Creative Leadership (Abschn. 4.2.3) als die Variante des Förderns und Ermöglichen (Facilitating) sehen (Mainemelis et al. 2015). Morrow (2018, S. 7–10) beschreibt Artist Management ebenfalls nicht als Steuerung, sondern sieht die Tätigkeit als eine **Gruppenaktivität** und dabei als eine Form gemeinschaftlicher kreativer Arbeit. Dieser Ansatz der unterstützenden Funktion wird breit in der Literatur zum Thema vertreten, wobei auch immer die Kreativität der Managementfunktion selbst betont wird (Townley et al. 2009). Zwar ist der schöpferische Beitrag einer Singer-Songwriterin beispielsweise künstlerisch offensichtlich herausragender als das unterstützende Management, wobei aber das Management trotzdem mehr ist als bloße Verwaltungsarbeit. Zur Managementtätigkeit des **Ermöglichens** gehören **kreative Elemente** wie strategische Planung mit agilen Methoden und Start-up-Techniken, Storytelling und Kommunikation, wofür Manager auch ihr Bauchgefühl und ästhetische Kompetenz (Abschn. 7.2.1) in die Tätigkeit einbringen müssen, weil es nicht nur um rationale Planung geht.

Artist Management hat eine **Sonderstellung**, denn hier arbeiten Manager für Künstler – während sonst in Top-down-Organisationen und selbst in vielen kreativen Bereichen bei groß angelegten Projekten die Manager bestimmen, was Mitarbeiter arbeiten. Trotz der Gruppenkreativität ist die Managerkreativität der künstlerischen untergeordnet. Management ist weniger direktiv, denn künstlerische Prozesse lassen sich nicht auf bestimmte Regeln und Prozesse herunterbrechen.

> **Yin und Yang des Artist Managements**
>
> Der Musikmanager John Watson beschreibt in einem Interview (John Watson, zit. in Graham 2019, S. 59) die Beziehung zwischen Künstler und Manager als sich ergänzende Einheit in Form eines Yin-Yang-Symbols, die von der Managerin koordiniert und ständig mit Motivation und Überzeugungskraft angetrieben werden muss: „So the artist-manager relationship works like a yin-yang symbol and to expand that out to see how the whole picture works, you need to think about that yin-yang symbol as being like the hub on a bike wheel: each of the spokes is a different facet of your career. So a publisher, an agent, perhaps a label, an accountant, a publicist – whatever the case may be – they're each a spoke coming out of that manager-artist ‚hub'. The manager's job is to put all the spokes in place, work out where the wheel is supposed to get to and then to coordinate, to motivate, and to persuade to get it rolling and keep it rolling in the

right direction. They're the three key verbs of artist management, I would say. To coordinate, to motivate, and persuade, all of those spokes have to spin in the right direction to get the artist's career to where the artist wants to go." Auch hier wird die Unterstützung hervorgehoben und ständige Motivationsarbeit von Managementseite als eine Art Antriebsmotor gesehen.

Zum Management eines Künstlers gehört auch das **Storytelling**. Während ein Künstler meist in einer der kreativen Städte („Creative Cities" nach Florida 2012) beheimatet ist, ist Artist Management oft transnational. Es umfasst die Beziehungen zwischen mehreren kreativen Städten, die verbunden werden durch eine personalisierte Geschichte, die dem Publikum erzählt wird. Das geschieht entweder durch traditionelle oder soziale Medien: „Kunst ist eine Story zwischen Orten und nicht an einem einzigen Ort – und das ist es, was Artist Manager managen" (Morrow 2018, S. 67). Generell nimmt das Geschichtenerzählen im Markt heute zu, wenn Firmen wie Amazon und Red Bull zu „Storified Companies" werden, die innerhalb und außerhalb des Unternehmens ihre Versprechen mit personalisierten und emotionalen Geschichten aufladen (Zimper 2019, S. 14).

Artist Manager versuchen also ganz zeitgemäß, eine Geschichte um die Künstlerin herum aufzubauen. Dies gilt sowohl für bildende Künstlerinnen, Musiker, Tänzerinnen als auch für alle anderen Bereiche. Wenn die Künstler sich selbst managen, arbeiten sie an ihrer eigenen Geschichte, um sich auf dem Markt von anderen unterscheidbar zu machen.

Künstler und ihre Geschichte

Im Bereich Kunstmarkt entwerfen Künstler ihre eigene Geschichte, um beispielsweise nicht von den Galeristen abhängig zu sein, sondern sich selbst als Marke aufzustellen und damit unabhängiger und flexibler auf dem Markt agieren zu können. Ein Beispiel ist der australische Multimediakünstler Ralph Kerle, der in seinem Imagefilm https://www.youtube.com/watch?v=Rm_mm9APJs4 Veränderungen in seinem Leben wie gesundheitliche und psychische Herausforderungen und die daraus resultierende künstlerische Entwicklung (Kajakfahren, Natur, Wellbeing) für die Öffentlichkeit darstellt. Dem Kern seiner Marke mit seinem Stil bleibt er treu und gibt an, „Innovationen nur innerhalb dieses Rahmens zu betreiben und aus dem Brand heraus zu generieren". Das bedeutet, das Medium der Fotografie und das Thema von Wasser beizubehalten, aber lokale Besonderheiten und andere Orte einzubeziehen sowie auch Erweiterungen (Reflexion von Gebäuden auf der Wasseroberfläche) (Abb. 7.1) und weitere gesellschaftliche Bezüge aufzubauen, beispielsweise mit Ausstellungen von Berufsgruppen, die auf dem Wasser arbeiten (zuletzt die Royal Navy in Australien).

Die Story um die jeweiligen Künstler herum dient auch dazu, verschiedenste Individuen zu motivieren und zu überzeugen, für sie zu arbeiten. Im Musikbereich sind das Beschäftigte von Labels, Booking Agents, Live Crew, Publizisten, Buchhalterinnen, Produzenten, Marketingfachleute und viele mehr. Die Beziehung zwischen Manager und

7.1 Praxis des Künstlermanagements

Abb. 7.1 „Building on Water 3" (Part of the Buildings on Water series; Aveiro, Portugal), mit freundlicher Genehmigung von Ralph Kerle, www.ralphkerlesart.com

Künstler ist der Nukleus, um den herum eine erfolgreiche Karriere entsteht. Die Hauptverantwortung liegt auf den Schultern der Manager, deren Hauptaufgabe es ist, zu überzeugen und zu koordinieren. Wenn Künstler kreativ und kommerziell erfolgreich sein sollen, benötigt die Karriere mindestens genauso viel Management wie Talent und Ehrgeiz (Morrow 2018).

Diese Managementaufgabe und das Storytelling lassen sich nicht vom Künstler losgelöst betrachten und basieren auf Attributen, die die Künstlerin bereits besitzt. Somit wird für Manager eine Checkliste empfohlen, bevor sie einen Künstlerin unter Vertrag nehmen.

Ein Beispiel für eine **Managementcheckliste für Musiker** bei großen Labels sieht folgendermaßen aus (Morrow 2009, S. 68–69):

- Die Musik ist der Schlüssel. Die Songs hauen die Leute um – oder nicht.
- Sie müssen singen können, das ist ein eigenständiges Talent.
- Sie müssen performen können, das ist etwas anderes als singen.
- Ein Singer/Songwriter muss ein Instrument beherrschen und ein guter Musiker sein, das ist ein eigenes Talent.
- Sie müssen zielstrebig, schlau und ehrgeizig sind. Zielstrebig alleine reicht nicht, sie müssen es wirklich kapieren, um sich richtig reinhängen zu können.
- Sie müssen gut aussehen. Nicht schön sein, aber interessant, einen bestimmten „Look" haben.
- Sie müssen jung sein, denn in der Branche tickt die Uhr.

Diese Liste ist für den Musikbereich und sieht in anderen Branchen anders aus, abhängig davon, was dort wichtig für den Erfolg ist. Gibt es Ausnahmen von der Liste? Nein, sagen die Profis. Wer Ausnahmen macht, ist selbst die Ausnahme. Manager machen nicht gerne Ausnahmen von dieser Liste, denn damit schwämmen sie gegen den Strom, was ihre Zeit und ihr Investment riskant machen würde (Morrow 2009, S. 69). Auch hängt das Storytelling oft am Faktor Jugend, und eine langfristige Entwicklung für einen Spätstarter wäre eher unwahrscheinlich. Zudem wird geraten, dass Manager auch politisch mit der Künstlerin übereinstimmen, zumal sie dieser Person – sei es im Bereich Musik, Games oder anderen – stets eine öffentliche Plattform und Reichweite für ihre Botschaften verschaffen.

Diese Liste versucht, Risiken für Manager zu minimieren und Erfolgsmöglichkeiten zu maximieren, weil sie sonst nicht wirtschaftlich arbeiten können, da ihr Einkommen am Erfolg der Künstler hängt. Für eine ethisch reflektierte Managementpersönlichkeit (Kap. 8) bietet eine solche Liste Anlass zur Kritik. Diese Liste ist beispielsweise altersdiskriminierend, wenn reiferen Persönlichkeiten die Chance auf eine musikalische Karriere abgesprochen wird. Die Forderung nach so etwas wie einem „überzeugenden Look" wird oft zum rassistischen Unterdrückungsmechanismus: In den Massenmedien zählen meistens Klischees und stereotype Vorstellungen von gutem und akzeptablem Aussehen – zu dem etwa ethnische Looks und kulturelle Besonderheiten nicht gehören. So werden in anderen Auswahl- und Castingprozessen in Massenmedien People of Colour konstant verunsichert und „weißgewaschen", indem die Haare geglättet werden, sozial kodiertes Verhalten belächelt und sogar kosmetische Operationen arrangiert werden (Pozner 2010, S. 161 ff.). Des Weiteren kann eine solche Liste als ableistisch (diskriminierend wegen einer körperlichen oder psychischen Beeinträchtigung) interpretiert werden. Nicht jeder hat die psychische und physische Stabilität, ständig ehrgeizig zu sein und sich reinzuhängen, und manche Menschen haben körperliche Behinderungen. Sollte man Menschen von vornherein alle Chancen absprechen? So wären unter anderen auch Stevie Wonder und Ray Charles (Sehschwäche), Ludwig van Beethoven und Paul Stanley von Kiss (Gehörleiden) und Cher (Dyslexie) abgelehnt worden. Zudem macht eine solche Liste tendenziell die individuellen Kulturproduzierenden für ihren möglichen Erfolg oder Misserfolg nur selbst verantwortlich und übersieht, dass soziale, ökonomische und kulturelle Einflüsse oft schwerer wiegen als Talent, Ehrgeiz und Zielstrebigkeit. So sind doch viele Menschen aufgrund ihres sozialen und kulturellen Kapitals (Kap. 8) künstlerisch erfolgreich geworden (wie etwa Paris Hilton als DJ und Brooklyn Beckham als Werbefotograf). Checklisten sollten das beeinflussende Umfeld von künstlerischen Karrieren nicht ausblenden und auch nicht Möglichkeiten, die Verantwortung für Karrieren diverser Künstler als „Group Creative Activity" auf sich zu nehmen, wenn man an sie man glaubt.

7.1.1 Agiler Ansatz

Strategien des agilen Managements lassen sich für das Management von künstlerischen Karrieren in der Kreativwirtschaft ebenfalls anwenden (Morrow 2018, S. 45). Dieser Ansatz ist in unsicheren und dynamischen Kontexten verbreitet und kennzeichnet sich dadurch, dass flexibel, proaktiv, antizipativ und initiativ agiert wird. Der Australier Morrow sieht den Kulturbereich „by default" als agil, was aber auch den kritischen Blick auf Neoliberalisierungstendenzen verstellt, denn fehlende Kulturfinanzierung übt Zwang zu Mobilität und Flexibilität aus (Strauß 2019, S. 174). Agilität wird aber auch durch die Digitalisierung befördert, die die Künstler-Publikum-Beziehung verändert hat. Die Beziehung wird direkter und die Möglichkeiten zum Experimentieren in der Produktion und im Konsum haben sich erhöht, da Künstler ständig in Kontakt mit dem Publikum treten können. Zudem wird das Artist Management noch dadurch weiter agil, dass der Zugang zu dieser Tätigkeit nicht reguliert ist (wie etwa die Tätigkeit als Anwältin) und damit auch informell ausgeübt wird.

Agiles Management beinhaltet das ständige Überwachen von Kundenfeedback, das iterative Testen und Einbeziehen von Kunden in den Produktentwicklungsprozess. Hier geht es nicht um Annahmen, was die Zielgruppe mögen könnte, sondern es wird das Wissen eingesetzt, was sie wirklich will. Dieser Ansatz reduziert mit Produktentwicklung verbundene Unsicherheiten. Auch können Konsumenten etwa durch Crowdfundingplattformen schon früh zum kreativen Prozess beitragen. Wenn dieses Vorgehen, das in der kommerziellen Softwareentwicklung entstanden ist, in der Kulturproduktion angewendet wird, kann das im Bereich der kommerziellen Musikproduktion sinnvoll erscheinen. Die Unterschiede zwischen kommerzieller und nicht kommerzieller Kulturproduktion werden hierbei aber nicht beachtet.

> **Tänzer und agiles Management**
>
> Das Management beziehungsweise Artist Management im Bereich Tanz in der Kreativwirtschaft kann als Beispiel für eine agile Methode gesehen werden. Tänzer verstehen sich oft als „Self-Managed Artists". Künstlerinnen übernehmen ihr Management selber, da die Managementteile einen großen Teil der kreativen Produktion neben dem tänzerischen Tun ausmachen (die Arbeit voranbringen, produzieren, Administration). Tänzer müssen ihr Training selbst organisieren und Termine zum Vortanzen koordinieren und versuchen, aneinander anschließende Verträge zu gewinnen. Dabei müssen sie oft andere Nebenjobs machen, obwohl sie dann noch mobil sein müssen, wenn Engagements an verschiedenen Orten sind. Flexibel müssen sie auch sein, um ihre Arbeitstermine mit der künstlerischen Tätigkeit zu koordinieren.
>
> Das agile Prinzip bezieht sich hierbei auf folgende Teile in Bezug auf die individuelle Kreativität (Morrow 2018, S. 52–53):
>
> - Tänzerinnen sind intrinsisch motiviert.
> - Sie denken divergent (Divergent Thinking) und entwickeln mehrere Lösungen für ein Problem oder mehrfache Richtungen für ihre künstlerische Arbeit und ihre Managementarbeit.
> - Sie zeigen eine Offenheit bei der Entscheidungsfindung und Planung, die nicht festgelegt ist (ein Dreijahresplan etwa ist in der Branche nicht möglich, wenn Projekte enden oder neue Förderung gewährt wird oder dann doch fehlt).

Im Bereich Tanz geht es in neuesten künstlerischen Formen nicht um Anleitung durch Choreografen, sondern eher um eine interaktive und fast demokratische Zusammenarbeit und Kreativität in der Gruppe (Abschn. 4.2.4). Neben dieser kreativen Gestaltung und der tänzerischen Körperarbeit im Training und auf der Bühne müssen die Performer dann noch die eigene Karriere verwalten – und oft nebenbei zusätzlich Geld verdienen.

7.1.2 Methoden aus dem Bereich Entrepreneurship

Methoden für Start-ups erscheinen auch sinnvoll für den Bereich Künstlermanagement, weil dieser wie andere in der Kreativwirtschaft ebenfalls sehr komplex und unsicher ist. Aufgrund der Unsicherheit sind belastbare Prognosen kaum möglich, sondern Managerinnen und Künstlerinnen müssen ständig steuern und entlang des Weges nachjustieren und überlegen. Generell ist Entrepreneurship mit der Kreativwirtschaft stark verbunden (Abschn. 3.2.3) und so lassen sich sowohl über den Begriff als auch über die Methoden vielfältige Brücken bauen. Entrepreneurship wird meist mit der Umsetzung einer innovativen Idee in Verbindung gebracht, dem Gründen eines neuen Unternehmens mit neuen Produkten und Dienstleistungen. Auch das Management von Künstlern muss oft innovativ und anders sein, um bei einem Markt mit starker Konkurrenz und dominanten Playern durchdringen zu können. Hier muss man sich bewusst sein, dass beispielsweise im Musikbereich große Plattenlabels sehr durchgeplante Prozesse des Künstlermanagements haben, die wenig kreativen Freiraum für die einzelnen Künstlerinnen oder für die Manager lassen (Passman 2019). So sind auch die im folgenden vorgestellten Ansätze nicht die einzig gültigen, sondern stellen eine mögliche Herangehensweise dar, die jedoch zunehmend wichtig ist, da gerade im Musikbusiness die Konsumenten weniger gewillt sind als früher, für einzelne Angebote zu bezahlen und Künstler zunehmen aktiv werden müssen (Gerber 2017).

Artist Management kann sich gerade jenseits des straff strukturierten Vorgehens beispielsweise der Major Labels im Musikbereich an den Prinzipien der Effectuation aus dem Bereich Entrepreneurship orientieren (Morrow 2018, S. 27). Bei gut vorhersehbaren Vorhaben wird nach wie vor klassisch und mit Meilensteinen geplant. Das gilt zum Beispiel auch für Nachahmerprodukte und Künstlerkarrieren in bedeutenden Musikhäusern, denen oft vorgeworfen wird, Stars mit großen Marketingbudgets und wenig Persönlichkeit zu kreieren – für alle anderen Künstler jenseits dieser wenigen gilt jedoch: Selbstvermarktung, sich aufbauen, Konzerte spielen, Möglichkeiten suchen (Gerber 2017). Das heißt: Bei nahezu vorhersehbaren Vorhaben wird klassisch geplant. Wer etwas Neues aufbauen will, der „effektuiert".

▶ **Effectuation** Effectuation ist eine intuitive Entscheidungs- und Handlungslogik für Unternehmer, die für ungewisse, also schnell veränderliche Situationen ohne vollständige Informationen eingesetzt werden kann. So kann man sich entscheiden, auf Zukunftsprognosen nicht viel zu geben, sondern zu versuchen, die Zukunft aktiv selbst zu gestalten und zu bewirken (engl. to effectuate) (Sarasvathy 2008). Die Zukunft soll also nicht vorhergesagt, sondern geschaffen werden.

Ein solches Vorgehen ist gerade in der Kreativwirtschaft und beispielsweise im Musikbusiness oder im Bereich Games oder bei Influencern wichtig, denn das Umfeld ist dynamisch, kann sich schnell ändern. Es lässt sich nicht alles rational vorhersagen und schon gar nicht steuern, sondern die Situation in der Kreativwirtschaft lässt sich mit Begriffen beschreiben wie „Nobody knows" (Unsicherheit), „Art for Art's Sake" (die Kunst um der Kunst willen), „Motley Crew" (der bunte Haufen), „Infinite Variety" (unendliche Vielfalt), „A-list/ B-list" (vertikale Differenzierung), „Time flies" (die Zeit rennt) und „Ars longa" (fortwährende Kunst) (Caves 2000, S. 5–9) (Abschn. 3.3.1).

Während herkömmliche Managementansätze oft Meilensteine und Ziele in den Blick nehmen (causation), geht ein Entrepreneurship-Ansatz von dem aus, was unmittelbar verfügbar ist. Dazu gehören Fragen wie: Wer bin ich? Was weiß ich? Wen kenne ich? Was kann ich tun? Welche Vereinbarungen kann ich eingehen? So lassen sich Ergebnisse in den Blick nehmen, die auf Grundlage der vorhandenen Fähigkeiten, Ressourcen und Netzwerke und eigenem Handeln realistisch erreichbar schienen (Sarasvathy 2008). Beim Artist Management werden diese Fragen von Managern mit den Künstlern erörtert und orientieren sich an der Person und der künstlerischen Identität.

Effectuation beinhaltet gewisse Prinzipien, die in Situationen angewendet werden, in denen die Zukunft nicht vorhersehbar ist, Ziele nicht klar identifiziert sind und auch die Umgebung von den Entscheidungen beeinflusst wird, also nicht stabil und unabhängig ist.

Die folgenden fünf Prinzipien oder **Schrittfolgen** beschreiben die **Effectuation**-Logik:

1. **The Bird in the Hand Principle** (Mittelorientierung): Es wird mit dem begonnen, was den Akteuren (Entrepreneure oder in diesem Falle Artist Manager und Artist) zur Verfügung steht. Sie beginnen mit den Werkzeugen und Mitteln (Netzwerke, künstlerische Fähigkeiten etc.), die zur Verfügung stehen, nicht mit einem Ziel. Andere Metapher: Wer kochen möchte, schreibt entweder einen Einkaufszettel, auf dem alle gewünschten Zutaten stehen (Meilensteine, Planung), oder wirft einen Blick in den Kühlschrank und überlegt sich, was möglich ist.
2. **The Affordable Loss Principle** (leistbarer Verlust): Nicht mögliche Gewinne anvisieren und sich auf mögliche Verluste konzentrieren und versuchen, diese zu minimieren. Welcher Verlust ist noch tragbar, und nicht: Welchen Ertrag erwarten wir.
3. **The Crazy Quilt Principle** (Vereinbarungen und Partnerschaften): Anstelle der Konkurrenzanalyse sind die Partnerschaften und das gemeinsame Schaffen (Kokreation) wichtig. Es geht darum, mögliche Partner zu finden und Partnerschaften aufzubauen, die eigenen Grenzen und das Umfeld genau zu kennen. So lassen sich Erfahrungen gemeinsam einbringen, und das Risiko minimieren. Wer mitmacht, ist als „Self-Selecting Stakeholder" aus Eigeninteresse dabei und nicht auf der Suche nach einem eigentlich besseren Partner.

4. **The Lemonade Principle** (Umstände und Zufälle): Prüfen, wie Chancen genutzt werden können. Überraschende Situationen sind nicht unbedingt etwas Schlechtes, sondern eine Chance, neue Märkte zu finden. Es geht darum, Zufälle, Ungeplantes und sich ändernde Zustände als Gelegenheiten zu begreifen.
5. **The Pilot on the Plane Principle** (Selbst steuern): Sich auf die Aktivitäten konzentrieren, die man jetzt beeinflussen kann. Die Zukunft lässt sich zwar nicht vorhersagen, aber kreieren. Wer fortwährend Partnerschaften knüpft und die zur Verfügung stehenden Mittel nutzt, bleibt die Chefin hinter dem Steuer.

Mit dem Begriff Effectuation lässt sich also das Vorgehen beschreiben, nicht von vergangenheitsbezogenen Daten und daraus entwickelten Marktpositionierungen und Vorhersagen für die Zukunft auszugehen. Vielmehr geht es um die aktive Gestaltung, die ressourcenbasiert ist. Die Ziele entwickeln sich über die Zeit durch Interaktion mit dem Publikum und dem Markt, und Partnerschaften und hängen davon ab, welche Mittel zur Verfügung stehen und welche Zufälle und nicht vorhersehbaren Entwicklungen genutzt werden können. Das „Pilot in the plane"-Prinzip besagt, dass die Zukunft eher „gemacht" als „gefunden" oder „vorhergesagt" wird. Manager konzentrieren sich auf Aktivitäten, die innerhalb ihrer Kontrolle liegen, und steuern die Karriere von Moment zu Moment.

Das bedeutet, dass sich Künstler oder kleine Teams autonom an veränderte Umstände anpassen können und keinem vorgeschriebenen Plan mehr folgen. Daraus folgt für das Management: „Managers should find good, smart people and then get out of their way" (Morrow 2018, S. 47). Statt kleinteilig zu kontrollieren (micromanaging), sollen Managerinnen die Hauptziele im Auge behalten und sozusagen Platz machen oder den Weg bereiten. In Bezug zur Gruppenkreativität geht es hier um die Kokreation zwischen Individuen in einer Gruppe mit ständigem Bezug zur Außenwelt. Gerade hier wird auch die ästhetische Kompetenz wichtig, das Bauchgefühl: Mit wem kann ich arbeiten, wie wirkt mein Produkt, wie kommt meine Kommunikation an, wie ist die Stimmung im Team, in der Branche, unter den Fans.

„When life gives me limes …": Influencerinnen im Reality-TV
Das Lemonade Principle (Umstände und Zufälle) illustriert der amerikanische Reality TV-Star Bethenny Frankel (Bravo's Real Housewives of New York) (Abb. 7.2), die sich folgenden Slogan zulegte: „When life gives me limes, I make margaritas!" Tatsächlich ist die Chefin eines kleines Cateringbusiness trotz aller privaten Rückschläge (Demütigungen, Trennungen, Todesfälle) und geschäftlichen Niederlagen, die sie in der TV-Show öffentlichkeitswirksam und tränenreich darstellte, zu einer anerkannten Unternehmerin geworden. Wofür ist sie berühmt: Skinnygirl Margaritas! Die Marke Skinnygirl steht für zuckerreduzierte Alkoholika und andere Lifestyleprodukte wie kalorienreduzierte Soßen und eng geschnittene Kleidung, die mit dem Image der dünnen und tragischen Ikone Frankel untrennbar verbunden sind. Obwohl Reality-TV als frauenfeindlich, rassistisch und reaktionär gilt und für die Teilnehmerinnen oft eine Gefahr für die eigene Reputation darstellt, war Frankel eine der Ersten, die den Bereich Realitätsfernsehen zur Entwicklung ihrer Unternehmerpersönlichkeit effizient nutzte (Arcy 2015). Solche TV-Formate gelten als affektives Unternehmertum, das einigen Celebrities ermöglicht hat, über die Zeit ihre eigenen Konsummarken aufzubauen. Die kulturelle Technologie, die zum Einsatz kommt, ist die kalkulierte Offenheit bis hin zur Peinlichkeit und geschlechtsstereotypen Darstellung von Gefühlen vor der Kamera für unternehmerischen Erfolg. Diese unternehmerische Entwicklung beispielsweise im Real Housewives Franchise

7.1 Praxis des Künstlermanagements 153

Abb. 7.2 Macht aus Rückschlägen Geschäfte: Gründerin Frankel (im „This is a crisis"-T-Shirt) beweist ein Gespür für Möglichkeiten (Screenshot Instagram-Account https://www.instagram.com/stories/highlights/17868254260258409/)

geschieht nicht in gerader Linie, sondern erfolgt über mehrere Jahre und verschiedene Produkte, mit Hochs und Tiefs der Unternehmerinnen. Diese beweisen dabei oft auch eine bemerkenswerte ästhetische Kompetenz (Abschn. 7.2.1) als Gespür für Stimmungen, Trends und Möglichkeiten. Das Pilotenprinzip ermöglicht auch Veränderung: Bethenny Frankel verkaufte ihr Unternehmen für geschätzte 120 Millionen US Dollar und engagiert sich mit ihrer Reichweite als Influencerin heute auch für humanitäre Hilfe in betroffenen Gebieten nach Umweltkatastrophen.

7.1.3 Neue Arbeitsfelder: E-Sport und Influencer

Mit der technologischen Entwicklung entstehen immer neue kreative Berufe, die Management benötigen, und damit auch neue Arbeitsfelder für Artist Manager. Jene kümmern sich um „Artists" aus verschiedensten Branchen der Kreativindustrie, auch außerhalb der eigentlichen künstlerischen Bereiche wie der Musikwirtschaft.

Um diese neuen Möglichkeiten zu illustrieren, wird im Folgenden ein Beispiel aus dem Bereich Software/Games präsentiert. Dort gibt es sogenannte „Influencer", „Talents" oder

„YouTuber", die Content filmen, produzieren und online zur Verfügung stellen und die in verschiedenen Bereichen von der Unterstützung von Managerinnen profitieren. Die Erkenntnisse lassen sich übertragen auf das Management anderer Influencer oder Artists, die in den durch die Digitalisierung entstandenen Feldern arbeiten und Kanäle wie YouTube oder andere bedienen.

Der Bereich **E-Sport** (auch: eSports) beinhaltet Wettkämpfe zwischen Menschen mithilfe von Computerspielen. Dieses Feld ist stark gewachsen und hat sich professionalisiert. Die erfolgreichen Gamer, die einen YouTube-Channel haben und auf Plattformen wie Twitch Spiele wie League of Legends, Counterstrike, Fortnite und andere streamen, sind nicht auf sich alleine gestellt, sondern werden professionell von Managern unterstützt, auch als Angestellte einer Firma (Beispiel: Maximilian Knabe „Hand of Blood" war bis 2019 bei Freaks 4U Gaming in Berlin-Spandau, jetzt bei INSTINCT3; Abb. 7.3). Ein Manager bei einem Multi-Channel-Network (MCN) ist für drei bis 50 YouTuber zuständig, abhängig von ihrer Popularität und ihren Einnahmen, von denen Manager sich finanzieren.

Im **Gamesbereich** haben Ditzel, Möller-Palza und Biehl (2017) eine Reihe an **Elementen des Influencer Managements** identifiziert:

- Monitoringfunktion: Up to date sein mit Trends in der Gameswelt, Diskussion der täglichen Arbeit und Inhalte mit dem YouTuber, Warnung vor Fehlgriffen (Shitstorm!), Arbeits- und Lebenshilfe für die kaum über das Teenageralter hinausgewachsenen und

Abb. 7.3 „Zerstöre die Anomaliesplitter": Influencer HandOfBlood arbeitet im Zombiesturm, sein Management unterstützt im Hintergrund (YouTube-Screenshot https://www.youtube.com/watch?v=xeBJL5afakM)

plötzlich berühmten Kreativen (Umgang mit Erfolg, Arbeitsdisziplin: „Du solltest spätestens bis um 14 Uhr im Büro sein, auch wenn Du die halbe Nacht gestreamt hast.").
- Aus- und Weiterbildung anbieten: Eine Berufsausbildung wie Marketingfachmann/-frau wird oft begleitend von den Firmen angeboten, da Karrieren für Influencer kurz sein und schnell enden können. Organisation von Stimmtrainern und Präsentationscoaches zur Verbesserung der öffentlichen Darstellung der eigenen Gamingleistung.
- Promotion und Austausch organisieren: Optimierung der Channels durch Tags, Titel und Thumbnails, Planung der Social Media Posts, Anbahnung von Crosspromotion (Auftritt des einen beim anderen), indem YouTuber vernetzt und zusammengebracht und bei Kooperationen unterstützt werden nach der Formel: „Kontinuität + Qualität + Crosspromotion = Wachstum".
- Technologie und Infrastruktur: Bereitstellung von schnellen Datenleitungen für Gaming und Streaming; Bereitstellung von Studios, die nach Vorstellungen der YouTuber ausgestaltet und dekoriert sind. Organisation von Drehs an anderen Locations (Reise ins Ausland, Visa, Equipment, Transport). Gegebenenfalls Hilfe beim Cutten und Filmen.
- Marketingmanagement: Aufbau und Ausführung von Kooperationen mit Brands, die zu den Artists passen. Einsatz von Produkten in Videos (Zubehör, IT). Überwachung der rechtlichen Voraussetzungen wie Kennzeichnungspflichten.
- Fanmanagement: YouTuber sind mit bisweilen über einer Million Follower Berühmtheiten für andere junge Menschen. Planung von Auftritten und Organisation spezieller Sicherheitsvorkehrungen. Psychologische und praktische Unterstützung (bei Messen wie der Games com wird auch mal eine Maske einer Spielfigur für den YouTuber bereitgehalten, damit dieser eine Weile unerkannt herumschlendern kann).

Das Management in diesem Bereich ist ein Beispiel für eine Tätigkeit neben vielen in der Kreativwirtschaft, die durch technologische Entwicklung neu entstanden ist, und nicht einmal eine einheitliche Berufsbezeichnung in der Branche trägt. Es gibt **keine konkrete Berufsbezeichnung** und das erschwert auch die Personalbeschaffung für Unternehmen. Bei der Ausschreibung muss eine bestimmte Stellenbezeichnung gewählt werden, sei es der „Influencer Manager" oder der „Talent Manager", „Artist Manager" oder gar „YouTuber Manager". Diese unterschiedlichen Begriffe implizieren verschiedene Qualifikationen von Human Resources bis hin zu Marketing und ziehen Bewerbungen aus mehreren Ausbildungsbereichen an. Was YouTuber Manager benötigen, ist zunächst ein ausgeprägtes Interesse oder gar eine Leidenschaft für die spezielle Branche (hier: Games/E-Sport). Im Prinzip basiert die Funktion auf Managementtätigkeiten, die nicht nur durch bloße praktische Erfahrung entstehen, sondern sich durch Aus- und Weiterbildung mit ihrer Fach- und Methodenkompetenz neben der Persönlichkeits- und Sozialkompetenz schulen lassen.

7.2 Manager als Künstler

Manager oder Führungspersonen in der Kreativwirtschaft *managen* nicht nur Künstler und kreative Köpfe, sondern *sind* in ihrer Rolle ebenfalls entweder selber Künstler oder zumindest im Herzen auf gewisse Arten künstlerisch. „I am not a business man. I am an artist", sagte einst der amerikanische Investmentmilliardär Warren Buffet. In der Kreativbranche lautet der Spruch mittlerweile: „I am not a business man. I am business, man!" (Jay-Z)

Künstlermanagement hat mehrere Seiten: Managerinnen arbeiten nicht nur für Künstlerinnen (Morrow 2018), sondern lernen auch von ihnen. Im Zusammenspiel mit Künstlern und Kreativen können Manager Kompetenzen erwerben, die gerade für das unsichere, schnell wandelbare und ästhetisch aufgeladene Umfeld der Kreativwirtschaft sinnvoll sind. Wer mit einem kreativen Kopf zusammenarbeitet, kann jeden Tag für die eigene Managementtätigkeit lernen. Man muss nur genau hinsehen und die Brücken erkennen, in einer Art reflexiven Praxis.

Tatsächlich ist Management heute überall in einer globalen, dynamischen Wirtschaftswelt mehr als nur eine nüchterne Wissenschaft, sondern oftmals eine kreative „Kunst". Gerade in der Kreativwirtschaft ist diese Verbindung offensichtlich, wenn es um künstlerische Produkte geht und Kreative und Stars sich selbst vermarkten. In der Kreativindustrie und in künstlerischen Bereichen wird Management oft als Gruppenaktivität gesehen (Morrow 2018), womit der vermeintliche Gegensatz zwischen „rationalen" Managern und „kreativen" Köpfen aufgelöst wird. Manager bedeutet nicht „Person im Businessoutfit" mit entsprechendem Mindset, sondern bezeichnet Menschen, die auch ihre Kreativität für ihre Tätigkeit in der Kreativwirtschaft einsetzen und nutzbar machen wollen. Kreativität, Improvisation und Innovation funktionieren nicht auf Knopfdruck, sondern verlangen neue Methoden. Aus der Welt der Kunst lassen sich Ideen und Techniken für diese emotional und intellektuell ansprechende Aufgabe ableiten, Kunst lässt sich als Inspiration und Werkzeug nutzen (Biehl-Missal 2011).

Für alle Organisationen, und gerade in der Kreativwirtschaft ist kreatives Management erstrebenswert, denn heutzutage wird besonders die Verbindung zwischen wirtschaftlichen Unwägbarkeiten und künstlerischen Anforderungen betont: In der schnelllebigen Wirtschaftswelt kann immer Unvorhergesehenes eintreten, nicht alles ist rational erklärbar, und bei der Dichte an Informationen lässt sich der eine richtige Weg kaum finden. Diese Unwägbarkeiten treffen gerade auf die Kreativindustrie zu mit ihren Kennzeichen wie Unsicherheit, unendliche Vielfalt und langfristige Verwertung (Caves 2000, S. 5–9). So hilft es einer Führungsperson, wie eine Künstlerin auch den eigenen Impulsen zu folgen, sich auf die Sinne und die Intuition zu verlassen. Eine solche Perspektive beschreibt das Modell „ästhetische Führung" (Guillet de Monthoux et al. 2007), das Führung als sinnliches Handeln mit einem gewissen Schwung (flow) sieht, der über das rationale Denken und Handeln hinausgeht. Führung und Zusammenarbeit sind nicht nur rationale Prozesse, sondern von implizitem Wissen (Tacit Knowing) und sinnlicher

Wahrnehmung gesteuert. Zum Modell der Führungsperson als Künstler gehört auch die Kommunikationsfähigkeit. Ein wichtiger Teil der Führungstätigkeit besteht in der Kommunikation mit anderen, die gerade in vielen Teilen der Kreativbranche Feingefühl, Einfühlungsvermögen und Spürsinn verlangt.

Manager wollen schon lange wie Künstler sein
Manager werden seit einiger Zeit in allen Branchen häufig mit Künstlern verglichen, vor allem in der populären Ratgeberliteratur ist diese Analogie sehr häufig zu finden. Aus der Beschreibung der Arbeitsweisen von Künstlern und Akteuren in der Kreativindustrie leitet eine Vielzahl von Studien Empfehlungen für das Managementhandeln in wirtschaftlichen Zusammenhängen ab. Schon vor über dreißig Jahren hatte Vincent Degot (1987) in seinem bekannten Artikel „Portrait of the Manager as an Artist" den Manager konkret mit einem Künstler verglichen. Bei der Erkundung der Parallelen zwischen beiden Welten ergab sich die Schlussfolgerung, dass das alltägliche Handeln einer Managerin doch mehr mit einer künstlerischen Aktivität zu tun hat, als es traditionelle rationalistische Bilder des Scientific Management suggerieren. Schon in den 1970er-Jahren unterstrich beispielsweise Dresdner Bank-Chef Jürgen Ponto die Relevanz der Kunstsammlung mit Parallelen zwischen Unternehmern und Künstlern: Beide sah er dazu berufen, „Dinge zu gestalten", wobei sie auch „unentrinnbar dem Zwang zur Entscheidung" ausgesetzt seien; er sprach vom „virulenten Interesse an der Entwicklung neuer Formen", „permanenter Neugier", einem „auf Progression eingestellten Rhythmus" (zit. in Ullrich 2010, S. 27). Künstler gelten als Rollenmodell, weil sie nicht nur nach Vorgabe arbeiten, sondern eine besondere Gabe zum Erkennen von Zusammenhängen und Trends besitzen. Manager als Künstler agieren empathisch und individuell statt nach starren Regeln. Der Managementvordenker Peter Drucker sah die Führungskraft des 21. Jahrhunderts als Dirigenten, Henry Mintzberg als ein anderer Vorreiter der Künstleranalogie sieht das Leiten eines Sinfonieorchesters als ideales Vorbild für einen subtilen und professionellen Managementstil. Dirigentinnen kennen die jeweiligen Stärken und Schwächen der Musikerinnen und können ihre Talente anleiten und zu stimmiger Hochform bringen. In diesem Sinne lassen sich noch weitere konkrete Künstlerrollen wie der Jazzmusiker, Malerin oder Schauspieler heranziehen (Biehl-Missal 2011, S. 70–86), um sich von bestimmten Techniken und Ausdrucksformen ein Scheibchen abzuschneiden.

7.2.1 Ästhetische Kompetenz

Wenn Management in der Kreativwirtschaft als kreative, komplexe, kritische und beziehungsorientierte Praxis gefasst wird, wird auch die sinnliche Wahrnehmung wichtig, die wir im Handeln von Künstlern erkennen. Hierbei wird das sogenannte **implizite Wissen** oder ästhetische Wissen eingesetzt.

▶ **Implizites Wissen** Implizites Wissen (Tacit Knowing) bedeutet durch verkörperte, sinnliche Erfahrung gewonnenes Wissen, welches das Handeln im Alltag und in Arbeits- und Managementprozessen bestimmt (Polanyi 2002). Implizites Wissen lässt sich gleichsetzen mit **ästhetischem Wissen** (Taylor und Hansen 2005, S. 1213). Wir nehmen Informationen nicht nur rational oder kognitiv wahr, sondern über unsere körperliche Existenz in einem Arbeitsumfeld (Architektur, Gerüche, Geräusche, Atmosphäre), während des Konsumakts (ästhetisches Erlebnis), in der Interaktion mit Menschen (Stimmungen, Reaktion auf Bewegung und Gesten). Implizites oder ästhetisches Wissen wird aus sinnlicher Erfahrung gewonnen.

Auf Grundlage dieser sinnlichen Erfahrung und dieses verkörperten Wissens geschieht Handeln – quasi spontan, aufgrund von Erfahrungswerten oder aufgrund von Einschätzungen, die in der Praxis oft als „Bauchgefühl" benannt werden. Das dem Handeln zugrunde liegende Empfinden lässt sich nicht einfach niederschreiben oder in klaren Worten ausdrücken, denn es besteht eben in anderer Form, es ist eine andere Form von Wissen.

Verschiedene Arten von Wissen
Es wurden verschiedene Versuche unternommen, Formen von Wissen zu differenzieren, was nicht einfach ist, da man davon ausgeht, dass Wissen nicht nur „im Kopf" sondern im ganzen Körper ist. Nach Heron und Reason (2001) und ihrer erweiterten Epistemologie kann man von vier verschiedenen Arten von Wissen sprechen:

1. Experiential Knowing: Erfahrungswissen, direkte Wahrnehmung, Empathie, Face to Face, lässt sich nicht einfach in Worte fassen.
2. Presentational Knowing: Ausdruck dieses Wissens durch künstlerische Formen wie Musik, Tanz, Bilder, Geschichten (beispielsweise Ausdruck von Empfindungen durch Malen in der Kunsttherapie; Ausdruck von Gefühlen in Songs und Musikstücken).
3. Propositional Knowing: konzeptuelles oder Theoriewissen, „über" etwas Bescheid wissen durch Theorien, basierend auf Lehrtexten etc.
4. Practical Knowing: anwendbares Wissen, wie man etwas praktisch ausführt, „how to do it" (bspw. Tanzen, Klavierspielen, DJing).

Zwar kann man nicht zwischen diesen verschiedenen Wissensformen trennen, die beim Handeln und Nachdenken ineinanderfließen. Diese Unterscheidung hilft jedoch, verschiedene Formen von Wissen und Lernen besser einordnen zu können.

Dieses stillschweigende oder ästhetische Wissen ist Bestandteil der Managementforschung und -praxis und trägt der Tatsache Rechnung, dass nicht nur rationale, sondern emotionale, subjektive und zwischenmenschliche Faktoren in der Managementpraxis heute erfolgsrelevant sind. Diese Faktoren sind beim künstlerischen Produzieren sowieso grundlegend und damit auch in vielen Tätigkeiten in der Kreativwirtschaft. Was für Künstler bei der Arbeit wichtig ist, wird auch für die Manager relevant. Dieser Zusammenhang wird neuerdings als ästhetische Kompetenz beschrieben.

Ästhetische Kompetenz bedeutet: den Sinnen trauen, die Welt mit kognitiven und affektiven Fähigkeiten wahrnehmen. Ästhetische Kompetenz wird nicht als eine Urteilsästhetik im Bereich der Kunstwelt verstanden, sondern versteht Ästhetik als hervorgegangen aus der „Aisthesis", der sinnlichen Wahrnehmungsfähigkeit des Menschen, aus der sinnlichen Begegnung mit der uns umgebenden Welt (Böhme 1995). Diese Kompetenz lässt sich den Schlüsselqualifikationen im Personalwesen und in der Hochschulbildung (Abschn. 5.1) zur Seite stellen. Diese lauten: Selbstkompetenz (Persönlichkeitskompetenz, kritische, realistische und flexible Haltung), Fachkompetenz (theoretische Kenntnisse und praktisch anwendbares Handlungswissen), Methodenkompetenz (problemlösendes, abstraktes und vernetztes Denken, Analyse-, Transfer- und Planungsfähigkeit), Sozialkompetenz (Kommunizieren, soziale Verantwortung und Eigenverantwortung). Ästhetische Kompetenz ergänzt diese Fertigkeiten, weil sie weitere Arten der Wahrnehmung und Reflexion (wie Atmosphäre, Spiel, Subjektivität, Wohlgefallen, Unwohlsein, Bauchgefühl, Empathie) aufnimmt. Ästhetische Kompetenz wäre damit keine trennscharf abgegrenzte Kompetenz, sondern durchdringt die anderen Kompetenzen.

Ästhetische Kompetenz zu integrieren ist ein Versuch, das weitgehende Fehlen der affektiven Dimension in den bestehenden Kompetenzrahmungen auszugleichen. Im Bereich Führung und Management hatte man zu lange nur dem Kopf und nicht den Sinnen getraut (Ladkin und Taylor 2010). Eine ästhetisch Kompetenzkategorie schließt an aktuelle, weltweite und von vielen Akteuren und Stakeholdern im Bildungsbereich geführte Diskussionen an um Fertigkeiten und Kompetenzen für die Welt des 21. Jahrhunderts einschließlich ethischer und globaler Fragen wie Nachhaltigkeit, Diversity und Verteilung von Wohlstand (Adler 2006). Ästhetische Kompetenz ist in komplexen und unsicheren Situationen und Arbeitsumfeldern sowohl in der Kreativindustrie als auch darüber hinaus wichtig. Ästhetische Kompetenz ermöglicht ein besseres Handeln unter den Bedingungen von Unübersichtlichkeit, Volatilität und Kurzfristigkeit.

Diese ästhetische Kompetenz kann man in einem **Modell von ästhetischer Führung** – oder: **Leadership as an Art** (Ladkin und Taylor 2010) – mit drei Komponenten besser verstehen:

1. **Verkörperung (Embodiment)**: Führung wird sinnlich wahrgenommen, sie wirkt über ihre Präsenz in der Interaktion mit Menschen, ähnlich wie Kunst (Musik, Architektur etc.) mit ihren Atmosphären auf uns wirkt. Das ist gerade in der Kreativwirtschaft offensichtlich, da primäre Antriebsfaktoren nicht extrinsisch sind (Vergütung), sondern intrinsisch und in der Zusammenarbeit mit anderen entstehen und permanent verhandelt werden.
2. **Künstlerisches Empfindungsvermögen (Artistic Sensibilities)**: Ohne ästhetisches Verständnis kann eine Führungsperson nicht überzeugend und erfolgreich handeln. Dieses erweiterte Bewusstsein wird nicht durch Theorie, sondern durch die körperliche, sinnliche und emotionale Erfahrung und auch durch künstlerisches Handeln geschult – was besonders relevant wird für die Aus- und Weiterbildung, wie mit künstlerischen Methoden und Interventionen (Abschn. 7.2.2). Gerade in der Kreativwirtschaft müssen Manager auch ein künstlerisches Einfühlungsvermögen für die Produkte, Dienstleistungen und Erlebnisse vorweisen können.
3. **Produktiver Umgang mit Widersprüchen (Holding Contradictions)**: Führung ist mehr als der kontrollierte und zielführende Einsatz verschiedener Managementinstrumente, vielmehr müssen Widersprüche anerkannt und ausgehalten werden, ethische Fragen diskutiert und eine kritische Position eingenommen werden (Kap. 5). Auch hier lässt sich von der Kunst lernen, denn Kunst will Fragen stellen und Freiräume geben, um Menschen zu sinnlichen Erfahrungen und eigenen Interpretationen anzuregen. Hier treten nicht immer nur selbstbewusste Führungspersonen auf, sondern Menschen, die auch mal zweifeln dürfen und Unsicherheiten mit anderen verhandeln (Biehl-Missal 2010). Gerade in der Kreativwirtschaft mit ihren Arbeitscharakteristiken wie „Art for Art's Sake" und „Motley Crew" sowie den sich im Widerstreit befindlichen Performancezielen (ökonomisch, künstlerisch, sozial) (Hadida 2015) gilt es, die Balance zu

halten und permanent zu verhandeln. Gerade kreative, anspruchsvolle Mitarbeiter wollen sich selbst einbringen, dabei gilt es, Spannungen auszuhalten, auch die eigenen. Dieser Ansatz ist herkömmlichen Managementansätzen ein Gräuel, die diese Widersprüche entweder auflösen, oder – gewöhnlich bis zum Eintritt der Krisen-PR oder der Firmenanwälte oder wegen der Aktionäre – nicht thematisieren wollen. Was hier ketzerisch klingen mag, liegt in der dominierenden Tradition des Positivismus in den Sozial- und Naturwissenschaften einschließlich der Betriebswirtschaftslehre, die sich erst langsam anderen geisteswissenschaftlichen und ästhetischen Perspektiven zugewandt hat (Hartz et al. 2020).

▶ **Ästhetische Kompetenz** Kreativschaffende und Manager sind „bei Sinnen" und trauen ihren Sinnen, um die Welt besser wahrzunehmen. Dazu nutzen sie auch Kunst und künstlerische Perspektiven. Ästhetische Kompetenz bezeichnet die dem Individuum verfügbaren kognitiven und affektiven Fähigkeiten und Fertigkeiten sowie das entsprechende Wissen, um bestimmte Probleme im Bereich des Arbeits- und Alltagshandelns wahrzunehmen, zu reflektieren und zu lösen und variable Situationen erfolgreich und verantwortungsvoll zu bestehen.

Die ästhetische Kompetenz lässt sich auch in Hinblick auf anerkannte **Lernziele** im Bereich der Hochschulbildung erklären. Hier helfen sogenannte Taxonomien, verschiedene Lernziele zu gliedern und hierarchisch zu ordnen. Eine der bekanntesten **Taxonomien** stammt von Bloom (1956) mit den Stufen: Wissen, Verstehen, Anwendung, Analyse und Evaluation. Diese wurden stetig erweitert, etwa auch mit zunächst ausgeklammerten affektiven (Krathwohl et al. 1965) und psychomotorischen Lernzielen. Mittlerweile beinhaltet die Taxonomie auch als die letzte Stufe das Schaffen/Erzeugen. Die Stufen Wissen, Verstehen, Anwendung, Analyse, Evaluation, Schaffen beziehen sich vorrangig auf den kognitiven Bereich. Ästhetische Kompetenz beinhaltet aber immer sowohl die kognitiven als auch die taziten/ästhetischen und affektiven Formen von Wissen und erweitert damit diese Stufen. Die ästhetische Kompetenz ist im Bereich der Taxonomie mit einer Kombination aus den kognitiven und affektiven Dimensionen zu erfassen und zeichnet sich gerade durch diese (realiter immer untrennbar vorhandene) Beidseitigkeit aus.

Die Tab. 7.1 zeigt die Kompetenzen in der erweiterten Lernzieltaxonomie und integriert die Elemente der kritischen Managementlehre (Critical Management Studies, Kap. 5) und des ästhetischen Modells Leadership as an Art (Ladkin und Taylor 2010), die entlang der „kognitiven und affektiven sowie ästhetische Prozessdimensionen" aufgetragen werden (x-Achse). In Bezug auf die entsprechenden „Wissensdimensionen" (y-Achse) entstehen daraus einige Beispiele für angestrebte Kompetenzen, die sowohl die sinnliche Dimension als auch die kritische Dimension beinhalten. Hierbei wird deutlich, dass nicht nur rationale Vorgänge die aufsteigenden Stufen ausmachen, sondern auch die kritische Haltung und sinnliche Wahrnehmung und ihre Umsetzung als ästhetische Arbeit.

Tab. 7.1 Erweiterte Taxonomie der Lernziele für Management in der Kreativwirtschaft mit ästhetischer Kompetenz und kritischer Perspektive. Eigene Darstellung nach Taxonomie der Lernziele (Bloom 1956) mit ästhetischer Kompetenz nach Hanna (2007) und Wünsch (Wünsch und Biehl 2018)

	Kognitive und affektive sowie ästhetische Prozessdimensionen					
	Erinnern/ Empfangen	*Verstehen/ Reagieren*	*Anwenden/Werten*	*Analysieren*	*Bewerten/ Begegnen*	*Erzeugen/ produzieren/ ästhetische Arbeit*
Leadership as an Art	Verkörperung		Künstlerisches Empfindungsvermögen		Produktiver Umgang mit Widersprüchen	
Critical Management Studies	Affirmative Haltung	Sorge tragen	Pragmatismus	Potenzialität		Normative Haltung
Wissensdimensionen						
Faktenwissen (Grundelemente, um sich in ein Thema einarbeiten zu können)	Erkennen und Erinnern von Terminologie, Klassifizierungen, Bereichen, nah an den Dingen sein	Verstehen/ Bedeutung konstruieren von Terminologie, Klassifizierungen, Bereichen, Entwicklungen	Anwenden von Vorgehensweisen in Management, Kreativwirtschaft unter kritischer Berücksichtigung der Machtperspektive	Analysieren/ Unterscheiden/ Abgrenzen von grundlegenden Elementen und deren Potenzialen	Bewerten von Sachverhalten auf Grundlage von recherchierten Zahlen, Fakten etc.; Verständnis für Möglichkeiten und andere Beurteilungen	Schaffen/ planen/ produzieren/ handeln mit den zur Verfügung stehenden Elementen und Perspektiven

(Fortsetzung)

Tab. 7.1 (Fortsetzung)

	Kognitive und affektive sowie ästhetische Prozessdimensionen				
	Erinnern/ Empfangen	Verstehen/ Reagieren	Anwenden/ Werten	Analysieren	Bewerten/ Begegnen	Erzeugen/ produzieren/ ästhetische Arbeit
Konzeptionelles Wissen (Zusammenhänge zwischen den Grundelementen innerhalb einer größeren Struktur)	Konzepte von Managementtheorie und Kreativwirtschaft, Zeitperioden, bestimmte Theorien und Personen	Verstehen, erklären und diskutieren von Konzepten („Kreativwirtschaft und Gesellschaft", „Kulturindustrie", „Creative Leadership"), Spannungen und Differenzen wahrnehmen, kritischer Dialog	Anwenden und Umsetzen von Konzepten („Creative Leadership") mit ästhetischem Verständnis; sensibles kommunikatives Handeln	Analysieren und dekonstruieren mit verschiedenen Perspektiven (kritischer Ansatz, ästhetische Perspektive, kulturwissenschaftliche Sicht)	Bewertung durch konzeptuelle Kritik („kapitalistische Medien", „Kulturindustrie", „populäre Kultur", „ästhetische Ökonomie"); überprüfen, ob bestimmte „Creative Leadership"-Ansätze passen; Beurteilen, ob ein Vorgehen der Situation angemessen ist	Schaffen/ planen/ produzieren/ handeln mit den zur Verfügung stehenden Prinzipien, Theorien und Konzepten („Creative Leadership" vollziehen, „kreative Produktion" bspw. „Heterotopien" erzeugen); Systematisch ethisch prüfen

7.2 Manager als Künstler

Prozedurales Wissen (wie etwas zu tun ist; Methoden und Regeln um Fertigkeiten und Techniken anzuwenden)	Prozeduren für Handeln erkennen und erinnern, ästhetische Interaktion und „Atmosphäre" wahrnehmen	Verstehen und illustrieren von Interaktion mit entsprechenden Prozessen („Creative Leadership", „Erlebnisse", „Atmosphären", Wirkungen hinterfragen	Kritisches, nicht dominierendes Anwenden von Fähigkeiten, Methoden, Techniken, Kriterien auf ein Thema („Fragebogen Praktikum", „Start-up-Methoden im Artist Management")	Analysieren, wie bestimmte Elemente, Fähigkeiten, Methoden und Techniken angewendet werden („Relational Leadership"), Machtbeziehungen einblenden, Möglichkeiten der Beeinflussung von Leadern und Followern	Bewertung, ob Techniken, Methoden und Fähigkeiten im Sinne der Ziele (künstlerischer Verdienst, soziale Wirkung, ökonomisch) wirksam angewendet wurden oder nicht	Schaffen/ planen/ produzieren/ handeln mit einer Vielzahl von Fähigkeiten, Methoden, Techniken („Complex Leadership"; Partizipative Zusammenarbeit entwickeln mit ethischen Vereinbarungen)
Metakognitives Wissen (Wissen über Denkprozesse im Allgemeinen, tazites/ästhetisches Wissen sowie ein Bewusstsein über eigene Wahrnehmungsvorgänge)	Persönliche Herangehensweise und Strategie, eigene ästhetische Wahrnehmung, nah rangehen	Verstehen und erklären von persönlicher Herangehensweise, Gefühl dafür entwickeln, ästhetische Reflexion, Selbstreflexion, sich selbst in Frage stellen, hinterfragen statt urteilen	Anwenden von metakognitiven Fähigkeiten auf Managementherausforderungen, Empathie einsetzen, einfühlen in Situationen, aktives Zuhören	Analysieren, wie verschiedene Formen von Wissen (explizites, implizites, ästhetisches Wissen) das Verständnis von Kreativwirtschaft prägen/ entwickeln	Kritische Haltung und Selbstevaluation des Handelns, eigene Wahrnehmung, ästhetische Kritik, neue Möglichkeiten imaginieren	Schaffen/ planen/ produzieren/ handeln mit Selbstkenntnis und persönlicher ästhetischer Reflexion, ethischer Haltung (Emanzipation, Empowerment) für sich selbst und andere

Diese ästhetische Wahrnehmung wird in den herkömmlichen betriebswirtschaftlichen Studiengängen kaum ausgebildet (Adler 2006). Allerdings werden zunehmend Bemühungen unternommen, diese sinnliche Wahrnehmung transdisziplinär und mit künstlerischer Erfahrung zu entwickeln. Das kann im Bereich der Hochschulen mit künstlerischer Arbeit, ästhetischer Auseinandersetzung sowie erfahrungs- und handlungsorientierten Arbeitsformen geschehen (Wünsch und Biehl 2018). Für die Entwicklung von Führungspersonen und Personal werden in der Praxis beispielsweise künstlerische Workshops und Interventionen eingesetzt.

7.2.2 Künstlerische Interventionen

> Given the dramatic changes taking place in society, the economy, and technology, 21st-century organizations need to engage in new, more spontaneous, and more innovative ways of managing. (Adler 2006)

Kreative Köpfe müssen nicht nur „gemanagt" werden, sondern es lässt sich aus der Zusammenarbeit mit kreativen Köpfen einiges lernen. Gerade in der Kreativwirtschaft sind künstlerische Produkte mit den Geschäftsprozessen aufs Innerste verwoben. Die künstlerischen Prozesse können aktiv als Inspiration für Management (Biehl-Missal 2011) und als Quelle von Neuheit in Arbeitsprozessen begriffen werden (Berthoin Antal 2009, S. 5; Strauß 2017). Die Erkenntnisse können sich auf Methoden, Techniken und Haltungen beziehen und können die Managementtätigkeit bereichern, sowohl in der Kreativwirtschaft als auch gerade jenseits davon in traditionellen Branchen und Unternehmen.

Das Denken vom Manager als Künstler mit kreativen Arbeitsweisen wird bisweilen in der Personal- und Organisationsentwicklung in Unternehmen jenseits der Kreativwirtschaft praktisch umgesetzt. Das kann man als ein Element kreativer Führung sehen, die neben der administrativen Rolle auch das Ermöglichen von kreativer Leistung innerhalb bürokratischer Strukturen beinhaltet. Dazu gehört, kreative Ideen in Schwingung zu bringen (Uhl-Bien et al. 2007, S. 306), auch gerade durch die gezielte Kollision von Künstlerischem und alltäglicher Arbeit bei sogenannten künstlerischen Interventionen.

Immer mehr globale Unternehmen engagieren Malerinnen, Schauspieler, Dichterinnen, Violinisten und Jazzmusikerinnen für kurze oder längere Projekte mit den Mitarbeitenden. Auch Führungskräfte musizieren, interpretieren Gedichte und spielen Theater, um komplexes Denken und kreatives Handeln auszubilden. Damit entsteht auch ein weiterer Markt jenseits der Kreativwirtschaft (Abschn. 2.2) und ein neues Arbeitsfeld für Künstlerinnen aus verschiedenen Bereichen.

▶ **Künstlerische Interventionen** Sogenannte künstlerische Interventionen (auch: kunstbasierte Interventionen) bringen Produkte, Menschen und Prozesse aus der Welt der Kunst für Lern- und Veränderungsprozesse in Organisationen (Berthoin Antal 2009). Das Wort Intervention ist Teil des Psychologie- und Organisationsentwicklungsvokabulars. Es gibt Formate wie Training, Coaching, Artists in Residence, Events, Workshops, kreative gemeinsame Aktivitäten, mit verschiedenen Dimensionen der Partizipation. Die Bandbreite von Interventionen setzt sowohl originale Kunstwerke ein (im Falle von Workshops über Malereien oder Literatur) als auch für den speziellen Fall mit oder ohne Mitarbeiter gemeinsam gestaltete künstlerische Formen (Musik, Unternehmenstheater, Skulptur; Biehl-Missal 2011, S. 91–154). Spezialisierte Firmen, einzelne Künstlerinnen und intermediäre Organisationen als Vermittler bieten diese Tätigkeiten an.

Unternehmen (meist außerhalb der Kreativbranche) arbeiten in sogenannten künstlerischen Interventionen mittlerweile konkret mit Künstlern zusammen, um sich für die Herausforderungen einer globalen und schnelllebigen Wirtschaftswelt fit zu machen. Die Konsequenz aus den Veränderungen der Wirtschaftswelt ist, dass Kreativität und künstlerische Ansätze zunehmend in alle Managementtätigkeiten vordringen. Das ist nicht nur für die Breite der wirtschaftlichen Bereiche wichtig, sondern gerade für die Kreativwirtschaft. Die dort Tätigen sind – abhängig von ihrem Hauptarbeitsbereich – von kreativen und künstlerischen Prozessen und Produkten umgeben. Sie können dieses Umfeld konsequenter nutzen und sich künstlerischen Prozessen explizit und reflexiv aussetzen, um ihre Führungsfähigkeiten weiterzuentwickeln.

Mit künstlerischen Interventionen aus der Kreativwirtschaft sollen Fähigkeiten gefördert werden, die Mitarbeitenden aufgrund der Unzulänglichkeit konventioneller und quantitativ ausgerichteter Managementausbildung fehlen, etwa das Denken in kreativen, abstrakten und nachhaltigen Zusammenhängen. Die herkömmliche Managementausbildung und -weiterbildung wird wegen ihrer analytischen Ausrichtung kritisiert, denn erst Teamfähigkeit, Kommunikationsfähigkeit und reflektiertes Handeln ermöglichen nachhaltigen Erfolg. Allerdings ist gerade in Deutschland trotz der veränderten Anforderungen bei vielen Firmen noch die konventionelle Sicht auf Kunst vorherrschend – als Objekt zum Sammeln oder für Kultursponsoring. Damit werden Ressourcen der Künstler übersehen.

Künstlerische Methoden für die Entwicklung von Personal, Führung, Strategie, Strukturen und Prozessen werden als zeitgemäße Entwicklung des 21. Jahrhunderts gesehen, die Millionen von Arbeitnehmern und Stakeholder wie Kunden, Öffentlichkeit und Künstler betrifft (Seifter und Buswick 2010). Dieser Einzug von Kunst in die Wirtschaft wird als gegenseitiger Ideenaustausch begrüßt und mit sozial und ökologisch nachhaltigen Führungsansätzen in Verbindung gebracht. Das Potenzial der Kunst lässt sich auch verbinden mit dem von der EU-Kommission geforderten nachhaltigen Wirtschaftswachstum. Künstlerische Interventionen sollen erhöhten Anforderungen an Zusammenarbeit, Ethik und Nachhaltigkeit entsprechen und individuelle, zwischenmenschliche und organisationsübergreifende Kompetenzen fördern, von der Motivation bis zur kreativen Zusammenarbeit (Berthoin Antal und Strauß 2013; Schiuma 2011).

Künstlerische Interventionen umfassen folgende Felder:

Theater in Unternehmen besteht schon am längsten in vielfältigen Formen zum Training von Kommunikations- und etwa Improvisationsfähigkeiten sowie zur Arbeit an Einstellung und Verhalten, auch bisweilen in Anlehnung an das Forumtheater der Arbeiterbewegung von Augusto Boal.

Malerei: In Workshops interpretieren Mitarbeitende unter Anleitung moderne Kunstwerke vorzugsweise aus der Firmenkunstsammlung, um den Umgang mit visuellen Eindrücken und kreativer Vieldeutigkeit auszubilden (Bockemühl und Scheffold 2007). Bewährt in der Ausbildung von Medizinern, sollen sie auch Führungskräfte in Unternehmen schulen, abstrakter zu denken und nicht nur visuell Zusammenhänge besser zu erkennen (Mitra et al. 2010).

Die Herstellung von **Malereien oder Skulpturen** kann zum persönlichen oder interaktiven Reflexions- und Entwicklungsprozess beitragen: Dabei werden etwa Puppen oder Plastiken gefertigt, die als Metapher die als implizites Wissen wahrgenommene Lage des Unternehmens repräsentieren („instabil", „verbaut", „zersplittert"). Eine Diskussion und ein gemeinsamer performativer „Umbau" sollen helfen, Veränderungsmöglichkeiten zu sehen und diese dann umzusetzen.

Musikworkshops: Professionelle Jazzmusiker treten mit Moderation in Unternehmen auf und lassen Prinzipien der Improvisation live erleben. Auftritte als Band und Percussion-Sitzungen sollen das „Zusammenspiel" erfahrbar machen und Teambildung fördern. Stimmtraining wird gerade für Führungspersonen oder andere Kommunikationsfunktionen angeboten. Firmenhymnen und Corporate Songs lassen sich auch gemeinsam mit professionellen Musikern entwickeln.

Poesie und Literatur: So hat schon die Unternehmensberatung Boston Consulting Poetry Workshops mit Gedichtanalysen veranstaltet, die über die Erfahrung von Ungewissheit und Mehrdeutigkeit zur Steigerung des Umgangs mit Text und Sprache sowie des komplexen, empathischen und ethischen Denkens und der Führungsfähigkeiten dienen sollen (Morgan et al. 2010). In diesem Sinne werden auch in Workshops moderne Werke bearbeitet und andernorts Klassiker von Shakespeare. Sie lenken den Blick auf moralische Fragen von Führung, welche in zeitgemäßer Managementliteratur nicht in dieser Komplexität vermittelt werden, um eine differenzierte Wahrnehmung auszubilden.

Es gibt darüber hinaus **Film**projekte inklusive Drehbuchschreiben und der performativen Umsetzung von Ideen.

Der junge Bereich **Tanz** beinhaltet choreografische Übungen zur Verbesserung der Wahrnehmung von anderen und Gruppen sowie zur Führung von Menschen in Raum und Zeit (Biehl 2017, S. 113–151; Biehl 2020), gerade weil Leadership zunehmend als ästhetisches Phänomen und als Beziehungssache verstanden wird. Hier arbeiten Mitarbeiter in Bewegungsworkshops mit Choreografinnen und Tänzern, müssen aber keine Schrittkombination wie im klassischen Tanz erlernen, sondern ihr Gefühl für Stimmungen und Dynamiken von „Führen" und „Folgen" wortwörtlich erproben und als verkörpertes Wissen erweitern.

Die bisher nachgewiesenen **Wirkungen künstlerischer Interventionen** (Berthoin Antal und Strauß 2013) sind:

- Erweiterung individueller Sichtweisen, emotionale Aktivierung, Stimulierung („seeing more and seeing differently")
- Persönlichkeitsentwicklung (Selbstbild, Wachstum, Fähigkeiten, neue Tools)
- Zusammenarbeit (Qualität der Teamarbeit, Häufigkeit und Qualität der Kommunikation)
- Organisationsentwicklung (Unternehmenskultur, Leadership)

Giovanni Schiuma (2011) hat eine Matrix entwickelt, die die Auswirkungen auf Ressourcen wie Humankapital (Wissen, Fähigkeiten, Kreativität), Sozialkapital (Team, Zielorientierung, Vertrauen), Stakeholderkapital (Netzwerk der Verbindungen) und strukturelles Kapital (Entwicklung, Routinen, Werte, Haltungen, Lernen) darstellt. Künstlerische Interventionen können diese organisationalen Ressourcen und dynamischen Kompetenzen fördern, da jene einen hohen Anteil impliziter, sinnlich erfahrener Elemente besitzen.

Die **Matrix** (Abb. 7.4) trägt an zwei Achsen die Weiterentwicklung der Mitarbeiter (x-Achse) und den Wandel der Organisation (y-Achse) auf. Mit der y-Achse steigt die Veränderung des Unternehmens, links mehr in finanzieller Form, rechts in der strukturellen, wo eine direkte Verbindung zur Atmosphäre und Firmenkultur besteht. Entlang der x-Achse steigt die persönliche Begegnung, die Auseinandersetzung und Verknüpfung der Individuen mit ihrem organisationalen Umfeld. Die Felder erklären sich folgendermaßen:

- Entertainment: Unterhaltung, beispielsweise Improvisationstheater bei Firmenfeiern
- Sponsorship: Kultursponsoring, wie zwischen Autokonzern und einem Ballett (siehe beispielsweise „Causales – Gesellschaft für Kulturmarketing und Kultursponsoring" und andere Agenturen)
- Investition: Kunst- und Bildersammlung, wenn sie gelagert wird, um im Wert steigen zu können (Energieversorger EON versteigerte aufgrund schlechter Bilanzzahlen ein Werk von Jackson Pollock – Flauger 2014)
- Aktivierung: Musikworkshop mit Gruppen von Mitarbeitenden mit beliebigen Songs (siehe beispielsweise „René Rennefeld" oder „Musicworks" für Musikworkshops, Teambuilding und Corporate Songs)
- Umwelt: Kunstsammlung, die Räume in Unternehmen verschönert und die kreative Atmosphäre prägen kann (siehe „Deutsche Börse Photography Foundation")
- Bindung: Mitarbeiter entwickeln mit einem Musiker einen Corporate Song, setzen sich in einem Theaterstück mit Werten und Mission des Unternehmens auseinander und bringen sich individuell ein (siehe „inszenio Unternehmenstheater")
- Inspiration: Gedichtworkshops, wie sie Unternehmensberatungen veranstalten, oder Lektüre von klassischen Werken (Biehl-Missal 2011, S. 131–139), die neue Impulse für die eigene Leadership-Persönlichkeit bieten sollen, oder psychologisches Kunstcoaching (Claussen et al. 2011)
- Training und persönliche Entwicklung: Theaterworkshops zur Steigerung der Präsentationsfähigkeit, Körpersprache, Stimmnutzung für Mitarbeiter in Sales, Marketing oder Redeberufen

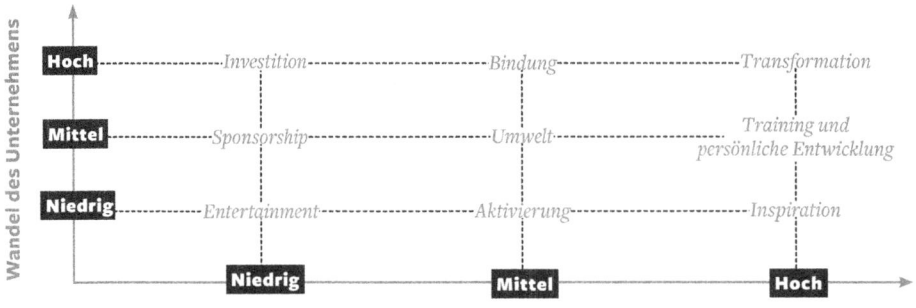

Abb. 7.4 Auswirkungen von Kunst in Unternehmen, „Arts Value Matrix" (Schiuma 2011, S. 100). (Reproduced with permission of the Licensor through PLSclear. Deutsche Übersetzung, mit freundlicher Genehmigung von Handelsblatt Fachmedien, changement! (Biehl 2018, S. 30))

- Transformation: Wandel der Organisation und bei den Mitarbeitenden wirkt als Grundlage für nachhaltige Entwicklung und Wachstum. Hierfür sind eine Reihe von inhaltlich verzahnten und kontinuierlich abzuhaltenden Interventionen nötig.

Auf der anderen Seite eröffnet sich mit diesem Trend ein weiteres Feld, das von Management profitieren kann: Mit künstlerischen Interventionen ist ein **neuer Arbeitsmarkt** für Akteure der Kreativwirtschaft, also für Künstler entstanden, die in Unternehmen künstlerische Tätigkeiten anbieten (Biehl-Missal 2014). Um Unternehmen und Künstlerinnen zusammenzubringen, sind sogenannte **Intermediäre** entstanden, die als Bindeglied und Vermittler agieren (wie TILLT in Schweden, Conexiones improbables in Spanien, das Institut für Weiterbildung IWK an der SRH Berlin University of Applied Sciences, School of Popular Arts). Diese Vermittlungsfunktion ist eine weitere Managementtätigkeit, die ein Verständnis künstlerischen Arbeitens erfordert, genauso wie ein Verständnis von Organisationen und Personalentwicklung. Künstlerische Methoden lassen sich kaum „managen" und evaluieren wie gewöhnliche Projekte. Sie verlangen eine gewisse Offenheit und wirken auf das implizite Wissen (Tacit Knowledge) der Akteure.

Verständnisfragen und Aufgaben

1. Definieren Sie den Begriff Artist Management und erklären Sie, warum sich diese Form von Management von anderen unterscheidet.
2. Stellen Sie sich eine Checkliste für einen „Artist" (Gamer, Tänzerin, Autorin) vor in Bezug auf einen Bereich der Kreativwirtschaft Ihrer Wahl. Welche Punkte würden Sie aufnehmen? Urteilen Sie kritisch über Ihre Liste, inwiefern könnte sie problematisch sein?
3. Beschreiben Sie ein Beispiel von einem kreativen Kopf, der agiles Management leisten muss.

4. Gehen Sie die Schritte der Effectuation in Bezug auf Ihr gewähltes Beispiel durch und diskutieren Sie diese.
5. Überlegen Sie, ob Sie sich in Ihrer (aktuellen oder angestrebten) Managementtätigkeit „als Künstlerin" oder „als Künstler" sehen würden.
6. Überlegen Sie, welche Formen von Wissen in welcher Tätigkeit wichtig werden und wie Sie damit umgehen. Was fällt Ihnen einfach oder schwer, und was folgt aus Ihren Überlegungen?
7. Füllen Sie die „erweiterte Taxonomie der Lernziele für Management in der Kreativwirtschaft mit ästhetischer Kompetenz und kritischer Perspektive" für die von Ihnen angestrebte Managementtätigkeit mit konkreten Inhalten und Beispielen.
8. Wo lassen sich in der Wirkungsmatrix nach Schiuma folgende künstlerischen Interventionen einordnen: 1. Arbeit eines Artist aus dem Bereich Games mit einem Stimmcoach, 2. Fotografieworkshop und anschließend eine Ausstellung von Fotografien beteiligter Mitarbeiter in Unternehmensräumen, 3. Ein Unternehmen finanziert für vier Wochen einen Artist in Residence (Poet in Residence), der Gedichte schreibt und mit den Mitarbeitenden spricht.
9. Denken Sie an eine eigene Arbeitserfahrung in einer Organisation und überlegen Sie sich, wie Menschen dort auf eine künstlerische Intervention reagieren würden. Wählen Sie eine Kunstform Ihrer Wahl und überlegen Sie sich, welche Wirkungen man idealerweise erwarten können würde und wo die Schwierigkeiten liegen würden.

Literatur

Adler, N. (2006). The arts and leadership: Now that we can do anything, what will we do? *Academy of Management Learning & Education, 5*, 486–499.
Allen, P. (2018). *Artist management for the music business*. New York: Routledge.
Amabile, T. M., Conti, R., Coon, H., Lazenby, J., & Herron, M. (1996). Assessing the work environment for creativity. *Academy of Management Journal, 39*, 1154–1184.
Anderson, J., Reckhenrich, J., & Kupp, M. (2012). *The fine art of success. How learning great art can create great business*. Hoboken: Wiley.
Arcy, J. (2015). Affective enterprising: Branding the self through emotional excess. In R. Silverman (Hrsg.), *The fantasy of reality: Critical essays on the real housewives* (S. 75–92). New York: Peter Lan.
Austin, R., Hjorth, D., & Hessel, S. (2018). How aesthetics and economy become conversant in creative firms. *Organization Studies, 39*, 1501–1519.
Berthoin Antal, A. (2009). Research report: Research framework for evaluating the effects of artistic interventions in organizations. https://tillteurope.files.wordpress.com/2011/10/researchreport-tillteurope_summary.pdf. Zugegriffen am 22.10.2019.
Berthoin Antal, A., & Strauß, A. (2013). Artistic interventions in organisations: Finding evidence of values-added. https://www.phbern.ch/fileadmin/user_upload/IWB/Dokumente/IKAS15_Referat5_Anhang2.pdf. Zugegriffen am 22.10.2019.
Biehl, B. (2017). *Dance and organization. Integrating dance theory and methods into the study of management*. New York: Routledge.

Biehl, B. (2018). Kunstbasierte Interventionen: Den Groove im Business finden. *Changement, 16*, 28–31.

Biehl, B. (2020). Tanz, Organisation und Leadership: Eine kritische und ästhetische Perspektive. In R. Hartz, W. Nienhüser & M. Rätzer (Hrsg.), *Ästhetik und Organisation* (S. 69–92). Wiesbaden: Springer.

Biehl-Missal, B. (2010). Hero takes a fall: A lesson from theatre for leadership. *Leadership, 6*(3), 279–294.

Biehl-Missal, B. (2011). *Wirtschaftsästhetik. Wie Unternehmen die Kunst als Inspiration und Werkzeug nutzen*. Wiesbaden: Gabler Verlag.

Biehl-Missal, B. (2014). Die Kunst des Managements: Wie Unternehmen kunstbasierte Methoden zur Personal- und Organisationsentwicklung einsetzen. In R. Henze (Hrsg.), *Kultur und Management. Eine Annäherung* (2., erw. Aufl., S. 239–251). Wiesbaden: Springer VS Verlag.

Bloom, B. (1956). *Taxonomy of educational objectives: The classification of educational goals. Handbook I: Cognitive domain*. New York: Longmans.

Bockemühl, M., & Scheffold, T. (2007). *Das Wie am Was. Beratung und Kunst. Das Kunstkonzept von Droege & Comp*. Frankfurt a. M.: Frankfurter Allgemeine Buch.

Böhme, G. (1995). *Atmosphäre. Essays zur neuen Ästhetik*. Berlin: Suhrkamp.

Caves, R. (2000). *Creative industries. Contracts between art and commerce*. Cambridge, MA: Harvard University Press.

Claussen, J., Fitzek, H., Graubner, E., Laser, K., Schoppe, G., & Zügge, P. (2011). Kunst-Coaching. Ein kreatives Instrument der psychologischen Gründungsberatung. In Brandenburgisches Institut für Existenzgründung und Mittelstandsförderung (BIEM e. V.), K.-D. Müller & C. Diensberg (Hrsg.), *Methoden- und Qualitätsentwicklung in der Gründungsunterstützung – Interventionen und Innovationen* (S. 163–172). Lohmar: Josef Eul.

Degot, V. (1987). Portrait of the manager as an artist. *Dragon: The Journal of SCOS, 2*(4), 13–50.

Ditzel, S., Möller Palza, S., & Biehl, B. (2017). „Somebody has to organize their freedom": Influencer and artist management in the gaming industry. In U. Wünsch, M. Welker & M. Kleiner (Hrsg.), *Atmosphären des Populären III. Perspektiven, Projekte, Protokolle, Performances, Personen, Posen* (S. 55–83). Berlin: Gizeh.

Flauger, J. (2014). Eon versteigert Pollock-Bild. *Handelsblatt*, 21. März. https://www.handelsblatt.com/unternehmen/energie/energieversorger-eon-versteigert-pollock-bild/9648492.html?ticket=ST-43505812-k3VaNpBiTSbfsteekPF1-ap4. Zugegriffen am 25.11.2019.

Florida, R. L. (2012). *The rise of the creative cass*. New York: Basic Books.

Gerber, R. (2017). How the music industry is putting itself out of business. *Forbes Magazine*. https://www.forbes.com/sites/greatspeculations/2017/05/03/how-the-music-industry-is-putting-itself-out-of-business/. Zugegriffen am 25.11.2019

Graham, P. (2019). *Music, management, marketing, and law: Interviews across the music business value chain*. Cham: Springer.

Guillet de Monthoux, P., Gustafsson, C., & Sjöstrand, S. (Hrsg.). (2007). *Aesthetic leadership. Managing fields of flow in art and business*. Basingstoke: Palgrave Macmillan.

Hadida, A. (2015). Performance in the creative industries. In C. Jones, M. Lorenzen & J. Sapsed (Hrsg.), *The Oxford handbook of creative industries* (S. 219–248). Oxford: Oxford University Press.

Hanna, W. (2007). The new Bloom's taxonomy: Implications for music education. *Arts Education Policy Review, 108*(4), 7–16.

Hartz, R., Nienhüser, W., & Rätzer, M. (2020). *Ästhetik und Organisation. Ästhetisierung und Inszenierung von Organisation, Arbeit und Management*. Wiesbaden: Springer.

Heron, J., & Reason, P. (2001). The practice of co-operative inquiry: Research ‚with' rather than ‚on' people. In P. Reason & H. Bradbury (Hrsg.), *Handbook of action research. Participative inquiry and practice* (S. 179–188). London: Sage.

Krathwohl, D., Bloom, B., & Masia, B. (1965). *Taxonomy of educational objectives: Handbook II: The affective domain*. New York: David McKay Company.

Ladkin, D., & Taylor, S. (2010). Leadership as art: Variations on a theme. *Leadership, 6*, 235–241.

Mainemelis, C., Kark, R., & Epitropaki, O. (2015). Creative leadership: A multi-context conceptualization. *Academy of Management Annals, 9*(1), 393–482.

Mitra, A., Hsieh, Y., & Buswick, T. (2010). Learning how to look: Developing leadership through intentional observation. *Journal of Business Strategy, 31*(4), 77–84.

Morgan, C., Lange, K., & Buswick, T. (2010). *What poetry brings to business*. Ann Arbor: The University of Michigan Press.

Morrow, G. (2006). Managerial creativity: Creative process as strategic alliance. https://www.researchgate.net/publication/282604408_Creative_Process_as_Strategic_Alliance. Zugegriffen am 20.11.2018.

Morrow, G. (2009). Radiohead's managerial creativity. *Convergence: The International Journal of Research into New Media Technologies, 15*, 161–176.

Morrow, G. (2018). *Artist management. Agility in the creative and cultural industries*. New York: Routledge.

Passman, D. (2019). *All you need to know about the music business* (10. Aufl.). New York: Simon & Schuster.

Polanyi, M. (2002). *Personal knowledge. Towards a post-critical philosophy* (überarb. Version). London: Routledge.

Pozner, J. L. (2010). *Reality bites back: The troubling truth about guilty pleasure TV*. Berkeley: Seal Press.

Sarasvathy, S. (2008). *Effectuation: Elements of entrepreneurial expertise*. Northampton, MA: Edward Elgar.

Schiuma, G. (2011). *The value of arts for business*. Cambridge: Cambridge University Press.

Seifter, H., & Buswick, T. (2010). Editors' note: Special issue on creatively intelligent companies and leaders: Arts-based learning for business. *Journal of Business Strategy, 31*(4), 7.

Strauß, A. (2017). *Dialogues between art and business: Collaborations, cooptations, and autonomy in a knowledge society*. Newcastle upon Tyne: Cambridge Scholars Publishing.

Strauß, A. (2019). Guy Morrow, Artist Management, Rezension. *Zeitschrift für Kulturmanagement, 1*, 173–175.

Taylor, S., & Hansen, H. (2005). Finding form: Looking at the field of organizational aesthetics. *Journal of Management Studies, 42*, 1211–1231.

Townley, B., Beech, N., & McKinlay, A. (2009). Managing in the creative industries: Managing the motley crew. *Human Relations, 62*, 939–962.

Uhl-Bien, M., Marion, R., & McKelvey, B. (2007). Complexity leadership theory: Shifting leadership from the industrial age to the knowledge era. *The Leadership Quarterly, 18*(4), 298–318.

Ullrich, W. (Hrsg.). (2010). *Macht zeigen. Kunst als Herrschaftsstrategie: Eine Ausstellung des Deutschen Historischen Museums Berlin*. Berlin: Deutsches Historisches Museum.

Watson, J. (2002). What is a manager? In M. McMartin & C. Elizier (Hrsg.), *The music manager's manual*. https://static1.squarespace.com/static/59700b8aebbd1a68ccf6bd56/t/5a794b1c71c10b8ee66c281e/1517898526791/WHAT+IS+A+MANAGER_John+Watson.pdf. Zugegriffen am 20.11.2018.

Wünsch, U., & Biehl, B. (2018). Handlungsfeld / Definition(en): Ästhetische Kompetenz Referenzrahmen, Hintergründe. Hochschulrektorenkonferenz Projekt Nexus. https://www.hrk-nexus.de/fileadmin/redaktion/hrk-nexus/07-Downloads/07-01-Tagungen/07-01-65-Jahrestagung_2018_Berlin/HRK-nexus-Camp_aesthetische_Kompetenz_Wuensch.pdf. Zugegriffen am 25.11.2019.

Zimper, M. (2019). Kleiner Gedankensprung von Aristoteles und C.G. Jung zu „Storyfied companies" und „narrative economics". In CreativeEconomies Research Venture (Hrsg.), *Non-paper III: Narrative Strategien für die Creative Economies*. http://creativeeconomies.zhdk.ch/files/Non-Paper_3.pdf. Zugegriffen am 05.01.2019.

Kapitalformen in der Kreativwirtschaft

8

> **Zusammenfassung**
>
> Individuen in der Kreativwirtschaft konkurrieren um ihre Position auf dem Markt und setzen dabei verschiedene Formen des Kapitals ein. Dieses Kapitel erklärt, wie Vorteile und Ungleichheiten aus ökonomischem, sozialem, kulturellem und symbolischem Besitz entstehen können. Dieser hängt zunächst nicht nur meritokratisch von der eigenen Leistung ab, sondern wird bestimmten Personen quasi mitgegeben. Im Diskurs der Kreativindustrie mit ihrer „Vielfalt" und ihren „Möglichkeiten" werden diese gesellschaftlichen Unterschiede ungern offen ausgesprochen. So wird hier gezeigt, wie Kreativschaffende mit den Formen des Kapitals strategisch umgehen, sie einsetzen, aufbauen und „managen". Dieses Kapitel schneidet in diesem Rahmen auch Themen wie Finanzierung in der Kreativwirtschaft mit einem kurzen Überblick über Finanzierungsformen und Angebote an. Hierauf folgt ein bündiger Einblick in das Thema Recht in der Kreativwirtschaft (intellektuelles Kapital), mit Beispielen zum Schutze geistigen Eigentums. Sie erfahren, wie Akteure in der Kreativwirtschaft mit sozialem Kapital (Netzwerke) umgehen und wie kulturelles Kapital Karrieren beflügeln oder am Boden halten kann. Im symbolischen Kapital fließen verschiedene Formen zusammen und verstärken sich. Es geht um Reputation und Prestige, das Akteure durch öffentliche Aufmerksamkeit oft eindrucksvoll aufbauen, sei es mit einem persönlichen Stil oder trashigen TV-Auftritten.

8.1 Formen von Kapital in der Kreativwirtschaft

Individuen in der Kreativwirtschaft konkurrieren um ihre Position auf dem Markt, finanzielle Mittel und Einkommen und um künstlerische und soziale Anerkennung. Der französische Soziologe Pierre Bourdieu (1983) hat verschiedene Formen des sogenannten Kapitals identifiziert, die sowohl die finanzielle Sicht des ökonomischen Kapitals beinhalten, aber auch darüber hinausgehen und die sozialen, kulturellen und symbolischen Dimensionen miteinbeziehen. Einzelne verfügen unterschiedlich über diese Formen von Kapital, was ihren Erfolg oder Misserfolg nicht nur in der Kreativwirtschaft entscheidend beeinflussen kann. Diese verschiedenen Formen von Kapital spielen stets zusammen, verstärken sich, werden manchmal zu einer hohen Mauer, aber helfen auch, die eine oder andere Unsicherheit zu bewältigen und Nachteile auszugleichen.

Akteure in der Kreativwirtschaft müssen diese Beziehungen verstehen und ihre Zusammenhänge sehen, um bestmögliche Handlungsstrategien für sich zu entwickeln. Diese **Formen von Kapital**, die Individuen nach Bourdieu einsetzen, lauten:

- **Ökonomisches Kapital** (monetäres Einkommen, finanzielle Ressourcen und Vermögen)
- **Soziales Kapital** (Zugehörigkeit zu Gruppen, Kontakte und Netzwerke, institutionalisierte Beziehungen)
- **Kulturelles Kapital** (kulturelles Wissen und Handlungswissen, Besitz von kulturellen Gütern)
- **Symbolisches Kapital** (Anerkennung, Legitimität)

Die jeweiligen Kapitalformen lassen sich in ökonomisches Kapital oder in andere Kapitalformen überführen. Wer Zugang zu einer Form des Kapitals hat, kann sich auch andere Kapitalformen leichter erschließen. Beispielsweise ermöglicht die Zurschaustellung symbolischen Kapitals (Titel, Auszeichnungen) oder sozialen Kapitals (Herkunft) ökonomisches Kapital durch bessere Kreditwürdigkeit. Ökonomisches Kapital (Geld) wiederum ermöglicht die Teilnahme an Bildungsangeboten (soziales Kapital) oder den Erwerb kultureller Güter wie einer Kunstsammlung (kulturelles Kapital), welches dann zu Anerkennung als symbolischem Kapital werden kann. Ökonomisches Kapital lässt sich dabei am einfachsten in andere Formen konvertieren. Aber alle Kapitalsorten müssen erworben, aufrechterhalten und erweitert werden, denn ihr Wert liegt im Potenzial für den Austausch so lange, bis es erschöpft ist und das Kapital als verbraucht gilt. Bei der Produktion kreativer Güter setzen Individuen oder Gruppen strategisch die ihnen verfügbaren Kapitale ein.

Diese Formen von Kapital haben gemeinsam, dass der Zugang nicht für alle Menschen gleich verteilt ist. Der eine hat mehr ökonomisches Kapital, der andere weniger. Die eine hat mehr soziales Kapital in Form von Netzwerken, die andere dafür mehr kulturelles Kapital, weil sie sich beispielsweise mit Musik wirklich auskennt. Materieller Besitz ist zwar ein offensichtliches, aber nicht das einzige Kriterium für Ungleichheit und auch nicht für den Erfolg oder Misserfolg Einzelner und Gruppen in der Kreativwirtschaft. Auch die anderen Kapitalformen spielen eine wichtige Rolle.

Die Kreativwirtschaft – wie alle anderen sozialen Bereiche auch – ist **nicht rein meritokratisch**, also an persönlichem Verdienst und Leistung orientiert, wobei diejenigen, die hart arbeiten und viel „leisten", viel Erfolg haben sollten. Man könnte denken, dass der Erfolgreiche „viel" geleistet hat und der Erfolglose „nicht viel". Dabei kann aber der Begriff „Leistung" Ungleichheit im Kapitalismus legitimieren und ideologisch abpolstern, indem gesellschaftliche Beschränkungen (wie der Zugang zu verschiedenen Kapitalformen) als subjektive Beschränktheiten einfach personalisiert werden (Markard 2013). Es liegt dann vermeintlich am Einzelnen, der sich nicht „ausreichend Mühe" gegeben hat, an der Einzelnen, die nicht „hart genug gearbeitet" hat, und nicht an der sozialen Ungleichheit.

Die meritokratische Sicht ist in der Kreativwirtschaft weitverbreitet und trotz struktureller Ungleichheit vermeiden die Kreativarbeiter, Benachteiligungen durch die soziale Klasse oder Herkunft überhaupt anzusprechen. Es herrscht eine zunehmende **Verschwiegenheit gegenüber struktureller Ungleichheit**, sozialer und ethnischer Herkunft („unspeakability of structural inequalities") (Gill 2011, S. 258). Die Kreativarbeiter umschiffen diese Themen und sprechen lieber darüber, wie „vielfältig" und „egalitär" ihr Arbeitsumfeld sei. Ungleichheit ist tendenziell im Diskurs tabu, obwohl sie Einzelnen immer bewusst ist und sich als innere Hemmschwelle auch oft bemerkbar macht (Gill 2011). Trotz der Vorstellungen von individueller Selbstverwirklichung, Kreativität und neuen Freiheiten ist die Kreativwirtschaft betroffen von nicht immer sichtbaren strukturellen Mechanismen der Bevorteilung und Benachteiligung und sozialer Ungleichheit, die sich in den genannten Kapitalformen finden.

Alle Akteure in der Kreativwirtschaft sollten deshalb die Kapitalformen und soziologische Sicht kennen und kritisch das eigene Handeln und Umfeld reflektieren. Die hier vertretene Managementsicht auf die Kreativwirtschaft schließt sich an die heutige Realität an, in der kreative Erfolge nicht Resultate eines einzelnen (Genies), sondern Prozesse in einer Gruppe sind, die organisiert, unterstützt und ermöglicht werden. Dabei spielen strukturelle Ungleichheiten in die Zusammenarbeit und die Teamleistung trotzdem hinein.

Die Kreativwirtschaft ist geprägt vom Einsatz und der Wirkung verschiedener Formen von Kapital wie intellektuelles Kapital, soziales Kapital, kulturelles und symbolisches Kapital. Intellektuelles Kapital bezieht sich auf kreative Ideen, soziales Kapital auf Netzwerke und kulturelles Kapital auf anerkannte Expertise (Townley et al. 2009). Diese Kapitalsorten werden im Folgenden diskutiert in Hinblick auf Handlungsempfehlungen im Bereich Management. Schlussendlich ist es die Aufgabe von Managern in der Kreativwirtschaft, diese verschiedenen Kapitalformen in ökonomisches Kapital zu überführen, wenn sie wirtschaftlich handeln wollen (Townley et al. 2009, S. 955). Somit beschäftigt sich der erste der folgenden Abschnitte mit Finanzierung und Förderung (ökonomisches Kapital), gefolgt vom intellektuellen Kapital, was mit Bezug auf Recht in der Kreativwirtschaft dargestellt wird. Dann werden das soziale Kapital und kulturelle Kapital erklärt und schließlich in Beziehung zum symbolischen Kapital als eine Art übergreifende Dachkategorie gesetzt.

8.2 Finanzierung und Förderung

8.2.1 Traditionelle Modelle der Finanzierung

Die traditionellen und historisch gewachsenen Beziehungen zwischen Wirtschaft und Kultur finden sich auch im heutigen Management kultureller, erlebnisorientierter und symbolischer Güter. Zwar erscheinen Kunst und Kommerz oft als zwei gegensätzliche Welten, wobei Künstler nicht primär für Geld, sondern auch aus anderen Motiven oder um der Kunst willen arbeiten. Doch die wirtschaftliche Dimension beeinflusste schon immer Produktion und Konsum kreativer Güter.

Davies und Sigthorsson (2013, S. 23) argumentieren, dass die **grundlegenden Geschäftsbeziehungen und Modelle der Finanzierung** in der Kreativwirtschaft heutzutage auf drei traditionelle Modelle zurückgehen: Mäzenatentum, das zahlende Publikum und die Massenproduktion.

Mäzenatentum: Die Renaissance (14.–16. Jahrhundert) war das goldene Zeitalter des Mäzenatentums. Reiche Kaufleute und Aristokraten in Florenz, Venedig und anderen Städten in Italien gaben aufwändige Gemälde bei Künstlern in Auftrag. In den Zeiten zuvor ging es primär um den dekorativen und spirituellen Wert dieser Kunstwerke (wie die Vermittlung der Bibel zu einem Publikum in der Kirche, das nicht lesen konnte) und den materiellen Wert eines Gemäldes, wenn Künstler teure Pigmente verwendeten. Die Künstler blieben als Handwerker unbekannt, bis sie anfingen, ihre Werke zu signieren wie Michelangelo (1475–1564) und Raphael (1483–1520), so ähnlich wie auch Designer heute zwar nicht alle Produkte unterschreiben, aber durch ihre unverwechselbaren Stile oder „Signature Styles" (Elsbach 2009) von anderen unterscheidbar machen. Die Auftragswerke für Mäzenen hingehen sollten das Ansehen und die Reputation, Macht und Einfluss dieser Personen und Familien fördern (wie beispielsweise die Familie der Medici). Auch heutzutage verwenden Politiker und Manager Auftragswerke oder erworbene Malereien als „Herrschaftsstrategie", um ihre „Macht zu zeigen" und besuchen bisweilen wie die alten Mäzene die Künstler im Atelier, auch wenn sie ihrerseits nicht unbedingt für politische Zwecke eingespannt werden wollen – wie beispielsweise der ehemalige Bundeskanzler Gerhard Schröder mit Georg Baselitz oder der FDP-Politiker Guido Westerwelle mit Norbert Bisky (Ullrich 2010).

Das zahlende Publikum: Nicht auf Zuwendungen reicher Mäzene, sondern auf das zahlende Publikum vom Aristokraten bis zum Auszubildenden verließ sich beispielsweise Shakespeare zu Ende des 16. Jahrhunderts, der seine Stücke selbst verfasst haben soll und auch als Teil seiner Theatergruppe „Lord Chamberlain's Men" im Globe Theatre auf der Bühne stand. Dieses Geschäftsmodell hat die Zuschauer und ihren Geschmack im Blick und trägt auch das finanzielle Risiko selbst. Erste Strategien zum Schutz geistigen Eigentums konnte man im Theater traditionell sehen: Es gab keinen niedergeschriebenen Gesamttext der Stücke, sondern einzelne „Rollen" für die jeweiligen

Schauspieler, die hauptsächlich ihren Ausschnitt des Gesamttexts enthielten. Auch uns begegnet dieses Geschäftsmodell täglich: Kino, Musik und andere kreative Güter werden vom Markt bezahlt. Gerade Hollywoodblockbuster und Mainstreamfilme versuchen, den Nerv des Massenpublikums möglichst breit zu treffen.

Massenproduktion und Reproduktion durch industrialisierte Produktion kreativer Güter: Die Druckindustrie (15. Jahrhundert) ist ein frühes Beispiel für das Investment von Kapital – auch heute kann man Parallelen zwischen Gutenberg und zeitgenössischen Technologieunternehmern sehen. Der Buchdruck ermöglichte eine Massenproduktion von Texten und erschloss eine neue Einkommensquelle für Autoren als neue Berufsklasse. Die industrielle Revolution (Mitte des 18. und 19. Jahrhunderts) mit der Arbeitsteilung führte zur Entstehung neuer kreativer Berufe (bei Handwerkern lagen früher Design und Produktion untrennbar bei einer Person) und einer großen Arbeiterklasse (zu dieser Zeit schrieben Marx und Engels das *Kommunistische Manifest*). Die Arbeiter wurden auch zu Konsumenten, denn die massenproduzierten Güter waren für alle Klassen zu haben. Die technische Reproduzierbarkeit von Medien wie Fotografie und Film ließ neue Märkte für kulturelle Güter entstehen. Das Studiosystem Hollywood wies mit seiner kostengünstigen Massenproduktion Kennzeichen der Fabrikproduktion („Fordismus") auf. Diese ermöglicht Standardisierung und Spezialisierung, was kreative Teams heutzutage in vielen Bereichen praktizieren. Anstatt aber ein permanentes Team von fest angestellten Mitarbeitern zu beschäftigen, wurde ab den 1940er-Jahren die Filmproduktion zunehmend an unabhängige Produktionsfirmen ausgelagert, womit sich die Arbeitsverhältnisse in Richtung Projektarbeit und Freelance entwickelten (Davies und Sigthorsson 2013, S. 47).

▶ Heute bestimmen verschiedene institutionelle Strukturen die Auftragsvergabe und Finanzierungsmöglichkeiten, die sich von Bereich zu Bereich unterscheiden. So müssen für die jeweilige Branche spezialisierte Publikationen zur Rate gezogen werden und einschlägige Quellen recherchiert werden. Beispielsweise gibt es in der Filmbranche mit der Filmförderung (https://www.bundesregierung.de/breg-de/bundesregierung/staatsministerin-fuer-kultur-und-medien/medien/filmfoerderung) und den gewachsenen und sich auch wieder ändernden Produktionsstrukturen andere Mechanismen als im Musikmarkt oder etwa der Gamesindustrie.

8.2.2 Europäische Sicht auf Finanzierung

Kreative Güter und Services benötigen zunächst einmal Finanzierung. Während die EU-Kommission das Potenzial der Kultur- und Kreativwirtschaft in Bezug auf das gesamtwirtschaftliche Wachstum und Arbeitsplätze herausstellt, sieht sie den Zugang zu Finanzierung als eine der Hauptschwierigkeiten (EU 2016; IDEA Consult 2013). Das

Problem betrifft hauptsächlich die vielen kleinen und mittleren Unternehmen in diesem Bereich, von denen die meisten Schwierigkeiten beim Zugang zu Finanzmitteln haben.

Durch die spezifischen Eigenschaften der Kultur- und Kreativwirtschaft ist es für viele Unternehmen schwer, Kredite von Banken zu erhalten. Anders als im produzierenden Gewerbe fehlen materielle Vermögenswerte wie Anlagegüter. Immaterielle Vermögenswerte werden nach wie vor nicht in den Bilanzen der Unternehmen berücksichtigt, und ihre Bewertung und Verwendung als Sicherheit ist komplex. Auch ist die Marktnachfrage riskant („Uncertainty" als Kennzeichen der Produktion in der Kreativwirtschaft) und damit fehlen Sicherheiten. Die bestehende Praxis der Finanzierung einschließlich ihrer Absicherung passt nicht gut zur Kultur- und Kreativwirtschaft. Kapitalgeber haben Schwierigkeiten, den spezifischen Kontext der Kreativwirtschaft zu verstehen und zu bewerten, es gibt eine Fragmentierung von Finanzierungsinstrumenten, Informationsasymmetrien innerhalb des finanziellen Ökosystems, unzureichende Informationen über verfügbare Finanzierungsquellen und Probleme im Zusammenhang mit der Bewertung des geistigen Eigentums (EU 2016).

Folgende Forderungen in Bezug auf Finanzierung (EU 2016, S. 105) betonen die Wichtigkeit von und Verantwortung für das Management: Der Zugang zu Finanzmitteln muss durch bessere Unternehmensförderung verbessert werden, denn nur wenige der kleinen und mittleren Unternehmen in der Kreativwirtschaft haben eine klare Geschäftsstrategie entwickelt, die in der Regel erforderlich ist, um Zugang zu Finanzmitteln zu erhalten. Des Weiteren ist es eine politische Forderung, dass passende und innovative Finanzinstrumente eingeführt und genutzt werden müssen, wie etwa Mikrokredite, rückzahlbare Zuschüsse und Crowdfunding. Auch ist es wichtig, Investoren die Investitions- und Geschäftsmöglichkeiten in der Kreativbranche besser zu vermitteln. In diesem Zusammenhang sollten sich auch Rechte des geistigen Eigentums als Vermögenswerte und Sicherheiten nutzen lassen.

Neue Finanzierungsformen entwickeln sich auch mit der technologischen Veränderung und neuen Medienplattformen. Eine Konsequenz davon ist, dass Eigenfinanzierung eine mittlerweile machbare Möglichkeit auch im Bereich Print und Rundfunk ist – anders als in der Vergangenheit, wo Autoren den Weg über Lektorinnen und Verlage gehen mussten. Es sind neue Formen von **Crowdfunding** möglich geworden. In der Forschung sind die unterschiedlichsten Fälle aus verschiedensten Bereichen dokumentiert (Davies und Sigthorsson 2013, S. 206–215). Ein Überblick über aktuelle kleinere und größere Vorhaben kann man sich auf der Webseite von Startnext (https://www.startnext.com) verschaffen.

> **Informationen über Finanzierungsinstrumente** Der in englischer Sprache herausgegebene Bericht „Innovative Instrumente zur Erleichterung des Zugangs zu Finanzmitteln für die Kultur- und Kreativwirtschaft" (EU 2016) stellt eine Reihe von Finanzierungsinstrumenten in verschiedenen Mitgliedstaaten dar, die entweder branchenübergreifend für alle kleinen und mittleren Unternehmen verfügbar sind oder die sich speziell an die Unternehmen der Kreativwirtschaft richten. Beispielsweise fördert das Creative Europe Programme (http://ec.europa.eu/programmes/creative-europe/index_en.htm) den Kulturbereich und audiovisuellen Sektor.

8.2 Finanzierung und Förderung

Tab. 8.1 Finanzierungsmöglichkeiten (EU 2016, S. 23), mit freundlicher Genehmigung der EU. Eigene Übersetzung

Selbstfinanzierung	Öffentliche Förderung	Fremdkapital	Eigenkapital		Anderes
	Crowdfunding --				
Persönliche Ressourcen, einbehaltene Gewinne, eigene Einkünfte	Stipendien Subventionen Steuervergünstigungen	*Öffentliche Hand Freunde und Familie Geldinstitute/ private Organisationen*	Darlehen und Kredite Mikrokredite Überziehungskredit Rechnungsfinanzierung Leasing/ Mietkauf	Business Angels Venture Capital Mezzanine Venture Capital	Spenden Sponsorship Mäzenatentum
	Risikominderungsplan: Versicherungen ---				

Die Kultur- und Kreativwirtschaft kann von einer Vielzahl an Finanzierungsformen profitieren, angefangen von der Eigenfinanzierung bis zu öffentlich geförderten Maßnahmen und Privatfinanzierung (Fremd- und Eigenkapital). Daneben gibt es bisweilen landesspezifische, alternative (oft „gemischte") Finanzierungsmodelle. Tab. 8.1 gibt einen Überblick über die existierenden Formen und ihre Zuordnung, etwa als Selbstfinanzierung, Fremdkapital oder Eigenkapital.

8.2.3 Angebote in Deutschland

Kreativschaffende sowie freiberuflich Selbstständige und Entrepreneure in der Kultur- und Kreativwirtschaft benötigen finanzielle Mittel, um Projekte, Aufträge oder auch Anschaffungen vorzufinanzieren. Zum Management in der Kreativwirtschaft gehört zu wissen, welche verschiedenen Geldquellen potenziell zur Verfügung stehen und wie man auf diese zugreifen kann. Das BMWi (2019) weist deutlich darauf hin: „Ohne Professionalisierung in Sachen ‚unternehmerisches Know-how' hat das Gros der Kulturschaffenden kaum eine Chance, von seinen Projekten, Werken und Leistungen zu leben."

Deshalb bietet die Bundesregierung einschlägige **Informationsangebote** an, zu Themen wie

- Verkauf der kreativen Ideen
- Akquise von Auftraggebern
- Finanzierungsfragen
- Versicherungen
- Rechtliche Herausforderungen

▶ **Tipps zur Finanzierung** Finanzierung in der Kultur- und Kreativwirtschaft ist ein komplexer Prozess, der auf verschiedene Arten praktiziert wird, und auch stark abhängig ist vom jeweiligen Sektor. So gibt es für Filme spezielle Wege und „Töpfe" der Förderung und für Musik wiederum andere, auf verschiedenen Ebenen (z. B. das Musicboard Berlin https://www.musicboard-berlin.de/foerderung/). Die Initiative Kultur- und Kreativwirtschaft der Bundesregierung bietet auf ihrer Webseite speziell zusammengestellte Tipps zu Finanzierung und Förderung, darunter Projektförderung, Gründung, Wachstum und Innovation, Internationalisierung, Lebensunterhalt, Crowdfunding und Förderdatenbanken. Zusätzlich dazu gibt es die BMWi-Finanzierungshotline. https://www.kultur-kreativ-wirtschaft.de/KUK/Navigation/DE/Praxistipps/Finanzierung/finanzierung.html

Gerade die finanziellen Ressourcen mögen auf den ersten Blick nicht immer zu erkennen sein, wenn sie Tätigen aus verschiedenen Bereichen offenstehen und nicht zwangsläufig für Akteure aus der Kreativwirtschaft geschaffen wurden.

Förderdatenbanken und Informationen
In der **Förderdatenbank** des Bundes (www.foerderdatenbank.de) lassen sich Informationen über die wichtigsten Finanzierungs- und Fördermöglichkeiten für Kultur- und Kreativschaffende finden. Hier sind verschiedenste Förderprogramme und Förderhilfen zugänglich, wie Förderprogramme des Bundes, der Länder und der Europäischen Union mit Förderhilfen für Existenzgründer und Selbstständige sowie für kleine und mittlere Unternehmen der gewerblichen Wirtschaft.

Eine Übersicht über Preise, Ehrungen, Stipendien und andere Förderprogramme im Kultur- und Medienbereich findet sich beim Handbuch der **Kulturpreise** (www.kulturpreise.de). Stipendien, Wettbewerbe und Preise für Sparten wie Architektur/Denkmalpflege, bildende Kunst, darstellende Kunst, Design/Gestaltung, Film, Literatur, Medien/Publizistik und Musik finden sich in der Datenbasis.

8.3 Intellektuelles Kapital

Arbeit in der Kultur- und Kreativwirtschaft bedeutet, meist immaterielle Werke und Inhalte mit der Ressource Kreativität zu schaffen. Kreative Güter entstehen durch Ideen, wie es auch in verschiedenen Definitionen der Kreativwirtschaft betont wird (beispielsweise in der amerikanischen Sicht der Kreativwirtschaft als „Copyright Industries"). Die Kulturwelt dreht sich immer weniger um körperliche Objekte und Artefakte, sondern wird virtueller. Damit Künstler und Kreative heute und in der Zukunft von ihrem Schaffen leben können, haben Politik und Rechtsprechung den Schutz von immateriellen Gütern gestärkt. Vom Schutz und der Verwertung des **geistigen Eigentums** hängt ab, wie gut man seinen Lebensunterhalt in der Kultur- und Kreativwirtschaft sichert. Im Zusammenhang dieses Buchteils über Kapitalformen in der Kreativwirtschaft würde man davon sprechen, dass kreative Ideen erkannt und entwickelt werden (intellektuelles Kapital) und dann in andere Formen überführt werden (ökonomisches oder symbolisches Kapital).

Bei immateriellen Gütern mit den Kennzeichen erlebnisgetriebenen und symbolischen Konsums (Abschn. 6.1) ist es schwer, das intellektuelle Kapital zu bestimmen. Deshalb ist es in der Kreativwirtschaft auch nicht einfach, ökonomisches Kapital für Ideen zu beschaffen, die neu sind und sich noch nicht bewährt haben. Die Schwierigkeit liegt zunächst darin, die richtigen Ideen zu erkennen. Wir alle haben von diesen Fällen gehört. Die Harry-Potter-Autorin J. K. Rowling veröffentlichte die Absageschreiben ihrer Manuskripte bei Twitter und vielen berühmten Schriftstellern erging es ähnlich. Selbst die Beatles wurden damals nach ihrem Vorspiel bei der Plattenfirma Decca Records nach Hause geschickt. Man war der Meinung, Gitarrenbands hätten keine Zukunft. Man irrte sich.

Für das wirtschaftliche Handeln ist es grundlegend, die selbst geschaffenen Ideen zu schützen und Copyright und die Rechte am geistigen Eigentum zu festzuhalten. Wenn Ideen zu intellektuellem Kapital geworden sind, kann dieses geschützt und gegen andere Formen des Kapitals eingetauscht werden. Trotz des einfachen Zugangs zu digitalen Werken und deren Vervielfältigung heutzutage gibt es viele Bemühungen, Autoren oder Eigentümer zu bezahlen, wie durch Digital Rights Management (DRM), Licensing und internationale Vereinbarungen durch die World International Property Organization (WIPO). Der dezentralisierte und globale Markt kultureller Produkte ist eine Realität, in welcher geistiges Eigentum nicht wie physisches Eigentum geschützt werden kann. So wenden sich viele Kreative auch sekundären Märkten zu. Gerade die Musikbranche ist ein Beispiel: Mit dem Verkauf von Tonträgern lassen sich bei Weitem nicht mehr die Umsätze von früher erreichen und Musiker müssen Einnahmen durch Liveauftritte generieren.

Wissenschaft: Open Access Publishing und Schattenbibliotheken

Ein kontroverser Fall aus der Wissenschaftswelt ist der Zugang zu wissenschaftlichen Publikationen in Form von Artikeln in großen internationalen Zeitschriften, die für Individuen oft nur gegen Gebührenzahlung an die herausgebenden Verlage zugängig sind, oder für Studierende und Hochschullehrer über die Zugänge zu digitalen Bibliotheken (z. B. EBSCO, WISO), für die die jeweilige Hochschule bezahlt. Hinter einer sogenannten Bezahlschranke (Paywall) finden sich die Ergebnisse von wissenschaftlichen Projekten, die meist durch Steuergelder, staatliche Forschungsförderung oder indirekt durch Studiengebühren finanziert wurden und nun der breiten Öffentlichkeit, der wissenschaftlichen Community und Studierenden oftmals auch nicht mehr frei zugänglich sind. Die an Hochschulen und Forschungseinrichtungen angestellten Wissenschaftler setzen ihr intellektuelles Kapital und ihre Arbeitszeit ein, um kostenlos an Publikationen zu arbeiten oder ohne Vergütung als blinder Gutachter die eingereichten Manuskripte von Fachkollegen zu begutachten. Dies tun sie, um ihr „kulturelles Kapital" in Form von fachlicher Reputation zu halten und ihre Hochschule in internationalen Ranglisten zu stärken (Willmott 2011). Als Kritik hat sich das „Open Access Publishing" als freier Zugang zu wissenschaftlicher Literatur und anderen Materialien im

Internet etabliert. Beispiele sind die hier zitierten Journale „ephemera" und „Organizational Aesthetics". Andere Kritik kommt von Hackern: Verfahren großer Verlagshäuser laufen momentan gegen „Sci-Hub", eine sogenannte Schattenbibliothek mit Server in Kasachstan, über die wissenschaftliche Aufsätze, die sonst nur hinter einer Paywall online verfügbar sind, auf Abruf für alle kostenlos bereitgestellt werden (Graber-Stiehl 2018).

8.3.1 Geistiges Eigentum schützen

Für das Management in der Kreativwirtschaft geht es darum, kreative Leistungen zu schützen, denn diese sind zentraler Bestandteil des wirtschaftlichen Erfolges. Immaterielle Leistungen und Produkte der Kreativen müssen gesichert werden, gerade da Kreative durch digitale Verbreitung mit komplexen Rechtsfragen konfrontiert werden. Kreativtätige und deren Manager sind meist nicht Juristen, sollten aber grundlegend verstehen, welche Rechte der Gesetzgeber für den Schutz des geistigen Eigentums geschaffen hat und wie diese anzuwenden sind.

Praxishandbücher zu bestimmten Rechtsthemen (Bisges 2016; Endell und Deus 2012) stecken den Rahmen ab. Sie bieten meist einen Überblick über verschiedene gesetzliche Regelungen zum Schutze geistigen Eigentums. Es werden praxisorientierte Fragen beantwortet sowie typische Situationen aus der Kreativwirtschaft vorgestellt, vom Urheberrecht bis zum Markenrecht. Auch Publikationen der WIPO (2017) geben Hilfestellung und weitere Quellen für Kreative, wie sie mit Copyright mit ihren Produkten Geld verdienen können.

Für Akteure und Managerinnen in der Kreativwirtschaft ist es wichtig, die **Kommunikationsgrundrechte** (Meinungsfreiheit, Informations-, Presse-, Film- und Rundfunkfreiheit) zu erfassen sowie ein Verständnis von Kunstfreiheit und allgemeinem Persönlichkeitsrecht (Recht der Selbstdarstellung in der Öffentlichkeit, Recht am eigenen Bild und Wort, Ehrschutz, Recht auf informationelle Selbstbestimmung) zu erlangen. Gerade aufgrund der digitalen Verbreitung von Inhalten ist dies wichtig, denn die meisten Vorgänge in der Kreativwirtschaft betreffen den Schutzbereich dieser Rechte. Auch neue Entwicklungen wie die Datenschutzgrundverordnung zählen dazu.

Das **Urheberrecht** lässt sich als das wichtigste Recht in der Kreativbranche verstehen. Aus diesem Gesetz ergibt sich die urheberrechtliche Schutzfähigkeit geistiger Erzeugnisse in der Kreativbranche. Für Akteure sind entsprechende Kenntnisse unerlässlich, denn die meisten Handlungen in diesem Bereich haben mit Urheberrechten und **Nutzungsrechten** zu tun. Urheber sollten die Beschränkungen kennen (bspw. Dauer des Urheberrechts, freie Benutzung, Zitierfreiheit, Berichterstattungsfreiheiten, Bildnisse). Es müssen die Möglichkeiten von Verwertung bekannt sein wie das Einräumen von Nutzungsrechten, um mit urheberrechtlich geschützten Werken Einnahmen erzielen zu können. Mit diesem Vorgang sind auch Vergütungsansprüche verbunden, etwa auf eine angemessene oder faire Vergütung, die sich auch rückwirkend noch ändern kann.

Im Schatten des Urheberrechts: Stand-up-Comedy und Comics

Nicht nur Gesetze, sondern auch soziale Praxis regulieren Urheberrechte. Obwohl das Urheberrecht etwa auf Stand-up-Comedy in den USA auf einzelne Witze oder ein ganzes Programm anwendbar wäre, werden Fragen der Autorschaft, des Eigentums, Rechtetransfers und die Ahndung von Verstößen über ein zwischen den Komikern entstandenes System sozialer Normen reguliert (Oliar und Sprigman 2008). Während rechtlich nur *Werke* geschützt sind (also Witze oder Teile der Performance), ist es bei Comedians bereits verpönt, grundlegende *Ideen* für Witze, die dann kontinuierlich weiterentwickelt und am Publikum erprobt wurden, während des Prozesses als „Inspiration" aufzugreifen und ins eigene Repertoire aufzunehmen. Und das nicht nur für eine zeitlich begrenzte Schutzfrist, sondern für immer. Verkaufen lassen sich Witze in einem mündlichen Deal, an den sich dann alle halten. Wer diese Normen ignoriert, wird persönlich konfrontiert, in der Community angeschwärzt und ausgegrenzt und nicht mehr für Zusammenarbeiten angefragt – soziales und kulturelles Kapital wäre verloren. Somit ist die soziale Schutzpraxis noch strenger als das formelle Urheberrecht. Die Comedians sind Produzenten und möchten nicht, dass ihre Produkte zugänglich und von anderen nutzbar sind.

Informelle Schutzregeln gibt es auch im Bereich der Computerspiele und TV-Shows und auch in Bezug auf das Nachzeichnen japanischer Comics unter dem Begriff „anmoku no ryokai" („unausgesprochenes Übereinkommen"): Plagiat ist verboten, Adaption ist erlaubt als Neuinterpretationen oder als Hommage an das Original. Es „nicht so genau" zu nehmen, ist wirtschaftlich sinnvoll, denn die Mitglieder der Community sind „Prosumenten", die gleichzeitig produzieren und konsumieren, Innovation mit Trends schaffen und kreative Leistung an Verlage liefern. Solche informellen Schutzregeln spiegeln die spezifischen Produktionsbedingungen und Eigenarten von kreativen Gütern: Sie sind flexibler und ermöglichen Innovation, während das Urheberrecht einheitliche Regeln vorschreibt, um „eine Balance zwischen den Interessen von Öffentlichkeit und Kulturschaffenden herzustellen" (Hofmann et al. 2012).

Für einzelne Kreativschaffende sind in dem Kontext des Urheberrechts auch die **Verwertungsgesellschaften** mit ihren Möglichkeiten der Lizenzierung der Nutzung von Werken relevant, darunter: Gesellschaft für musikalische Aufführungs- und mechanische Vervielfältigungsrechte (GEMA), Verwertungsgesellschaft Wort (VG Wort), Verwertungsgesellschaft der Film- und Fernsehproduzenten (VFF), Verwertungsgesellschaft Bild-Kunst (VG Bild-Kunst).

▶ Wer kreativ Werke in einem der Bereiche der Verwertungsgesellschaften schafft, kann Mitglied in der jeweiligen Gesellschaft werden. Für Journalisten, schriftstellerisch Tätige und Autoren beispielsweise ist dies die VG Wort (https://www.vgwort.de). Die Gesellschaft nimmt die ihr anvertrauten Nutzungsrechte und Vergütungsansprüche ihrer Mitglieder und Wahrnehmungsberechtigten treuhänderisch wahr. Dies heißt: eine angemessene Vergütung der Autoren und Verlage sicherzustellen und Geld von denjenigen zu kassieren, die das geistige Eigentum anderer nutzen. Die aus zahlreichen Quellen vereinnahmten Gelder werden nach festgesetzten Verteilungsplänen an Autoren und Verlage weitergeleitet. Für in Fremdsprachen erschienene Publikationen wenden sich Autoren an landesansässige Verwertungsgesellschaften, wie beispielsweise die Authors' Licensing and Collecting Society (ALCS) in Großbritannien.

Wenn Urheberrechte verletzt werden, folgen nach dem Urheberrechtsgesetz zivilrechtliche Ansprüche auf Beseitigung, Unterlassung, Auskunft, und im Falle schuldhaften Handelns auch auf Schadenersatz, die sich nach einer Abmahnung auch gerichtlich durchsetzen lassen.

Typische Rechtsverletzungen passieren, wenn Werke wie Musik, Bilder und Filme unberechtigt und ohne Einwilligung des Urhebers öffentlich gemacht werden, beispielsweise auch online hochgeladen werden. Dazu gehört auch das Überschreiten von eingeräumten Nutzungsrechten wie Linzendauer und erlaubter Bearbeitungen, das Nachahmen von geschützten Werken oder das Zitieren ohne Nennen der Quelle als Plagiat.

Rechtsverletzungen als Vertriebsweg
Von der Managementperspektive sind auch Marketing- und Vertriebsmöglichkeiten interessant, die sich aus dem Gesetz ergeben und auf die ein Rechtslaie nicht gekommen wäre. Während die Musikindustrie unter Urheberrechtsverletzungen online leidet, nutzen sie andere Bereiche als Geschäftsmodell: hochladen, verfolgen und abmahnen, kassieren. Rechteinhaber wie Bildagenturen und Fotografen und Anbieter von grafischen Darstellungen (Landkarten) stellen Inhalte leicht kopierbar online, suchen dann mit entsprechender Software systematisch nach illegalen Übernahmen und mahnen diese Rechtsverletzungen ab, im Paket mit erheblichen Schadensersatzforderungen. Die Höhe richtet sich meist nach den Lizenzangeboten, auch wenn diese nicht verkauft werden. So lässt sich durch das Massengeschäft für die Agenturen und Verlage nicht selten mehr Geld erzielen als durch einen Lizenzverkauf. Die Abmahnung wird bisweilen auch als Vertriebsweg genutzt, wenn über sie eine Lizenz angeboten wird.

Ähnlich wie das Urheberrecht regelt das **Designrecht** Ansprüche wie Beseitigung der Beeinträchtigung, Unterlassung, Schadenersatz, Vernichtung und Rückruf, wenn eingetragene Designs unerlaubt benutzt werden (§ 42–43 DesignG).

Das **Kennzeichenrecht** regelt den Schutz von **Marken** in ihren verschiedensten ästhetischen Formen. Ein einfacher Fall sind sogenannte Wortmarken, die aus Zeichenfolgen mit Wörtern („eBay"), Buchstaben („VW") und Zahlen bestehen können, wobei mindestens drei Zahlen vorhanden sein müssen („4711"), die sich mit üblicher Druckschrift (vgl. § 7 MarkenV) darstellen lassen. Andere Schriftzeichen wie chinesische können als Bildmarken geschützt werden. Das gilt auch für andere bildhafte Darstellungen wie Logos, Embleme und visuelle Wahrzeichen, sofern sie sich von anderen deutlich unterscheiden.

Für andere ästhetische Formen ist ein Markenschutz auch möglich. Beispielsweile sind akustische Marken oder Hörmarken (Stichwort: Audio Branding), die mit Noten dargestellt werden können und somit geschützt sind (Audiologo von Microsoft und anderen).

Bestimmte Formen wie die Gestaltung eines Produkts (bspw. aufwändig entworfene und wiedererkennbare Parfumflakons wie die Büstenform von Gaultier) lassen sich als Marke schützen. Ebenso können als Bewegungsmarke motorische Abläufe in Zeit und Raum, wie das Öffnen von Autotüren, geschützt werden. Andere ästhetische Phänomene sind in der Diskussion, darunter Geschmacksmarken und Tastmarken (für Sehbehinderte).

Der Markenschutz kann durch verschiedene Arten entstehen, wie durch das Eintragen in das Markenregister des DPMA (§ 4 Nr. 1 MarkenG). Marken können auch ohne Eintragung geschützt sein, durch Verkehrsgeltung aufgrund Benutzung (§ 4 Nr. 2 MarkenG). Das bedeutet, dass das Zeichen im geschäftlichen Verkehr benutzt wird und es als Marke Verkehrsgeltung erlangt hat. Die Erfolgschancen solcher Anträge vor Gericht sind jedoch nicht einfach abzuschätzen. Das ist anders bei den bekannten Nutzungsmarken, die eine sogenannte notorische Bekanntheit (§ 4 Nr. 3 MarkenG) besitzen. Damit sind erfolgreiche und globale Brands gemeint, beispielsweise Adidas, Nivea und andere.

Neben dem Markenrecht gibt es das **Namensrecht** (§ 12 BGB), nach dem sich unter anderem auch Unternehmensbezeichnungen und Pseudonyme wie Künstlernamen schützen lassen.

▶ Deutsches Patent- und Markenamt   Der Onlineauftritt des Deutschen Patent- und Markenamts bietet Informationen zum Thema Marke, Patente, Designs und Gebrauchsmuster. In Bezug auf Marke geht es um Markenschutz, Markenrecherche, Klassifikation, Waren und Dienstleistungen, Bilder, Anmeldung, Prüfung, Eintragung und Verlängerung, Widerspruch und Löschung, Geografische Herkunftsangaben, Markenschutz im Ausland und Fragen rund um die Marke.

Eine Auswahl häufig gestellter Fragen zum Thema Marken werden auf der Webseite der Behörde beantwortet https://www.dpma.de/marken/faq/index.html. Beispiele sind: Wie können Sie zu einer zügigen Bearbeitung Ihrer Markenanmeldung beitragen? (Gebühren zeitnah entrichten und formale Aspekte einhalten) Wie lange dauert das Anmeldeverfahren? (wenige Wochen/Monate) Muss ich einen Anwalt hinzuziehen? (Selbst anmelden aus Deutschland) Kann ich einen Firmennamen, ein Logo, einen Werbeslogan schützen lassen? (Namen, Logos, Werbeslogans) Worin besteht der Unterschied zwischen einer Wortmarke und einer Wort-/Bildmarke bzw. einer Bildmarke? Welche Zeichen sind bei einer Wortmarke zulässig? (https://www.dpma.de/docs/marken/wortmarke.pdf) Wo kann ich nach Marken recherchieren? (kostenfrei online in DPMAregister https://register.dpma.de/DPMAregister/Uebersicht) Prüft das DPMA, ob es die von mir angemeldete Marke schon gibt? (Nein) Welche Gebühren sind zu zahlen? (ab ca. 300 Euro) Wie lange kann die Marke bestehen? (Schutzdauer beträgt zunächst zehn Jahre).

Das Geschäft mit den Fakes
Neben der normativen rechtlichen Diskussion um den Schutz von Marken existiert eine lebendige wirtschaftliche Praxis mit Fälschungen, die nicht nur schädlich ist, sondern Innovation, stärkeren Wettbewerb, Marktwachstum und Markenwachstum fördern soll (Raustiala und Sprigman 2012).

Diese sogenannte „Knockoff Economy" ist in vielen asiatischen Ländern wie in China stark vertreten, wo man von der gefälschten Designerhandtasche über den Fake-Ferrari sogar nachgebaute Zaha-Hadid-Hochhäuser findet (eine Kopie des Wangjing Soho Büro- und Gewerbekomplexes in Beijing wurde in Chongqing sogar früher fertiggestellt als das Original). In China werden Copyrightverstöße nicht im selben Ausmaß verfolgt und das Wort „Shanzhai" bezeichnet nicht nur unlizenzierte Produktherstellung, Fälschungen oder Plagiate, sondern auch positiv eine Art Cleverness und kulturelle Kreativität der normalen Leute. So finden Raustiala und Sprigman (2012) Gesetze zum Schutze geistigen Eigentums wichtig, sehen aber auch eine andere Seite: Nachahmungen erlauben Menschen Zugang zu seltenen Gütern und Hersteller können ihre Produktion ausweiten und innovative Neuerungen schaffen. Durch Fälschungen sinkt der Absatz der Luxusgüter nicht unbedingt, sondern fördert den Hype von Marken. Das findet auch der Bürgermeister des beschaulichen österreichischen Städtchens Hallstatt, das in Huizhou City im Süden Chinas nachgebaut wurde: Man sei stolz und freue sich über die lukrative kulturelle Werbung, die viele Touristen in die Stadt brachte (Wainwright 2013).

8.3.2 Weitere Rechtsthemen

Für die Kreativwirtschaft sind weitere Themen wichtig, wie im **Vertragsrecht** und **Arbeits- und Sozialrecht** besonders relevant, beispielsweise Werkverträge, Lizenzverträge, Designverträge und auch, gerade im Veranstaltungsbereich, Veranstaltungsbesucher- und Engagementverträge, und außerdem Fragen des Arbeitnehmerstatus, der Befristung von Arbeitsverhältnissen, der Scheinselbstständigkeit und der Künstlersozialversicherung.

Das **Internetrecht** befasst sich mit Themen wie: Rechtsschutz für Webseiten, Haftung für Inhalte von Webseiten, der Impressumspflicht, den Datenschutzerklärungen und Nutzungsbedingungen sowie Rechtsthemen rund um Onlineshops (Vertragsabschluss, Informationspflichten, Widerruf).

Für Kreativschaffende sind auch das **Wettbewerbsrecht** (Wettbewerbsverstöße, unlauterer Wettbewerb) interessant sowie das **Veranstaltungsrecht**, welches wichtige Vorschriften rund um Veranstaltungen erörtert (Versammlungsstättenverordnungen und Betriebsverordnung einschließlich Sicherheitskonzept, Sanitäts- und Ordnungsdienst). Solche Fragen werden im Kontext der Managementtätigkeit von spezialisierter Literatur aufbereitet, wie etwa von Büchern zum Veranstaltungsmanagement (Sakschewski und Paul 2017).

8.4 Soziales Kapital

Unter dem Begriff des sozialen Kapitals fasst Bourdieu (1983) diejenigen tatsächlichen und potenziellen Ressourcen zusammen, die auf der **Zugehörigkeit zu einer Gruppe** beruhen: Der Umfang des Sozialkapitals, das der Einzelne besitzt, hängt sowohl von der Ausdehnung und Qualität des Netzes von Beziehungen (welche er tatsächlich mobilisieren kann) ab als auch vom Umfang des ökonomischen, kulturellen oder symbolischen Kapitals derjenigen, mit denen die Person in Beziehung steht. In der Kreativwirtschaft mit ihrem projektbasierten Arbeiten und der schweren Messbarkeit kreativer Leistung ist die Wichtigkeit des sozialen Kapitals wohlbekannt.

Obwohl jede Kreativbranche ihre eigenen Mechanismen hat, sind es die **Netzwerke**, die zwischenmenschlichen Beziehungen, die sozialen Konstellationen, die Empfehlungen und Informationen, die kreative Arbeit zum Erfolg führen (Perry-Smith und Shalley 2003). Netzwerke sind offen, dynamisch und nicht einfach zu kontrollieren. Die Mitglieder steuern recht subtil, wer belohnt wird und wer nicht, sie zeigen und verhandeln untereinander ihre Persönlichkeit und Kompetenz und erfahren durch das freiwillige, verbindende Engagement eine besondere Form des Gewinns. Auch das Management der eigenen Netzwerke geht wie andere Formen von Führen und Folgen in der Kreativwirtschaft (Kap. 4) nicht über Steuerung und Kontrolle, sondern ist relational und beziehungsorientiert. An den Beziehungen muss regelmäßig gearbeitet werden.

Networking beim Ausgehen beispielsweise gehört in vielen kreativen Branchen einfach dazu. Ausgehen ist für Medienleute oder Models keine Erholung von der Arbeit mehr, sondern eine notwendige Ergänzung der Arbeitszeit, die konstante Eigenwerbung, Nettigkeit, Kontaktfreude und Engagement erfordert (Neff et al. 2005, S. 322). Hierdurch ergeben sich Kontakte, Jobs und neue Empfehlungen. Der Druck ist immer präsent: Selbstpräsentation statt Abschalten, Selbstkontrolle wegen ständiger Beobachtung von anderen, und ethische Risiken, wenn etwa Jobs vergeben werden an Leute, die gerne „Party machen" (Neff et al. 2005, S. 322). Florida (2012) sprach hier von den „Third Places", den Orten zwischen Arbeit und Freizeit in halböffentlichen Orten wie Galerien und Cafés, wo Informationsaustausch zu Jobangeboten führt. Soziale Netzwerke spielen eine zentrale Rolle in dieser Industrie.

Soziales Kapital in der Theaterszene
Die Bedeutung sozialen Kapitals in der deutschen Theaterszene illustriert Haunschild (2003, S. 916–918). Aufgrund ihres nomadischen Lebens und der späten Arbeitszeiten ist das Theater ein relativ geschlossenes System und wie eine große Familie. Starke soziale Beziehungen sind wichtig für die Reputation, Karriere und Mobilität. Premierenfeiern und die Theaterkantine sind zentrale Orte, an denen in dieses soziale Kapital fortlaufend investiert wird. Das soziale Netzwerk kann Probleme abmildern, die durch die flexible, zeitgebundene und bisweilen prekäre Arbeit geschaffen werden. Soziales Kapital durch Netzwerke ist der Weg für Arbeitsbeschaffung, und persönliche Kontakte können als Intermediäre Arbeitsmarktinstitutionen ersetzen, die Leistungsstandards zertifizieren. Das geschieht, indem sie jemanden empfehlen oder ein „gutes Wort einlegen". Agenten und Künstlervermittlungen sind nicht so weitverbreitet, wie etwa im Filmbereich, bei dem auch höhere Gagen und Provisionen anfallen. Für soziale Netzwerke zwischen Schauspielern, Kollegen und Regisseuren ist Loyalität gegenüber Menschen und der Arbeit zentral, aber weniger gegenüber bestimmten Organisationen (Theatern). Auch leben die Organisationen beziehungsweise ihr Ruf vom sozialen Kapital der Intendanten. Jeder Intendantenwechsel kann die Organisation sowie die Stakeholder (Publikum, Öffentlichkeit, Politik) erschüttern. Ein Beispiel ist der als Museumschef tätig gewesene Chris Dercon, der als Nachfolger von Frank Castorf die Intendanz an der Volksbühne am Rosa-Luxemburg-Platz in Berlin übernehmen sollte. Bereits nach fünf Monaten scheiterte er nach öffentlichen Diskussionen, einer Hausbesetzung durch Theateraktivisten und fortwährender Ablehnung auch durch verschiedene Mitarbeitergruppen (Höbel 2018).

Zum Aufbau sozialen Kapitals trägt in der Kreativwirtschaft auch **lokale Nähe** bei. Wenn sich Berufsgruppen und Tätigkeiten an bestimmten Orten konzentrieren, können Synergien in der Zusammenarbeit und beim Aufbau von Netzwerken entstehen. So wird Ausgehen zum Teil des Jobs, Freizeit zur Arbeit, und Sozialkontakte beeinflussen die Karriere und andersherum. Für Musikerinnen, DJs, Fotografinnen, Performer, bildende Künstlerinnen und andere ist es wichtig, gesehen zu werden, neue Kontakte zu knüpfen und bestehende zu festigen Sogenannte Gatekeeper, die Zugänge kontrollieren, können besser erreicht werden. Transaktionskosten sinken bei einfacher Anbahnung und direktem Informationsaustausch. Das bedeutet, Künstler können Journalistinnen wegen möglicher Berichterstattung mal direkt ansprechen oder auch Galeristinnen wegen möglicher Projekte, Musiker und DJs können sich mit Promotern von Partyreihen und Musikevents austauschen, Schauspieler können vielleicht auch mal mit einer Regisseurin einer Unternehmenstheaterfirma sprechen (Abschn. 7.2.2) und so weiter. Dabei sollte die Interaktion nicht bedeutungslos werden bei beständiger Selbstreferenz und Selbstbespiegelung in einer Kleingruppe. Es geht nicht nur darum, sich unter Leute zu mischen (mingle with the crowd), sondern es gilt: Mingle with the right crowd!

Auch sind die Ausschlussmechanismen dieser Netzwerke nicht zu unterschätzen. Für den einen mag die Bezugsgruppe ein angenehmes, kumpelhaftes Männernetzwerk sein – für die andere kann dieselbe Ansammlung eine mehr oder minder geschlossene Front an weißen, heterosexuellen Cis-Männern sein (in Großbritannien spricht man beispielsweise vom „Old Boys Club" als Netzwerk von männlichen Privatschulabsolventen und Privilegierten). Auch daraus resultiert dann die sogenannte „gläserne Decke", die verhindert, dass Angehörige einer bestimmten Gruppe (wie Frauen) nicht in Führungspositionen in Wirtschaft und Politik aufzusteigen vermögen. Hier sollte man sich also in einer kritischen Haltung (Kap. 5) immer der eigenen Privilegien bewusst sein und darüber nachdenken, ob diese vielleicht anderen Menschen den Raum zur Entwicklung und die Möglichkeiten an Teilhabe nehmen.

In Bezug auf die britische Werbebranche wurde schon untersucht, dass die Jobs dort für Menschen aus der Mittelklasse oder Oberschicht sind (McLeod et al. 2009). Für Kreative aus der Arbeiterschicht ist es eine Herausforderung, ökonomische, soziale und kulturelle Eintrittsbarrieren überhaupt zu überwinden. Sobald sie aber einmal „drin" sind, verwischen langsam die Einflüsse dieser Kapitalformen aufgrund des sozialen Kapitals, das sie durch langjährige Arbeitserfahrung angehäuft haben, und aufgrund des kulturellen und symbolischen Kapitals.

▶ **Netzwerke suchen** Es lohnt sich, früh einen Überblick über Netzwerke zu gewinnen, die in Frage kommen oder mit denen man nichts zu tun haben möchte. Auch während des Studiums helfen Institutionen wie sogenannte Career Center der Hochschulen. Die eigene Recherche kann online oder persönlich geschehen. Es gibt auch spezielle Netzwerke für Gründerinnen und Unternehmerinnen https://www.she-works.de/netzwerken/netzwerke/. Ansonsten sind auch politische Netzwerke, Branchennetzwerke und Branchentreffen relevant sowie umweltpolitische Netzwerke und verschiedene andere.

8.5 Kulturelles Kapital

Das kulturelle Kapital hängt stark vom jeweiligen sozialen, familiären und kulturellen Hintergrund der Menschen ab und beeinflusst ihre Identität, Karrieremöglichkeiten und ihre beruflichen Erfolge (McLeod et al. 2009). Das kulturelle Kapital betrifft somit Einzelne und ihre Karrieren in der Kreativwirtschaft sowie die Leistung von Gruppen bei der Produktion kreativer Güter und damit auch die gesamte Managementperformance.

Kulturelles Kapital beinhaltet nach Pierre Bourdieu (1983) folgende Elemente: kulturelles Kapital als verkörpertes Kapital, institutionalisiertes kulturelles Kapital und kulturelles Kapital als objektiviertes Kulturkapital.

1. Kulturelles Kapital wie erworbene Bildung (Stichwort „Bildungshintergrund"), die Anhäufung von kulturellem Verständnis durch Familie, soziales Umfeld und weitere Institutionen, ist **verkörpertes oder inkorporiertes Kapital** und damit an eine bestimmte Person gebunden. Es lässt sich nicht einfach verschenken oder übertragen, sondern nur mit viel Zeit erwerben, und ist schwer dingfest zu machen.
2. **Institutionalisiertes kulturelles Kapital** existiert in Form von erworbenen Schul- und Hochschulabschlüssen, Titeln und Stellen. Diese institutionalisierten Formen formaler Bildung wie Zeugnisse und Abschlüsse grenzen andere aus (wie „Autodidakten", die ihr kulturelles Kapital ständig beweisen müssen). Ökonomisches Kapital als Investition in Aus- und Weiterbildung wandelt sich in kulturelles Kapital um. Kulturelles Kapital wiederum ist bedingt konvertierbar in ökonomisches Kapital, wenn zum Beispiel eine Investition in eine Weiterbildung zu besser bezahlten Aufträgen, einer höher bezahlten Stelle oder Gehaltserhöhung führt.
3. Kulturelles Kapital in Form von Kunstwerken, Büchern, Pianos und Skulpturen lässt sich als **objektiviertes Kulturkapital** zunächst besitzen und übertragen. Es benötigt aber noch weiteres kulturelles Kapital, um verstanden und wertgeschätzt zu werden. Es geht nicht nur um den bloßen Besitz, sondern um die Art, wie diese Güter verwendet werden und auch als Mittel der Distinktion eingesetzt werden. Bourdieu (1982) sprach hier von den „feinen Unterschieden", vom sozial vermittelten Geschmack und dem entsprechenden Gehaben, mit dem man sich von anderen abgrenzt. Das kulturelle Kapital beeinflusst auch die kulturellen Vorlieben und damit den **Konsum** von kreativen Gütern, der meist als selbstverständlich aufgefasst wird. Allerdings hängt Konsum in der Kreativwirtschaft als symbolische und repräsentative Praxis vom kulturellen Kapital in all seinen Formen ab: Der Theaterbesuch kommuniziert etwas nach außen, zeigt anderen Menschen Stil, Kenntnis und Geschmack, der Besuch einer Ausstellung signalisiert die kulturelle Kompetenz, die Fähigkeit, Kunst zu kontextualisieren und zu erfassen. Für andere ist der Besuch eines Blockbusters oder Vergnügungsparks gewollter oder ungewollter Ausdruck ihres kulturellen Kapitals. Das Konzept des kulturellen Kapitals hebt noch einmal die Arbeit der Konsumenten hervor, die nicht nur etwas konsumieren und verzehren, sondern auch als symbolische Arbeit produzieren.

Talent und Kulturkapital

In Bezug auf die Arbeitswelt der Kreativwirtschaft wollen wir das verkörperte Kulturkapital als Teil des kulturellen Kapitals einmal betrachten. In der künstlerischen Welt hat die Vorstellung des „Genies" mit spezieller „Begabung" eine lange Tradition. Der Begriff der Begabung oder des Talents ist aber auch in der kritischen Sozialforschung umstritten (Markard 2013). Hier müssten das kulturelle Kapital und die Gesellschaft immer mitgedacht werden, denn Leistung oder Erfolg hängt nicht nur von der persönlichen „Begabung" ab – die in sich selbst nicht nur biologisch begründet, sondern auch gesellschaftlich geformt ist. Im Sport liegt die Rede von „Begabung" besonders nahe, denn die gegebene körperliche Konstitution ist offen sichtbar, aber auch dort spielen neben „natürlichen" Unterschieden auch die Gesellschaft, die Sportförderung, das Milieu und das Elternhaus eine Rolle für den späteren Erfolg. Auch eine „talentierte" Schülerin mit einer 1,0 im Deutschabitur profitiert vom kulturellen Kapital und dem Bildungshintergrund, bringt also weniger „Leistung" als jemand, für den Deutsch nicht die Muttersprache war und der dieselbe Note erhält. Allerdings hat die Vorstellung von „Begabung" gerade in der Kunst und im Bildungsbereich auch vielen Menschen ermöglicht, aus ihrer Klasse auszubrechen und trotz gesellschaftlicher Ausgrenzung ihrer Schicht aus Universitäten oder Kunsthochschulen Zulassung zum Studium und künstlerischen Tätigkeitsfeldern zu erhalten und mit ihrem Tun erfolgreich zu sein.

Musikalische Karriere und kulturelles Kapital

Ein aussagekräftiger Fall des kulturellen Kapitals aus dem Musikbereich betrifft Felix Mendelssohn Bartholdy (1809–1847) und seine Schwester Fanny Hensel (1805–1847). Die Familie förderte geschlechtsspezifisch die Entfaltung von Möglichkeiten beim Mann und schränkt sie für die Frau ein: Felix, der begnadete Musensohn und Fanny, die Zierde, die toll Klavier spielen, aber vom Komponieren die Finger lassen sollte (Konold 1984, S. 16–17). So schrieb der Vater an Fanny: „Felix' letzte Fuge … hat mir wohl gefallen; es ist viel und ich hätte ihm kaum zugetraut, dass er sich sobald darin finden würde, ernsthaft zu arbeiten, denn zu einer solchen Fuge gehört denn doch eine gewisse Überlegung und Beharrlichkeit. Was Du mir über Dein musikalisches Treiben im Verhältnis zu Felix in einem Deiner früheren Briefe geschrieben, war eben so wohl gedacht als ausgedrückt. Die Musik wird für ihn vielleicht Beruf, während sie für Dich stets nur Zierde, niemals aber Grundbass Deines Seins und Thuns werden kann und soll; ihm ist daher Ehrgeiz, Begierde, sich geltend zu machen in einer Angelegenheit, die ihm sehr wichtig vorkommt, weil er sich dazu berufen fühlt, eher nachzusehn, während es Dich nicht weniger ehrt, dass Du von je her Dich in diesen Fällen guthmüthig und vernünftig bezeugt und durch Deine Freude an dem Beifall, den er sich erworben, bewiesen hast, dass Du ihn Dir an seiner Stelle auch würdest verdienen können." In Tagebuchaufzeichnungen Fannys heißt es: „Bis zu dem jetzigen Zeitpunkte besitze ich sein (Felix') uneingeschränktes Vertrauen. Ich habe sein Talent sich Schritt für Schritt entwickeln sehen und selbst gewissermaßen zu seiner musikalischen Ausbildung beigetragen. Er hat keinen musikalischen Ratgeber als mich, auch sendet er nie einen Gedanken aufs Papier, ohne ihn mir vorher zur Prüfung vorgelegt zu haben. So habe ich seine Opern z. B. auswendig gewusst, noch ehe eine Note aufgeschrieben war." Dieser Fall zeigt, dass es neben dem Talent viele kulturelle und gesellschaftliche Gründe für Menschen gibt, Dinge zu tun oder zu lassen.

8.6 Symbolisches Kapital

Das symbolische Kapital ist eine Art Dachkategorie der Kapitalformen und entsteht aus dem kulturellen, sozialen und ökonomischen Kapital und beeinflusst dieses wiederum. Symbolisches Kapital verleiht Reputation, Renommee oder Prestige. Die Zurschaustellung ermöglicht, dass weiteres Kapital zum vorhandenen Kapital hinzukommt. Beispielsweise wird bei Kultursponsoring ökonomisches Kapital in symbolisches transferiert, wenn Anerkennung anderer Gruppen in diesem Bereich geschaffen wird. Verschiedenste Formen der Kommunikation, der Zurschaustellung und des Endorsements unterschiedlicher Personen und Gruppen gehören zum Aufbau symbolischen Kapitals dazu. Hier geht es nicht nur um Marketing als Produktförderung, sondern um Public Relations als Dialog mit der Öffentlichkeit und den Bezugsgruppen zum Zweck des Reputationsaufbaus und des Aufbaus von Beziehungen. Symbolisches Kapital funktioniert nur, wenn es von anderen verstanden wird. So hängt es vom jeweiligen sozialen und kulturellen Kapital der Zielgruppe ab, ob ein Unternehmen, das beispielsweise ein Orchester sponsert, dementsprechend wertgeschätzt wird.

Das symbolische Kapital erhöht nicht nur die Bedeutsamkeit kreativer Güter, sondern wirkt sich auch auf die Identität jener aus, die in diesen Bereichen arbeiten (Townley et al. 2009, S. 952). Nicht nur das konsumierende Subjekt benutzt das symbolische Kapital, das an kreativen Gütern hängt, um sich sozial zu positionieren oder kulturell auszudrücken. Auch das produzierende Subjekt, die kreativen Köpfe, alle Menschen, die in der Kreativbranche arbeiten, kümmern sich um ihr symbolisches Kapital. Beispielsweise wird im Medienbereich und der Modewelt viel Energie aufgewendet, um als Entrepreneur seiner selbst tätig zu werden, seine „kulturellen Attribute" zu vergrößern, „cool" zu sein, Networking zu betreiben, am Portfolio zu arbeiten und an internationalen Wettbewerben teilzunehmen (Neff et al. 2005).

Wie symbolisches Kapital funktioniert, lässt sich an folgenden Beispielen in verschiedenen Bereichen verdeutlichen:

Auszeichnungen: Auch Kunstkritiker schaffen symbolisches Kapital, wenn sie Kunstwerke für das Publikum einordnen und dadurch zur öffentlichen Anerkennung beitragen. Auszeichnungen wie der Deutsche Buchpreis (Literatur), die Grammy Awards (Musik), Emmy Awards (TV), Academy Awards oder Oscars (Film) und viele weitere haben die Funktion, das symbolische Kapital kreativer Güter zu erhöhen. Es entstehen Synergien, wenn sich der Auszeichnende mit dem neuen Gesicht schmückt und der Ausgezeichnete sich im Glanz der Institution sonnt. Das erklärt auch die Relevanz von Branchenawards für die Werbebranche (Cannes Lions, ADC), Public Relations (Deutscher PR Preis), Design (Red Dot Award) oder Kulturmarken (Kulturmarken-Award von Causales).

Persönlicher Stil: Auch Designerinnen, wie beispielsweise Produktdesigner von Kinderspielzeug (Elsbach 2009), integrieren ihren „Signature Style" als unverkennbar persönlichen Stil in ihre Produkte. Die Objekte tragen dann sozusagen „ihre Handschrift". Im größeren Stil kennen wir dieses Vorgehen von Modedesignern wie Jil Sander (die aufgrund ihrer schlichten Entwürfe und luxuriösen Materialauswahl als „Queen of Less" bezeichnet wird). Sie erhöhen ihr symbolisches Kapital, wenn das Produkt als ihr persönlicher Ausdruck gilt. So machen Designer sich einen Namen, sowohl für die durchschnittlichen Konsumenten als auch gerade für ihre Bezugsgruppe, Connaisseurs und Experten. Künstler wie Maler versuchen generell, individuell zuordenbare Werke zu schaffen, um ihre künstlerische Identität und ihren professionellen Status zu festigen. In anderen Branchen außerhalb der Kreativwirtschaft gibt es offizielle Stellen, die etwa Buchhalterinnen zertifizieren, Rechtsanwälte zulassen oder Ärztinnen eine Arbeitserlaubnis erteilen und ihre professionelle Identität attestieren. Kreative Arbeiter versuchen eben auch, nicht nur als Teil einer Gruppe oder als austauschbarer Mitgestalter wahrgenommen zu werden. Neben der Anstrengung um das symbolische Kapital dient dies auch der Arbeit am professionellen Selbst (Identity Work). Manager müssen somit kreativen Köpfen die Möglichkeit geben, an ihrer professionellen Identität zu arbeiten, denn bloße Gruppenarbeit ohne persönliche Note stellt sie nicht zufrieden (Elsbach 2009, S. 1067). Gestaltungsmöglichkeiten einzuräumen und persönlichen Ausdruck zu ermutigen, kann Managerinnen helfen, kreative Köpfe zufrieden zu halten und zu binden (Elsbach 2009, S. 1068).

Portfolios: Portfolios verschmelzen die jeweils individuellen Fähigkeiten mit dem Prestige des Kunden oder der Institution. Auch bei Journalistinnen sind die Arbeitsproben wichtig: Ein Artikel in großer Aufmachung, ein Beitrag zu einer renommierten Publikation, ein gutes Bild des Fotografen zum geschriebenen Werk hebt das symbolische Kapital. Auch bei der Professorenschaft, die man zum „Super Creative Core" (Florida 2012) zählen kann, bestimmt die Publikationsliste mit internationalen Fachbeiträgen, Namen angesehener Buchverlage und Herausgeberschaften schwergewichtiger Zeitschriften die Karriere oftmals mehr als die eigentliche Originalität der Ideen oder die Qualifikation als Lehrperson (Willmott 2011).

TV-Dokumentationen tragen generell dazu bei, das Leben in der Welt der Medien oder Mode als „hip", „cool" und als künstlerische Bohème zu verkaufen und aufzuwerten, also symbolisches Kapital zu vergrößern und Menschen zu diesem Bereich hinzuziehen (Neff et al. 2005, S. 314).

Ebenso fördert im Allgemeinen die **Berichterstattung in den Medien** über Celebrities und bekannte Personen aus Kreativbereichen (Filmstars) die Faszination dieser Welt.

Wer Modeprodukte vertreibt, Eventlocations besitzt und als Entertainer auftritt, ist zumindest im angloamerikanischen Raum mit einem **Reality-TV**-Auftritt gut beraten: Trotz der Peinlichkeiten, dem aufrührerischen Zusammenschnitt der Interaktion durch die Regie, der fehlenden Kontrolle über das eigene Material und dem Bemühen der Sender, bisweilen billige Geschlechterklischees („die zickige Frau" – Real Hosewives) oder rassistische Stereotypen („undisziplinierte Migranten" – Jersey Shore) zu bedienen, können weibliche Stars von der Aufwertung ihres Status, zunehmender Bekanntheit und Werbewirksamkeit profitieren. So sind die Darstellerinnen des amerikanischen

Real Housewives Franchise (Real Housewives of New York, Real Housewives of Beverly Hills und andere, Psarras 2014) durch die Serie zu Bestsellerautoren geworden (Brandi Glanville, Erika Jayne), können ihre Eventlocations und Restaurants füllen (Lisa Vanderpump) und ihre Lifestyleprodukte verkaufen, wie Schuhe (Lisa Vanderpump) oder zuckerreduzierte alkoholische Mischgetränke (Bethenny Frankel – Bruce 2011). Jersey-Shore-Star Nicole „Snooki" Polizzi erhielt schon mal 32.000 US-Dollar Redehonorar an der amerikanischen Rutgers University.

Die **Social-Media-Kanäle** von Kreativen mit Followern, Likes und gegenseitigem Taggen zeigen und legitimieren, wie cool, hip, oder erfolgreich die DJs, Modemacher, Moderatoren oder Influencer scheinbar sind. In Bezug auf YouTuber (Influencer) müssen diese Kommunikationskanäle professionell gemanagt werden (Abschn. 7.1.3). Es wird zudem geraten, dass Manager auch in anderen kreativen Feldern den Austausch mit Externen (Stakeholdern) fördern, etwa zwischen Produktdesignern und Sammlern, was auch hier das symbolische Kapital fördert und gleichzeitig für den Einzelnen die professionelle Identität festigt (Elsbach 2009, S. 1067).

Im symbolischen Kapital fließen zuletzt verschiedene Formen des Kapitals zusammen und verstärken sich. Es geht um Reputation und Prestige, das Akteure durch öffentliche Aufmerksamkeit oft mühselig und langfristig aufbauen.

Damit führt der große Bogen zurück zum ästhetischen, kulturellen und symbolischen Ausdruck von Inhalt und Form der Produktion in der Kreativwirtschaft. Nicht zuletzt diese Beispiele illustrieren als passendes **Fazit** auch wieder die Sicht dieses Buches, dass die Tätigkeiten in der Kreativwirtschaft eine kreative, komplexe, kritische und beziehungsorientierte Handlungspraxis sind. Die Akteure wie auch diejenigen, die Managementfunktionen für kreative Köpfe übernehmen, gehen kreativ vor, passen sich an neue Umstände an, sind flexibel und arbeiten mit Personen und Möglichkeiten, die sich ergeben – denn nur rational zu planen, zu steuern und kontrollieren ist in einem solchen komplexen Umfeld einfach nicht möglich. Auch hier geht es um **Beziehungsorientierung** nicht nur als Ausrichtung an einem Publikum und den Konsumenten in der Kreativwirtschaft. Vielmehr werden Ideen gemeinsam geschaffen und umgesetzt, im Prozess werden Führung und Zusammenarbeit permanent verhandelt, und soziale und kulturelle Netzwerke, Assets und Ideen werden eingesetzt und aufgebaut. Dabei kann man davon ausgehen, dass erfolgreiche Akteure und Manager reflektiert mit der Kreativindustrie und ihren Produkten umgehen, und ein Gefühl dafür entwickelt haben, wie sie erfolgreich agieren. Dieses implizite Handlungswissen ist eine ästhetische Kompetenz, wobei die Kreativen auch von anderen Kulturproduzierenden und von ihrer Arbeit lernen. Dabei bleibt künstlerisches Handeln eigenen Gesetzen und Zielen verpflichtet, die sich mit der wirtschaftlichen Perspektive nicht immer übereinbringen lassen (müssen). Mit Blick nicht nur auf die Kreativwirtschaft und ihre Herausforderungen, sondern auch auf ihre Funktion als Motor von Ideen und Neuheit erscheint gerade eine kritische Sicht notwendig, um künstlerische, soziale, ökologische und wirtschaftliche Dimensionen des Handelns zu verbinden. Akteure in der Kreativwirtschaft sind nicht nur als Zulieferer für wirtschaftliches Wachstum zu verstehen, sondern können Inspirationsquelle für qualitative und nachhaltige Entwicklung sein.

Unsere **Gesellschaft** im globalen Kontext benötigt neue Antworten auf Fragen, wie wir in Zukunft arbeiten und leben wollen und können. Die Welt der Kultur und Kunst hat bereits viele neue Modelle von Arbeit und Leben hervorgebracht, die verbreitet, nachgelebt, aber auch instrumentalisiert wurden, und wird eine Quelle von vielen weiteren Ideen sein. Dies benötigt nicht zuletzt wiederum Menschen, die diese Ideen mit kreativer und kritischer Führung gemeinsam mit allen Akteuren „managen", im Sinne von fördern und entwickeln, anleiten oder integrieren.

Verständnisfragen und Aufgaben

1. Erklären Sie, welche Formen des Kapitals es gibt und inwiefern diese nicht für alle Menschen gleichermaßen zugängig sind. Wie entstehen daraus Vor- und Nachteile für Ihre Karriere?
2. Geben Sie Beispiele für ökonomisches, soziales, kulturelles und symbolisches Kapital, das Sie besitzen, und vergleichen Sie sich mit einer Person Ihrer Wahl.
3. Finden Sie eine Ihnen bekannte Geschäftsaktivität in der Kreativwirtschaft und ordnen Sie die genutzten Formen der Finanzierung in den Überblick der Finanzierungsformen (Abschn. 8.2.2) ein. Überlegen Sie, ob noch andere Möglichkeiten in Betracht gekommen wären. Was hätten Sie als Führungsperson anders machen können?
4. Wenden Sie das „soziale Kapital" nach Bourdieu auf Ihre Tätigkeit in der Kreativindustrie an und überlegen Sie, an welchen Aspekten Sie noch arbeiten können.
5. Bewerten Sie für sich, wie Ihr kulturelles Kapital Ihnen bislang geholfen hat und Sie behindert haben könnte.
6. Übertragen Sie das „kulturelle Kapital" auf Ihre bisherige Arbeitserfahrung. Welche nicht sichtbaren Zusammenhänge können Sie durch dieses Konzept erklären? Hat Ihnen bisher ein gewisses „Talent" geholfen oder waren es andere Umstände?
7. Wie haben Sie sich bisher bemüht, Ihr symbolisches Kapital zu vergrößern? Was sollten Sie in Zukunft tun?
8. Entwickeln Sie auf Basis der Überlegungen zum symbolischen Kapital eine Managementstrategie, um einen Kreativschaffenden in einer Branche Ihrer Wahl zu unterstützen (Tänzerin, Gamer, bestimmte Position in der Filmbranche oder anderes).

Literatur

Bisges, M. (Hrsg.). (2016). *Handbuch Urheberrecht*. Berlin: Schmidt.
BMWi (Bundesministerium für Wirtschaft und Energie). (Hrsg.). (2019). Information und Beratung. https://www.kultur-kreativ-wirtschaft.de/KUK/Navigation/DE/Praxistipps/InformationBeratung/information-und-beratung.html. Zugegriffen am 22.09.2019.
Bourdieu, P. (1982). *Die feinen Unterschiede. Kritik der gesellschaftlichen Urteilskraft* (Übers. Schwibs B. & Russer P.). Frankfurt a. M.: Suhrkamp.

Bourdieu, P. (1983). Ökonomisches Kapital, kulturelles Kapital, soziales Kapital. In R. Kreckel (Hrsg.), *Soziale Ungleichheiten* (Soziale Welt Sonderband, Bd. 2, S. 183–198). Göttingen: Schwartz.

Bruce, L. (2011). How Bethenny Frankel used her reality show to make $120 Million. https://www.hollywoodreporter.com/news/bethenny-frankel-skinnygirl-sale-181124. Zugegriffen am 20.11.2018.

Davies, R., & Sigthorsson, G. (2013). *Introducing the creative industries. From theory to practice.* Los Angeles: Sage.

Elsbach, K. (2009). Identity affirmation through ‚signature style': A study of toy car designers. *Human Relations, 62*(7), 1041–1072.

Endell, D., & Deus, P. (2012). *Kreative Leistungen schützen – Geistiges Eigentum in der Kreativwirtschaft.* Hamburg: Hamburg Kreativ Gesellschaft.

EU. (2016). Towards more efficient financial ecosystems: Innovative instruments to facilitate access to finance for the cultural and creative sectors (ccs). unter https://op.europa.eu/en/publication-detail/-/publication/f433d9df-deaf-11e5-8fea-01aa75ed71a1. Zugegriffen am 20.11.2018.

Florida, R. L. (2012). *The rise of the creative cass.* New York: Basic Books.

Gill, R. (2011). ‚Life is a pitch': Managing the self in new media work. In M. Deuze (Hrsg.), *Managing media work* (S. 249–262). Los Angeles: Sage Publications.

Graber-Stiehl, I. (2018). Science's pirate queen. Alexandra Elbakyan is plundering the academic publishing establishment. https://www.theverge.com/2018/2/8/16985666/alexandra-elbakyan-sci-hub-open-access-science-papers-lawsuit. Zugegriffen am 20.11.2018.

Haunschild, A. (2003). Managing employment relationships in flexible labour markets: The case of German repertory theatres. *Human Relations, 56*, 899–929.

Höbel, W. (2018). Abgang von Chris Dercon. Gescheitert am bornierten Berlin. http://www.spiegel.de/kultur/gesellschaft/chris-dercon-verlaesst-volksbuehne-scheinsieg-der-theater-verwahrer-a-1202799.html. Zugegriffen am 20.11.2018.

Hofmann, J., Katzenbach, C., & Münch, M. (2012) Kulturgütermärkte im Schatten des Urheberrechts – zur Pluralität praktizierter Regelungsformen. http://www.bpb.de/apuz/145384/kulturguetermaerkte-im-schatten-des-urheberrechts?p=all#fr-footnode35. Zugegriffen am 03.10.2019.

IDEA Consult (EUROPEAN COMMISSION). (Hrsg.). (2013). Survey on access to finance for cultural and creative sectors. Evaluate the financial gap of different cultural and creative sectors to support the impact assessment of the creative Europe programme. http://ec.europa.eu/assets/eac/culture/library/studies/access-finance_en.pdf. Zugegriffen am 20.11.2018.

Konold, W. (1984). *Felix Mendelssohn Bartholdy und seine Zeit (Große Komponisten und ihre Zeit).* Lilienthal: Laaber.

Markard, M. (2013). Begabung – Motivation – Eignung – Leistung. Schlüsselbegriffe der aktuellen Hochschulregulierung aus kritisch-psychologischer Sicht. *Forum Wissenschaft, 4*, 36–40.

McLeod, C., O'Donohoe, S., & Townley, B. (2009). The elephant in the room? Class and creative careers in British advertising agencies. *Human Relations, 62*, 1011–1039.

Neff, G., Wissinger, E., & Zukin, S. (2005). Entrepreneurial labor among cultural producers: „Cool" jobs in „hot" industries. *Social Semiotics, 15*, 307–334.

Oliar, D., & Sprigman, C. (2008). There's no free laugh (anymore): The emergence of intellectual property norms and the transformation of stand-up comedy. *Virginia Law Review, 94*(8), 1787–1867.

Perry-Smith, J., & Shalley, C. (2003). The social side of creativity: A static and dynamic social network perspective. *The Academy of Management Review, 28*, 89–106.

Psarras, E. (2014). We all want to be big stars: The desire for fame and the draw to The Real Housewives. *Clothing Cultures, 2*(1), 51–72.

Raustiala, K., & Sprigman, C. (2012). *The knockoff economy: How imitation sparks innovation*. Oxford: Oxford University Press.

Sakschewski, T., & Paul, S. (2017). *Veranstaltungsmanagement: Märkte, Aufgaben und Akteure*. Wiesbaden: Gabler.

Townley, B., Beech, N., & McKinlay, A. (2009). Managing in the creative industries: Managing the motley crew. *Human Relations, 62*, 939–962.

Ullrich, W. (Hrsg.). (2010). Macht zeigen. Kunst als Herrschaftsstrategie: Eine Ausstellung des Deutschen Historischen Museums Berlin. Berlin: Deutsches Historisches Museum.

Wainwright, O. (2013). Seeing double: what China's copycat culture means for architecture. https://www.theguardian.com/artanddesign/architecture-design-blog/2013/jan/07/china-copycat-architecture-seeing-double. Zugegriffen am 20.11.2018.

Willmott, H. (2011). Journal list fetishism and the perversion of scholarship: Reactivity and the ABS list. *Organization, 18*, 429–442.

WIPO (World Intellectual Property Organization). (Hrsg.). (2017). How to make a living in the creative industries. https://www.wipo.int/edocs/pubdocs/en/wipo_pub_cr_2017_1.pdf. Zugegriffen am 01.12.2019.

The manufacturer's authorised representative in the EU is Springer Nature Customer Service Centre GmbH, Europaplatz 3, 69115 Heidelberg, Germany. If you have any concerns regarding our products, please contact ProductSafety@springernature.com

Printed and bound by CPI Group (UK) Ltd, Croydon, CR0 4YY

25/03/2026

02078224-0006